2023年度山东省人文社会科学课题"齐桓霸业与东周政治研究"（2023—JCXK—061）研究成果

率桓之功
齐桓霸业与东周政治

武振伟 刘东祥 著

天津出版传媒集团
天津古籍出版社

图书在版编目（CIP）数据

率桓之功：齐桓霸业与东周政治 / 武振伟，刘东祥著. -- 天津：天津古籍出版社，2025.1. --ISBN 978-7-5528-1516-0

Ⅰ. D691.21

中国国家版本馆 CIP 数据核字第 20249LP489 号

率桓之功：齐桓霸业与东周政治
SHUAIHUAN ZHI GONG：QIHUAN BAYE YU DONGZHOU ZHENGZHI

武振伟　刘东祥 / 著

出　　　版	天津古籍出版社
出 版 人	任　洁
地　　　址	天津市和平区西康路 35 号康岳大厦
邮政编码	300051
邮购电话	（022）23517902

责任编辑	门　辉
图书策划	张方明
封面设计	根德文化　张　帅

印　　　刷	潍坊印之源文化发展有限公司
经　　　销	新华书店
开　　　本	787 毫米 ×1092 毫米　1/16
印　　　张	12.75
字　　　数	166 千字
版次印次	2025 年 1 月第 1 版　2025 年 1 月第 1 次印刷
定　　　价	68.00 元

版权所有　　侵权必究
图书如出现印装质量问题，请致电联系调换（022-23517902）

序

齐桓霸业何以彪炳史册

西周灭亡，周室东迁，王权衰微，如《穀梁传·昭公三十二年》所言"天子之在者，惟祭与号"，正是周室衰微的时势催生出了齐桓霸业，如明代申敏一所言："在周公之盛，则不可有桓文，而当周室之衰，则不可无桓文也。"①齐桓公开启了春秋霸权迭兴的序幕，晋文公继齐桓公而起，二君霸业相当，后世评价中，多将齐桓公、晋文公并称，齐威王"高祖黄帝，迩嗣桓文"（陈侯因齐敦铭文），齐宣王向孟子问询"齐桓、晋文之事"（《孟子·梁惠王上》），桓、文霸业影响可谓深远。齐桓、晋文对东周政治的贡献，如宋代沈棐所言："当周之衰，诸侯跋扈，陵傲天子，君臣之礼扫地殆尽，所赖于振兴者，二霸而已。"②申敏一对桓文霸业的贡献有一精准概括："桓文所以有功于王室者，盖当时楚最强大，向非桓文有以遏之，则周室为其所并矣。"③虽然桓文并称，但孔子对晋文公与齐桓公的评价却截然不同，《论语·宪问》言："子曰：'晋文公谲而不正，齐桓公正而不谲。'"孔子为何作出这样的评价，《论语》并没有记载，自汉代以降，历代

---

① 〔明〕申敏一：《化堂集》卷五，文渊阁四库全书本。
② 〔宋〕沈棐：《春秋比事》卷二，文渊阁四库全书本。
③ 〔明〕申敏一：《化堂集》卷五，文渊阁四库全书本。

学者多有对齐桓公与晋文公的正谲之论，通过梳理齐桓、晋文正谲论，即可明了齐桓霸业何以能够力压晋文，彪炳史册。

一、公义与尊王：齐桓、晋文正谲论的重要维度

两汉时期，对齐桓公、晋文公"尊王攘夷""存亡继绝"的功业评价甚高，尚无正谲之分。董仲舒言："齐桓、晋文擅封，致天子，诛乱，继绝，存亡，侵伐，会同，常为本主。曰：'桓公救中国，攘夷狄，卒服楚，至为王者事。晋文再致天子，皆止不诛，善其牧诸侯，奉献天子而服周室，《春秋》予之为伯，诛意不诛辞之谓也。'"（《春秋繁露·王道》）虽然对齐桓、晋文的霸政有批评，但又褒扬其尊周室、救诸侯之举。应劭《风俗通义·皇霸》言："孔子称：'民到于今受其赐。'又曰：'齐桓正而不谲，晋文谲而不正。'至于三国（秦、宋、楚），既无叹誉一言……皆无兴微继绝、尊事王家之功。"①

对"晋文公谲而不正，齐桓公正而不谲"的疏解始于东汉后期，开始以具体事例来阐释齐桓之"正"与晋文之"谲"。郑玄注"晋文公谲而不正"曰："谲者，诈也，谓召天子而使诸侯朝之。仲尼曰：'以臣召君，不可以训。'故书曰：'天王狩于河阳。'是谲而不正也。"马融注"齐桓公正而不谲"曰："伐楚以公义，责苞茅之贡不入，问昭王南征不还，是正而不谲也。"②郑玄的注本于《左传》，《左传·僖公二十八年》记载，晋文公召周襄王参加温之会，"是会也，晋侯召王，以诸侯见，且使王狩。仲尼曰：'以臣召君，不可以训。'故书曰：'天王狩于河阳。'言非其地也，且明德也。"郑玄是将《左传》所记与晋文公之谲联系起来了，将以臣召君视为晋文公"谲"的表现。马融的注也是本于《左传》，《左传·僖公四年》记载，齐桓公

---

① 〔清〕刘宝楠：《论语正义》，中华书局，1990年，第570、571页。
② 〔清〕阮元：《十三经注疏》（清嘉庆刊本），中华书局，2009年，第5456页。

率诸侯伐楚,管仲代表桓公责问楚国:"尔贡苞茅不入,王祭不共,无以缩酒,寡人是征。昭王南征而不复,寡人是问。"《公羊传》对齐桓公伐楚高度评价:"楚有王者则后服,无王者则先叛,夷狄也,而亟病中国。南夷与北狄交,中国不绝若线。桓公救中国,而攘夷狄,卒怗荆,以此为王者之事也。"《穀梁传》也记载:"桓公曰:'昭王南征不返,菁茅之贡不至,故周室不祭。'"可以看出,郑玄和马融分别是从两个事例对齐桓、晋文之正谲进行了注解。齐桓公之正,是正在以公义伐楚,责楚不向周王室进贡苞茅。而晋文公之谲,是借城濮战胜之威,以诸侯召天子,以臣召君,对天子不敬,有不臣之心。魏晋时杜预两次对晋文公"谲而不正"做出阐释,为《穀梁传·僖公二十八年》"晋侯入曹,执曹伯,畀宋人"注曰"执诸侯当以归京师,晋欲怒楚使战,故以与宋,所谓谲而不正",又为《左传》"是会也,晋侯召王,以诸侯见,且使王狩"注曰:"晋侯大合诸侯而欲尊事天子,以为名义自嫌强大,不敢朝周,喻王出狩,因得尽群臣之礼,皆谲而不正之事。"①杜预认为,晋文公之谲在于以臣召君、欺诈诸侯。唐代孔颖达为之所作正义曰:"谲,诈也,谓晋文公召天子而使诸侯朝之,是诈而不正也。齐桓公伐楚,实因侵蔡而遂伐楚,乃以公义,责苞茅之贡不入,问昭王南征不还,是正而不诈也。"②孔颖达还是在郑、马所论两事基础上阐释发挥说,晋文公"诈而不正",而齐桓公"正而不诈",将孔子所言"谲"释为"诈",将"正"释为"公义"。春秋三传对于晋文公召王的阐释是一致的,《穀梁传·僖公二十八年》言:"讳会天王也。"东晋范宁注曰:"实会天王,而文不言天王,若诸侯自共盟然,是讳之也,所谓谲而不正。"③《公羊传·僖公二十八年》阐释曰"不与致天子也","不与再致天子也"。《公羊》《穀梁》都是以晋文公召王为其谲而不正之解。

---

① 〔清〕阮元:《十三经注疏》(清嘉庆刊本),第3957、3965页。
② 〔清〕阮元:《十三经注疏》(清嘉庆刊本),第5456页。
③ 〔清〕阮元:《十三经注疏》(清嘉庆刊本),第5213页。

至宋代，理学兴起，对齐桓、晋文之正谲多有评论，伐楚是否遵循正道成为二伯正谲的关键。南宋朱熹的阐释影响较大，其阐释曰："晋文公名重耳，齐桓公名小白。谲，诡也。二公皆诸侯盟主，攘夷狄以尊周室者也，虽其以力假仁，心皆不正，然桓公伐楚仗义执言，不由诡道，犹为彼善于此；文公则伐卫以致楚，而阴谋以取胜，其谲甚矣。"①朱熹肯定了齐桓、晋文攘夷狄、尊周室的功绩，但又发挥了孟子"以力假仁者霸"的观点，认为"以力假仁，心皆不正"，对二伯予以批评。在齐桓、晋文的正谲表现上，朱熹仍然以齐桓公伐楚以公义为其"正"，但在晋文之"谲"上，没有延续汉唐学者以臣召君的窠臼，而以城濮之战立论，晋文公以阴谋取胜，即以"诡道"胜楚，这就将齐桓、晋文之正谲的判断标准都统一到伐楚之事上。宋人戴溪也认为："齐威（桓）用二三十年之功，晋文公乃成功于二三年之间，谲正之辨也，召陵正，城濮谲。"②宋人李明复同意朱熹之说，认为："或问晋文公谲而不正，诸家多把召王为晋文之谲，《集注》谓伐卫以致楚师，而阴谋以取胜，这说为通。曰晋文举事多是不肯就正做去，晋文用兵便是战国孙吴气习。"③李明复又将晋文公之谲释为用兵之诡诈，开"兵者诡道"的先河。实际上，朱熹虽然以两事例论齐桓、晋文之正谲，但另评论道："二君他事亦多类此，故夫子言此以发其隐。"也就是说，朱熹认为齐桓公、晋文公其他的事迹也与此两事相类似，并不单以二事为正谲之全部，只是以二事为正谲之举例。南宋吕大圭对二伯伐楚之正谲论述更为全面："召陵之师，规模既定，区处既当，则堂堂之陈，正正之旗，声其罪而伐之，楚亦屈服而不敢校，此正也；晋文欲救宋而侵曹伐卫，此固兵计之所当然，及宋围既解，而又惧楚之遽退师，于是为之执曹伯以畀宋人，楚方爱曹而怒宋也，其肯遽退师乎？迨子玉使宛春告晋以释曹、卫，

---

① 〔宋〕朱熹：《四书章句集注》，中华书局，1983年，第153页。
② 〔宋〕戴溪：《石鼓论语答问》卷下，文渊阁四库全书本。
③ 〔宋〕李明复：《春秋集义》卷二十四，文渊阁四库全书本。

则又私许复曹、卫而执其使者，楚怒于使者之见执也，能不请战乎？及其将战，则又辟楚三舍，名曰报施，而实则示怯，以诱子玉也，子玉刚而无礼，怒晋之顽，喜晋之怯，能不进战乎？一致师之间，而其诡计如此。孔子断以一言而谓之谲，岂不信哉？"①齐桓公伐楚，以堂堂之阵，陈兵召陵，声讨楚罪，又以德绥诸侯，不战而屈人之兵，虽未大战，但楚北上之势被阻，其功在华夏大矣。反观城濮之战，晋文公先挑拨齐、秦与楚关系，再伐曹、卫，分曹、卫之田以予宋，私许曹、卫复国，又执楚使以怒楚，退避三舍以欺楚，所行皆阴谋诡计。

明代杨慎从会盟的目的方面来论桓文之正谲，"桓文之事，莫大于会盟。会盟之举，莫大于葵丘、践土，然葵丘之会定太子以安王室，公义也，故曰齐桓公正而不谲；践土之会，挟天子以令诸侯，私情也，故曰晋文公谲而不正"②。齐桓公主持葵丘之会为公义，是为安定周王室，《穀梁传·僖公九年》赞曰："葵丘之盟，陈牲而不杀，读书加于牲上，壹明天子之禁。"严启隆认为："葵丘之会，实可无盟，既会两月而复盟者，虑叔带之谋之未息也，故宰孔归而诸侯复盟，且为之申王禁，以风示于带，初命曰诛不孝，指叔带也，无易树子、无以妾为妻，指惠王也，叔带由是终桓之世，无敢妄有所冀也。"③而晋文公为践土之会为私情，是为正谲之分野。晋文公的尊王之举，是为自己争取诸侯的支持。晋文公虽挟胜楚之威，但诸侯颇有不服者，晋文公以天子驾临来逼迫诸侯从己。翟泉之会，周王卿士王子虎与诸侯大夫会盟，东汉何休认为："文公围许不能服，自知威信不行，故复假王人以会诸侯。"（《公羊传·僖公二十九年》注）杨慎与严启隆论说虽不同，但总体来说，是从会盟的目的和动机来看的，齐桓公的动机与目的均出于公义，而晋文公则正与齐桓公相反。吕大圭言："小白犹志于尊周室，重耳乃敢于致天王；小白犹有救灾恤邻

---

① 〔宋〕吕大圭：《春秋或问》卷十二，文渊阁四库全书本。
② 〔明〕杨慎：《升庵集》卷四十五，文渊阁四库全书本。
③ 〔清〕王掞：《钦定春秋传说汇纂》卷十三，文渊阁四库全书本。

之心，重耳唯以立威于己为念。城濮之役，其所以折楚人之气者，正欲以争诸侯耳，岂真有攘寇乱、安中国之诚心哉？"①齐桓志于尊王，以救灾、恤患求诸侯之从，而晋文则重在立威，以兵威胁诸侯之从，城濮之战非志在攘夷，而是与楚争诸侯而已。

南宋陈傅良还从与盟之人方面立论曰："齐桓公盟王人，不盟宰周公，殊会世子；晋文公实致天子而朝之，故曰齐桓公正而不谲，晋文公谲而不正。"②首戴（止）之会，齐桓公虽与周世子郑相会，但不与世子盟誓，《穀梁传·僖公五年》阐释曰："尊王世子，而不敢与盟也。"洮之会，齐桓公与王人（王室使者）会盟，序王人于诸侯之上，《公羊传·僖公八年》阐释曰："王人者何？微者也。曷为序乎诸侯之上？先王命也。"葵丘之会，周襄王派周公宰孔与会，但周公宰孔并未参加盟誓。元代汪克宽曰："桓公以五命之词约束诸侯，而不敢盟宰周公者，不敢使天子之宰受诸侯之约束也，晋文以后，王臣出会，皆同盟，则非桓比矣。"③元代李廉曰："首止、葵丘，尊王之事，美之大也。"④齐桓公的会盟都是尊王之举，反观晋文公以诸侯而召天子，虽有朝王之举，但尊王之义实大打折扣。晋国主持的翟泉之会，晋国以大夫与王子虎盟誓，杜预注曰："王子虎下盟列国，以渎大典，诸侯大夫上敌公侯，亏礼伤教。"⑤吕大圭言之更确，"齐桓之伯，尊王人，殊世子，不盟宰周公，其尊周之意明矣……晋文之伯，两致天王，盟王子，其抗周之迹著"⑥。晋文公两召天子于践土和温，又与王子虎盟誓，与齐桓公尊王之举有霄壤之别。

在选择会盟地点上，也能凸显桓文尊王与否。吕大圭言："小白殊会世子，不敢盟宰周公，所以尊王室，而重耳两致天王、盟王子

---

① 〔宋〕吕大圭：《春秋或问》卷十二，文渊阁四库全书本。
② 〔宋〕陈傅良：《春秋后传》卷五，文渊阁四库全书本。
③ 〔元〕汪克宽：《春秋胡传附录纂疏》卷十一，文渊阁四库全书本。
④ 〔元〕李廉：《春秋会通》卷九，文渊阁四库全书本。
⑤ 〔清〕阮元：《十三经注疏》（清嘉庆刊本），第3972页。
⑥ 〔宋〕吕大圭：《春秋或问》卷十二，文渊阁四库全书本。

虎，则悖矣；小白首止之会，为定世子，洮之会为谋王室，而首止，卫地也，洮，曹地也，无逼尊之嫌，而重耳盟于翟泉，洛阳，城内地，则逼矣，小白凡大盟会，未尝使大夫预盟，而重耳翟泉之盟，使大夫主之，则大夫交政自此始矣。"更为明显的是，"小白之伯，王臣无下聘诸侯者，而重耳之伯，则宰周公下聘列国矣"。①晋文公称霸后，王室地位下跌，重臣开始下聘诸侯，这是齐桓公时代所从未有过的。南宋吕祖谦直言："齐桓九合诸侯，一正天下，无非尊王室，天子亦未尝亲出慰劳；若文公践土之盟、河阳之狩，两屈天子之尊，盖周王不畏齐而畏晋，天子视齐桓乃忠臣，不过一诚实，而晋文权谋高大，所以畏晋不畏齐也，举天子畏与不畏，又见文公不如桓公。"②畏与不畏，足见齐桓、晋文在周天子心中的地位。

除却会盟之外，在军制、礼制等方面也可看出齐桓、晋文之正谲。在军制方面，北宋陈祥道比较道："桓寓内政以复古，文作三军以逼上。"③齐桓公遵循礼制，始终只有三军，而晋文公先是增一军为三军，后又增三军为六军。按礼制，天子才能有六军，晋文公这完全是僭越之举，吕祖谦痛斥道："晋文公始兼三行三军之制，以拟天子之六军"，"创立军制，上则异于天子，下则尊于诸侯，明知其过而不能尽改，外邀恭顺之名，内享泰侈之实，其机不可谓不巧，其谋不可谓不谲矣"④。齐桓公不违背礼制，而晋文公无王而僭越，清代顾栋高言："齐桓定王世子而拜天子之胙，晋文则至请隧。"齐桓公定周襄王世子之位，又拥戴襄王即位，其功不可谓不大，在葵丘之会上，仍坚持下拜受胙，而晋文公在勤王之后，竟公然向周襄王请求在其死后用天子才能用的隧之葬制，周襄王斥其僭越，"王章也。未有代德而有二王，亦叔父之所恶也"（《左传·僖公二十五年》），虽然不许，

---

① 〔宋〕吕大圭：《春秋或问》卷十二，文渊阁四库全书本。
② 〔宋〕吕祖谦：《左氏传说》卷四，文渊阁四库全书本。
③ 〔宋〕陈祥道：《论语全解》卷七，文渊阁四库全书本。
④ 〔宋〕吕祖谦著，慈波整理：《东莱博议汇校评注》，浙江古籍出版社，2022年，第351页。

仍然赏赐给了晋国南阳之田。吕祖谦痛斥晋文公道："晋文独非周之苗裔耶？坐视宗国之危蹙，不能附益，反从而渔夺之，是而可忍，孰不可忍？"①晋文公之僭越与齐桓公形成鲜明对比。故而南宋胡安国说："（晋文公）虽一战胜楚，遂主夏盟，举动不中于礼亦多矣，徒乱人上下之分，无君臣之礼，其功虽多，道不足尚也。"②

二、"文非桓匹"：齐桓之正与晋文之谲的对比

在尊王与公义之外，历代学者多有从齐桓公与晋文公所行各事来论齐桓之正与晋文之谲的。宋人张洽言："（晋文公）救患取威，皆谲而不正之事。"③吕祖谦更是认为："晋文公既种种不如桓公。"明代杨慎从三个方面论晋文不如齐桓："桓公得江、黄而不用以伐楚，文公则谓非致秦不足与楚争，楚抑而秦兴矣。此桓公之所不肯为者也。桓公会则不迩三川，盟则不加王人，文会畿内则伉矣，盟子虎则悖矣。此桓公之所不敢为者也。桓公宁不得郑，不纳子华，惧其奖臣抑君，不可以训，文公为元咺执卫侯，则三纲五常于是废矣。此又桓公之所不忍为者也。"④清人顾栋高言："（晋文）规模之正大，事事不如齐桓。"⑤下面结合历代学者之论来分析齐桓公之正与晋文公之谲。

（一）齐桓公救灾恤患，晋文公乱人之国

齐桓公称霸之后，三存亡国，使邢、卫、杞三国得以复存，一继绝世，扶持鲁僖公即位，使周公之国不致绝嗣。《左传·僖公元年》言："凡侯伯，救患、分灾、讨罪，礼也。"齐桓公存亡继绝的行为得到诸侯的普遍赞誉，《国语·齐语》言："桓公忧天下诸侯。鲁有夫人、

---

① 〔宋〕吕祖谦著，慈波整理：《东莱博议汇校评注》，第322页。
② 〔宋〕胡安国：《春秋传》，黄山书社，2022年，第245页。
③ 〔宋〕张洽：《春秋集注》，中华书局，2021年，第176页。
④ 〔清〕刘宝楠：《论语正义》，第571页。
⑤ 〔清〕顾栋高：《春秋大事表》，中华书局，1993年，第1981页。

庆父之乱,二君弑死,国绝无嗣。桓公闻之,使高子存之。狄人攻邢,桓公筑夷仪以封之,男女不淫,牛马选具。狄人攻卫,卫人出庐于曹,桓公城楚丘以封之。其畜散而无育,桓公与之系马三百。天下诸侯称仁焉。于是天下诸侯知桓公之非为己动也,是故诸侯归之。"齐桓公的举动赢得了诸侯的拥戴。明末王夫之认为,正是齐桓公的"无私",才成就了自己的霸业,"春秋之初,定人之国者必以赂。齐桓公存三亡国而无私焉,此桓公之所以为天下匡也。鲁有子纠之怨,卫有子颓之畔,邢之于齐未尝有一日之好,而齐卒收三国,以收天下"①。而晋文公主持践土之会和温之会,拘捕曹伯、卫侯,使两国发生严重内乱,曹、卫两国与晋为同姓诸侯,晋文公不念同姓而肆意处置,遭到时人的非议,"齐桓公为会而封异姓,今君为会而灭同姓"(《左传·僖公二十八年》)。吕祖谦言:"齐桓之兴,便去封已灭之卫,归公乘马,凡牛羊豕鸡狗门材,皆以与卫,闵二年救邢,复具邢器用而迁之,又与城邢,其存植亡国如此;晋文公于僖二十八年伐卫,使卫失国,其一国君臣互相屠戮,又执曹伯,致使其国乱亡,方复曹伯。桓公封卫迁邢,以存亡国,文公执曹伯、卫侯,使其国乱。桓公迁邢、封卫,一举便得安迹,文公复曹、卫,反使其国家危乱,足见文公不如桓公处。"②沈棐比较齐桓、晋文在救灾、恤患方面的不同:"小白之霸也,伐戎者三,救诸侯者四,城国者三,虽不能尽其成功,然驱攘强暴、救恤灾患,其于诸侯亦不可谓无功也;至重耳,则战楚之外,不复有攘却之功,故三年狄侵齐而晋侯不能救,三十一年卫迁帝丘而晋侯不能城,则其所以勤诸侯者又异矣。"③齐桓公纠合诸侯,救郑、救徐、救周,勤诸侯之患,得到诸侯的拥戴;反观晋文公在为诸侯攘除外患方面无所作为,齐、卫遭受狄人之侵,

---

① 〔明〕王夫之:《春秋家说》,《船山全书》(五),岳麓书社,2011年,第149页。
② 〔宋〕吕祖谦:《左氏传说》卷四,文渊阁四库全书本。
③ 〔宋〕沈棐:《春秋比事》卷二,文渊阁四库全书本。

晋文公并未出兵相助。

（二）齐桓公胸怀宽大，晋文公度量不广

齐桓公不计一箭之仇，任用管仲为相。在齐桓公与鲁庄公的柯之会上，齐桓公遭到鲁将曹沫的劫持，要挟齐国归还侵鲁之地，齐桓公不念其恶，归还鲁地，以示其信，《公羊传·庄公十三年》赞曰："要盟可犯，而桓公不欺；曹子可雠，而桓公不怨。桓公之信著乎天下，自柯之盟始焉。"而晋文公归国之时，对其近臣舅犯起疑心，《史记·晋世家》记载："秦送重耳至河。咎犯曰：'臣从君周旋天下，过亦多矣。臣犹知之，况于君乎？请从此去矣。'重耳曰：'若反国，所不与子犯共者，河伯视之！'乃投璧河中，以与子犯盟。"咎犯之所以请去，是因为晋文公在返国之时的举动感触所致，《说苑·复恩》记载："晋文公入国，至于河，令弃笾豆茵席，颜色黧黑，手足胼胝者，在后。咎犯闻之，中夜而哭。"咎犯对晋文公说："笾豆茵席，所以官者也，而弃之；颜色黧黑，手足胼胝，所以执劳苦者也，而皆后之。臣闻国君蔽士，无所取忠臣，大夫蔽游，无所取忠友；今至于国，臣在所蔽之中矣，不胜其哀，故哭也。"晋文公喜新厌旧，对随从多年之旧臣已经抛之脑后，其后又因念卫成公当年不礼遇之怨而指使人鸩杀卫成公。陈祥道言："桓释曹沫之劫而遇以信，文念卫侯之怨而加以酖"，"桓仇管仲而用，文亲舅犯而疑"[①]。吕祖谦认为，晋文公对于郑文公当年的不礼遇之事也耿耿于怀，虽有晋郑会盟之举，仍与秦围郑，以泄其愤，足见其度量不广，"初，晋文公于僖之二十三年欲归国，及郑，郑文公不为之礼，后来于僖之二十八年城濮既胜之后，郑伯使子人九行成于晋，晋使栾枝与盟，五月文公及郑伯盟于衡雍，凡与郑盟者再矣，亦可以释怨，至僖三十年复与秦围郑，看得文公度量不广，未到坦然大度处，所以记人之怨而不忘，其不及齐桓又如此"[②]。

[①] 〔宋〕陈祥道：《论语全解》卷七，文渊阁四库全书本。
[②] 〔宋〕吕祖谦：《左氏传说》卷四，文渊阁四库全书本。

（三）齐桓公待诸侯以信义，晋文公待诸侯以威权

齐桓公与晋文公虽然都是霸主，但是在对待盟国的方式上有很大不同。在讨罪方面，齐桓公虽以"不礼"为由灭谭、遂，为救燕国而伐灭山戎，但却没有以瓜分其地来笼络诸侯。《国语·齐语》对齐桓公高度赞扬说："军谭、遂而不有也，诸侯称宽焉。"韦昭注曰："不有，以分诸侯也。"齐桓公率诸侯侵蔡伐楚，蔡溃败，齐桓公并没有瓜分蔡地以予惩罚，《穀梁传·僖公四年》赞曰："以桓公为知所侵也，不土其地，不分其民，明正也。"而晋文公因己怨而灭曹，将曹国之地分予他国，陈祥道因此比较说，"桓伐谭、戎而不有，文灭曹而分其地"①。曹国虽未灭，但晋文公为了笼络诸侯，擅分其地，失之太过。吕大圭比较二伯的讨罪方式说："小白之伯也，诸侯未服，不过伐其国，执其臣，未尝执诸侯也，重耳则执曹伯，复曹伯，执卫侯，复卫侯，惟己所恣矣；小白宁不得郑，不纳子华之请，惧其奖臣抑君，不可以训也，重耳为元咺执卫侯，使元咺得以自恣，则三纲五常废矣。"②《穀梁传·庄公二十七年》对于齐桓公主持的会盟有一个精确的概括："衣裳之会十有一，未尝有歃血之盟也，信厚也。兵车之会四，未尝有大战也，爱民也。"齐桓公为诸侯盟主，靠的不是兵威，而是信义，坚决不做不合信义的行为。宁母之会上，郑世子华企图以郑国为齐国附庸为条件，希望齐桓公帮助他除掉郑国三大家族。齐桓公听从了管仲的谏言，没有答应郑世子华，郑国后来也归附了齐国。反观晋文公在处理卫臣元咺诉卫成公的事情上，则举措失当。因元咺曾奉卫成公之命，以叔武摄政，而卫成公返国，杀叔武，元咺出奔晋国，晋文公听信元咺而拘捕、囚禁了卫成公，元咺返国另立新君。《公羊传·僖公三十年》阐释道："元咺之事君也，君出则己入，君入则己出，以为不臣也。"虽然卫成公有错在先，元咺诉之有理，但以臣诉君，不合臣道。《国语·周语中》记载，周襄王对晋文公说，听臣讼君、

---

① 〔宋〕陈祥道：《论语全解》卷七，文渊阁四库全书本。
② 〔宋〕吕大圭：《春秋或问》卷十二，文渊阁四库全书本。

为臣杀君,"一合诸侯而有再逆政,余惧其无后"。如果晋文公如此处理诸侯事务,恐怕是不能主盟诸侯了。卫国的内乱,终是由晋文公因一己之怨而起,"卫之祸,文公为之也。文公为之奈何?文公逐卫侯而立叔武,使人兄弟相疑,放乎杀母弟者,文公为之也"(《公羊传·僖公二十八年》)。在对待诸侯方式上,齐桓公是"先礼义而后征伐",而晋文公是"先征伐而后礼义"①。

齐桓公与晋文公是春秋时期并称的霸主,历来评价最高,但因孔子之评价而有了正谲之分。相比于晋文公阴谋胜楚、专权自恣、僭越逼君,齐桓公"以德绥诸侯"、尊王攘夷的行为方式更为符合儒家的道德标准。历代学人对于齐桓、晋文正谲的评论,反映了其基于尊王与礼义的儒家政治理想。孔子所言齐桓、晋文之正谲,正是解开春秋霸政密码的一把钥匙。

---

① 〔宋〕沈棐:《春秋比事》卷二,文渊阁四库全书本。

西周灭亡后，王室东迁，"王室而既卑矣，周之子孙日失其序"（《左传·隐公十一年》），周天子虽有"天下共主"之名，但其权威不复存在，天下之势由"礼乐征伐自天子出"逐渐演化为"礼乐征伐自诸侯出"（《论语·季氏》），诸侯以强凌弱，互相征伐。诸侯中的强国纷纷登场，代替周天子而唱起主角，《史记·周本纪》记载："平王之时，周室衰微，诸侯强并弱，齐、楚、秦、晋始大，政由方伯。"《史记·十二诸侯年表序》曰："是后或力政，强乘弱，兴师不请天子。然挟王室之义，以讨伐为会盟主，政由五伯，诸侯恣行，淫侈不轨，贼臣篡子滋起矣。齐、晋、秦、楚其在成周微甚，封或百里或五十里。晋阻三河，齐负东海，楚介江淮，秦因雍州之固，四海迭兴，更为伯主，文武所褒大封，皆威而服焉。"周平王东迁之后，王室虽然衰微，但是还没有出现哪个诸侯独大的情况，也没有出现"政由方伯"的情况，真正的霸主政治还是在齐桓公出现在历史舞台之后。

鲁庄公九年（前685），齐桓公夺取君位，即位之后，任用管仲为相，励精图治，尊王攘夷，会盟诸侯，成为春秋首霸。童书业先生认为，东周之所以能够再延续数百年，与齐桓公所开创的春秋霸业是密切相关的，"中原之所以不致沦亡，周天子之所以还能保持他的虚位至数百年之久，这确是他（齐桓公）的功劳，至少可以说这个局面是他所提倡造成的"①。事实证明，东周政治的发展与齐桓霸业紧密相关，由齐桓公开启的春秋霸政深深地影响了东周政治。清人顾栋高言："霸之局非管仲与齐桓不能创，而非晋则不能维持以至于百年。"②钱穆先生认为"自有霸政，而封建残喘再得苟延。霸政可以说是变相的封建中心。其事创始于齐，赞助于宋，而完成于晋"③，所言极是。齐桓公虽然奠定了春秋霸政的格局，但因为齐桓霸业未能在齐国延续，霸政的发展则有赖于后起称霸的晋国。虽有楚国与晋争霸，但晋国世为诸侯盟主，在一百余年的时间里，霸主政治得以延续和发展。到春秋后期，霸政逐渐式微，但其影响直至战国中期。在诸侯纷纷称王之后，周天子的王号不再独尊，尊王主张彻底被抛弃，会盟不再举行，存亡继绝精神断绝，兼并灭国盛行，由齐桓公开启的霸政模式彻底消亡。

---

① 童书业：《春秋史》，上海世纪出版集团，2010年，第146页。
② 〔清〕顾栋高：《春秋大事表》，中华书局，1993年，第2089页。
③ 钱穆：《国史大纲》，商务印书馆，1996年，第60页。

目　录

第一章　尊王攘夷
——齐桓霸业与春秋霸政的开启

一、尊王旗帜的树立 ·· 2
　（一）周王室的衰微 ··· 2
　（二）齐桓公树立"尊王"旗帜的原因 ···················· 4
　（三）"壹明天子之禁"——齐桓公"尊王"的实践 ········· 8
二、会盟模式的初步形成 ·· 11
　（一）春秋前期会盟雏形的出现 ································ 11
　（二）齐桓公主持中原会盟的历史必然 ···················· 12
　（三）"有事而会，不协而盟"——齐桓公主盟模式的形成 ······ 13
三、攘夷与尊王的结合 ·· 18
　（一）春秋前期戎狄蛮夷对华夏的威胁 ···················· 18
　（二）齐桓公首次将攘夷与尊王结合起来 ················ 20
　（三）伐戎与攘楚——齐桓公攘夷与尊王的实践 ······ 22
四、霸主与诸侯关系的确立 ·· 28
　（一）救患分灾——霸主对盟国的责任 ···················· 28
　（二）朝与贡——盟国对霸主的义务 ························ 30
　（三）讨罪讨贰——霸主对盟国的控制 ···················· 31
　（四）修礼诸侯——齐桓公对诸侯的笼络 ················ 34
五、"尊王攘夷"历史探源 ·· 36

第二章　率桓之功
——贯穿春秋霸权迭兴的齐桓霸政模式

一、尊王旗帜的形式化…………………………………………… 42
　（一）晋文公的尊王称霸之路……………………………… 43
　（二）楚庄王观兵周疆与"尊王攘夷"…………………… 48
　（三）晋国以尊王重图霸业………………………………… 51
　（四）吴、越以尊王谋取霸业……………………………… 54

二、会盟的发展与嬗变…………………………………………… 58
　（一）"狎主诸侯之盟"——诸侯盟主之位的争夺……… 58
　（二）"霸主将德是以"——齐桓霸业的政治遗产……… 68
　（三）"布命施政"——会盟盟约成为霸主政治维持的基础…… 78

三、攘夷的式微与夷狄华夏化…………………………………… 79
　（一）攘夷成就晋文公霸业………………………………… 79
　（二）攘夷与和戎推动晋国复霸…………………………… 82
　（三）"攘夷"的式微与夷狄的华夏化…………………… 85

四、霸主与诸侯关系的发展……………………………………… 91
　（一）霸主的责任与义务…………………………………… 92
　（二）霸主对诸侯的控制与笼络…………………………… 99
　（三）诸侯的责任与义务…………………………………… 104

五、春秋五霸说考辨……………………………………………… 113

第三章　彰先君之功烈
——齐桓子孙的复霸梦

一、齐孝公的继霸梦……………………………………………… 116
二、齐顷公图霸与"佚获"之辱………………………………… 121
三、齐灵公经略小国与齐庄公伐晋……………………………… 126

四、齐景公复霸昙花一现⋯⋯⋯⋯⋯⋯⋯⋯⋯⋯⋯⋯⋯⋯⋯ 130
 （一）内政效法桓公⋯⋯⋯⋯⋯⋯⋯⋯⋯⋯⋯⋯⋯⋯⋯ 130
 （二）会盟诸侯⋯⋯⋯⋯⋯⋯⋯⋯⋯⋯⋯⋯⋯⋯⋯⋯⋯ 132
 （三）齐国伐晋与霸权转移⋯⋯⋯⋯⋯⋯⋯⋯⋯⋯⋯⋯ 134
 （四）齐景公复霸之失⋯⋯⋯⋯⋯⋯⋯⋯⋯⋯⋯⋯⋯⋯ 136
五、结　语⋯⋯⋯⋯⋯⋯⋯⋯⋯⋯⋯⋯⋯⋯⋯⋯⋯⋯⋯⋯ 137

第四章　争霸，抑或兼并
——齐桓霸政模式的式微与消亡

一、战国前期的霸权之争⋯⋯⋯⋯⋯⋯⋯⋯⋯⋯⋯⋯⋯⋯⋯ 141
 （一）魏文侯、魏武侯霸主地位的确立⋯⋯⋯⋯⋯⋯⋯ 141
 （二）齐国对霸权的争夺⋯⋯⋯⋯⋯⋯⋯⋯⋯⋯⋯⋯⋯ 146
 （三）魏惠王霸业的丧失与齐威王霸权的建立⋯⋯⋯⋯ 149
 （四）秦国对霸权的争夺⋯⋯⋯⋯⋯⋯⋯⋯⋯⋯⋯⋯⋯ 158
 （五）越国的争霸及败亡⋯⋯⋯⋯⋯⋯⋯⋯⋯⋯⋯⋯⋯ 160
二、尊王的式微⋯⋯⋯⋯⋯⋯⋯⋯⋯⋯⋯⋯⋯⋯⋯⋯⋯⋯⋯ 161
 （一）三晋、田氏列为诸侯对周礼的破坏⋯⋯⋯⋯⋯⋯ 162
 （二）诸侯的尊王表演与对周王室的欺侮⋯⋯⋯⋯⋯⋯ 164
 （三）诸侯称王——尊王主张的彻底抛弃⋯⋯⋯⋯⋯⋯ 166
三、存亡继绝精神的断绝与兼并的盛行⋯⋯⋯⋯⋯⋯⋯⋯⋯ 168
 （一）韩灭郑⋯⋯⋯⋯⋯⋯⋯⋯⋯⋯⋯⋯⋯⋯⋯⋯⋯⋯ 170
 （二）齐灭燕⋯⋯⋯⋯⋯⋯⋯⋯⋯⋯⋯⋯⋯⋯⋯⋯⋯⋯ 172
 （三）赵灭中山⋯⋯⋯⋯⋯⋯⋯⋯⋯⋯⋯⋯⋯⋯⋯⋯⋯ 174
四、结　语⋯⋯⋯⋯⋯⋯⋯⋯⋯⋯⋯⋯⋯⋯⋯⋯⋯⋯⋯⋯ 175

主要参考文献⋯⋯⋯⋯⋯⋯⋯⋯⋯⋯⋯⋯⋯⋯⋯⋯⋯⋯⋯⋯ 179
后　记⋯⋯⋯⋯⋯⋯⋯⋯⋯⋯⋯⋯⋯⋯⋯⋯⋯⋯⋯⋯⋯⋯⋯ 182

第一章 尊王攘夷
——齐桓霸业与春秋霸政的开启

齐桓霸业对东周政治的影响，主要体现在其开创的图霸方式和霸政模式为后起霸主所接受和效法。《汉书·刑法志》言："齐桓南服强楚，使贡周室，北伐山戎，为燕开路，存亡继绝，功为伯首。"班固认为，齐桓公之所以取得春秋首霸的功业，一是尊王攘夷，二是存亡继绝。清人高士奇总结齐桓公之霸时说："综其收摄人心之大略言之：一曰攘外，一曰恤患，一曰尊王。"[①]高士奇道出了齐桓公图霸的三项策略，尊王以求合法性，攘外以突出华夏的整体性，恤患以安诸侯，而会盟则是以上三者实现的一个重要途径。张东刚指出："（齐桓公）洞察了春秋初期形势，以主盟方式，取得了周天子的册命，在诸侯中树立了威信，开创了春秋时代图霸的模式。这种模式为后来者效法，成为以后图霸者必经之路。"[②]下面，笔者从尊王旗帜的树立、会盟模式的初步形成、攘夷与尊王的结合、霸主与诸侯关系的确立等四个方面来论述齐桓公开创的霸政模式。

---

① 〔清〕高士奇：《左传纪事本末》，中华书局，2015年，第210页。
② 张东刚：《齐桓公主盟及其历史作用试探》，《管子学刊》1991年第3期。

一、尊王旗帜的树立

（一）周王室的衰微

西周灭亡之后，经二王并立之乱，周平王不得不东迁雒邑。清人顾栋高曾分析东周初之疆域，言："周自平王东迁，尚有太华、外方之间方六百里之地……地方虽小，亦足王也。"① 周王室虽尚存一定实力，但却存在先天的不足，即严重依赖内外诸侯的支持，对外倚重于晋、郑等大国的支持，"我周之东迁，晋、郑焉依"（《左传·隐公六年》），在内则倚重于虢公等畿内诸侯。之所以存在这种情况，原因在于周平王即位的合法性是存在问题的。据清华简《系年》第二章记载，周幽王被杀后，"邦君诸正乃立幽王之弟余臣于虢，是携惠王。立廿又一年，晋文侯仇乃杀惠王于虢。周亡王九年，邦君诸侯焉始不朝于周。晋文侯乃逆平王于少鄂，立之于京师"。《古本竹书纪年》也记载"先是申侯、鲁（曾）侯及许文公立平王于申，以本太子，故称天王。幽王既死，而虢公翰又立王子余臣于携。周二王并立"，"二十一年，携王为晋文公（侯）所杀"。周平王的即位是得到了申、曾、许等诸侯的支持，但其即位在周幽王未亡之时，幽王也予以讨伐。清华简《系年》第二章载"幽王起师，围平王于西申"，因此可视平王为篡位。幽王死后，邦君、诸正拥立幽王之弟余臣为王，而非拥立平王。钱穆先生早就注意到平王即位的合法性问题，"及平王东迁，以弑父嫌疑，不为正义所归附，而周室为天下共主之威信亦扫地以尽，此下遂成春秋之霸局"②。在晋文侯杀携王之后，二王并立的局面才得以结束，但携王死后，诸侯便不再朝周，实际上是不承认周平王的天子之位。正是二王并立的混乱局面，使得王室的权威遭到严重削弱。值得注意的是，立携王的主要人物是虢公，携王最后也死于

---

① 〔清〕顾栋高：《春秋大事表》，第501—502页。
② 钱穆：《国史大纲》，第49页。

虢。虢公的实力不弱于晋，如无虢公的允许，晋文侯不可能轻而易举在虢地杀害天子，也就是说，虢公对二王的态度发生了转变，即从支持携王转而支持平王，如此便可解释虢公在周平王和周桓王时期获得天子的信任，诸多政治、军事活动均由虢公承担了。使虢公态度发生转变的原因，很可能是携王失去了利用的价值，虢公为延续在王室的重要影响力而选择支持平王。从以上分析可知，东周王朝在政治、军事上存在先天的不足，周平王的王位稳固得益于晋、虢、申、郑等诸侯之力，因而在内外各方面对晋、虢等诸侯的依赖也较强，王室的腰杆始终挺不起来。周平王想要分郑庄公的一部分权力给虢公，还要看郑庄公的脸色，因为郑庄公的反对，周平王终其身都没能任命虢公为卿士。

郑庄公公然蔑视、对抗周天子的一系列行为，如周郑交质、郑取周麦等事件都严重削弱了周天子的权威。鲁桓公五年（前707），周桓王以郑庄公不朝周为由，纠合虢、蔡、卫、陈四国出师讨伐郑国。郑国不仅不认罪，反而整军备战，繻葛一战，不仅打败王师，而且射中桓王肩膀，罩在周天子头上的神圣光环也被射落了，此后的周天子再无敢于讨伐诸侯者。繻葛之战，既暴露了周王室军事实力的衰弱，也显示了诸侯国实力的强大。在周郑繻葛之战前，还没有哪个华夏诸侯敢于公然挑战周天子的权威，更别提以军事对抗王师了（楚以蛮夷败周昭王，不在中原诸侯之列）。童书业先生就此认为："从此之后，'王命'两个字便不算什么，周室的真正地位也就连列国都不如起来。"[①]可见，周天子的权威是以军事力量作为保障的。在周王室武力衰败之后，必然不能有效控制诸侯，对于强大的诸侯更是无可奈何，最终连一个形似大国的地位也不能保持，地位甚至不如一般的诸侯。在霸主出现之前，没有哪个强大诸侯，如郑庄公、齐襄公、鲁桓公再提"王命"二字。鲁桓公六年（前706），在面临齐国的威胁时，纪侯请鲁桓公出面请王命以与齐和解，但鲁桓公认为

---

① 童书业：《春秋史》，第123页。

这难以做到。《左传·桓公六年》："冬，纪侯来朝，请王命以求成于齐，公告不能。"其中之原因，固然有鲁桓公与王室不熟稔的原因，更重要的原因在于鲁桓公也不认为有王命就可以阻止齐国灭纪，没有军事实力的加持，周王室也无法阻止齐国的兼并行为，王命对于齐国来说并没有约束力。鲁庄公四年（前690），齐国终于灭纪，说明即使是与周天子联姻的纪国，也免不了被齐国兼并的命运，"王命"终究抵不过国家实力来得实在。吕思勉先生认为："曲沃武公灭翼。王命为晋侯。此为王室自失其威柄。"①曲沃代翼是春秋早期发生的重要事件，是严重破坏宗法制的行为，虽然此前周王室多次军事和政治干预晋国内乱，终究没有改变晋国的曲沃小宗灭亡大宗的命运。鲁庄公十六年（前678），周僖王无奈承认既成事实，使虢公命曲沃伯为晋侯。周天子非但不能对曲沃伯予以讨伐，反而承认其诸侯地位，可见周王室对诸侯的控制力已经大大减弱了，这也大大破坏了周天子的威信。钱穆先生认为，共主衰微、王命不行引起了列国内乱和诸侯兼并。②诚然，这两个现象的发生，都是在表明周代宗法制的逐渐崩溃，而历史交给齐桓公的重要使命，就是维护以宗法制为核心的周礼。

（二）齐桓公树立"尊王"旗帜的原因

有研究者认为，"郑国是'尊王'口号的最初实践者"③，郑庄公以王命伐宋"是'尊王'战略的一次成功运作"④。鲁隐公九年（前714），郑庄公以"宋公不王"为借口，以王命伐宋，似乎为尊王之举，但在周桓王夺郑庄公卿士之职后，便不再朝周，与宋不朝王又有何异？这也充分表明，郑庄公只是利用自己为王朝卿士的便利，以王

---

① 吕思勉：《先秦史》，上海古籍出版社，2005年，第154页。
② 钱穆：《国史大纲》，第54—55页。
③ 王博：《从"尊王攘夷"到"合纵连横"——春秋霸政新探》，《重庆师范大学学报（哲学社会科学版）》2015年第3期。
④ 徐进：《春秋时期"尊王攘夷"战略的效用分析》，《国际政治科学》2012年第2期。

命讨伐与郑国敌对的国家而已,谈不上有任何"尊王"之实。晁福林先生认为,郑庄公之所以没有成为霸主,是因为其"未能获取周天子的欢悦与支持"①。笔者认为,郑庄公自始至终都没有举起"尊王"的大旗来,特别是繻葛之战,更充分表现出其不尊王的实质。

在周天子的权威日薄西山之际,齐桓公首举"尊王"旗帜。为什么齐桓公要"尊王",至少有三点原因:

一是"周德虽衰,天命未改",周天子的政治合法性依然存在。有研究者认为,中原诸侯尊王的原因,是因为周天子有着"合法性之上的权威"②,但周天子的合法性又是什么? 笔者认为,这个合法性就是以宗法制为基础的周礼。入春秋之后,王室虽弱,但华夏诸侯仍大多遵守周礼,"周礼,所以本也"。齐国是遵守周礼的倡导者和实践者,桓公君臣制定了"亲有礼,因重固,间携贰,覆昏乱"(《左传·闵公元年》)的对外策略。齐桓公在为燕国北伐山戎后,燕庄公礼送桓公进入齐国国境,齐桓公为遵守周礼不惜将燕庄公经过之齐地划归燕国。《史记·齐太公世家》载:"燕庄公遂送桓公入齐境。桓公曰:'非天子,诸侯相送不出境,吾不可以无礼于燕。'于是分沟割燕君所至与燕。"至齐昭公时,"国子为政,齐犹有礼"(《左传·僖公三十岁年》);鲁国为周公之封国,"周礼尽在鲁"(《左传·昭公二年》),在鲁庄公死后内乱之际,鲁国仍秉持周礼,仲孙湫对齐桓公说"鲁不弃周礼,未可动也"(《左传·闵公元年》);郑国也是秉持周礼的,《国语·周语中》记载,富辰对周襄王说"郑未失周典";晋国也是遵守周礼的,《左传·僖公二十五年》记载,卜偃对晋文公说:"周礼未改,今之王,古之帝也。"即使是楚国,也是以周礼为尊的。楚成王即位后,"布德施惠,结旧好于诸侯。使人献天子,天子赐胙"(《史记·楚世家》),

---

① 晁福林:《霸权迭兴——春秋霸主论》,生活·读书·新知三联书店,1992年,第87页。
② 周方银:《松散等级体系下的合法性崛起》,《世界经济与政治》2012年第6期。

在晋公子重耳经过楚国时,"楚成王以周礼享重耳"(《国语·晋语四》)。在诸侯排列次序时,也往往依据王室所赐之爵位高低,"齐人伉诸侯,使鲁次之,鲁以周班后郑"(《左传·桓公十年》)。从以上史籍记载来看,周礼在春秋前期仍是诸侯所普遍遵循的制度,具有比较广泛的接受基础。王和先生指出,长期生活在以周人为首的政治—生活联合体内的人们,"由于具有共同的、日益向精细化发展的农耕经济生产生活方式,又具有共同的语言文化、礼仪制度、政治信仰,自然而然地形成了对于自身属于'华夏群体'的心理认同"[1]。周礼是周王室立国之基础,周天子为天下共主的共识还是存在的,如清人高士奇所言"春秋时共主悉臣之义犹在人心"[2]。郑国虽然在繻葛之战打败了王师,但是郑庄公却说:"君子不欲多上人,况敢陵天子乎!"夜里,郑庄公"使祭足劳王,且问左右"(《左传·桓公五年》)。郑庄公虽颇有实力,但"陵天子"的恶名也是实不敢当,不敢以"陵天子"为能事。正如有研究者指出:"在宗法制下,天子、诸侯、大夫等各级贵族的政治合法性是紧密捆绑在一起的。诸侯没有自己独立的合法性来源,他的合法性必须依赖周天子而存在。因此,'尊王'就等于树立自己的合法性。"[3]东周初期,平王、桓王、庄王、僖王先后在位,诸王虽无大德,但并未有桀、纣、幽、厉亡国之行,不具备"汤武革命"的改朝换代的条件。

二是诸侯实力尚不足以取代周王室。强大如齐国,以一国之力不足以对付其他数国。齐桓公即位初期曾试图以武力使鲁国臣服,几次失败后才不得不改弦更张。春秋初期的大国诸侯,实力大致相当,只是齐国在进行改革后略强于其他诸侯而已。这也就决定了齐桓公不可能以齐国来取代周王室,自己当王,而只能是退而求其次,寻

---

[1] 王和:《历史的轨迹——基于夏商周三代的考察》,商务印书馆,2013年,第140—141页。
[2] 〔清〕高士奇:《左传纪事本末》,第5页。
[3] 徐进:《春秋时期"尊王攘夷"战略的效用分析》,《国际政治科学》2012年第2期。

求做周天子的代理人，以周天子之名号令诸侯。也就是说，霸主只是诸侯之长，而非诸侯之君。霸主凭什么号令诸侯？不只是国家实力，更要有道义的号召。重整"尊王"的大旗就势在必行，因为"尊王"是当时最大的正义，是诸侯均可接受的道义，舍此之外无他。

三是周天子与诸侯的关系未变。《左传·僖公二十四年》言："昔周公吊二叔之不咸，故封建亲戚以藩屏周。"齐与周为甥舅之国，晋、鲁等国为同姓之国，"齐，王舅也。晋及鲁、卫，王母弟也"(《左传·昭公十二年》)。周王室封建诸侯的目的，即在于让诸侯作为王室的屏藩。齐国自太公起，就担负着辅佐王室的职责，"昔周公、大公股肱周室，夹辅成王"，故而齐桓公举"尊王"之旗，实际上是恢复旧有的职责，"桓公是以纠合诸侯而谋其不协，弥缝其阙而匡救其灾，昭旧职也"(《左传·僖公二十六年》)。维护周天子的共主地位，是周系诸侯的共同责任，齐国重举尊王之旗，是"藩屏周"的责任体现，此为"大义"，正如此后晋国争霸时赵衰对晋文公所说："方今尊王，晋之资也。"(《史记·晋世家》)当然，赵衰所言"尊王"很大程度上是承继齐桓公图霸方式，但齐国首提尊王，必然是对齐桓公有所助益的，是一个政治正确的选项。

晁福林先生认为，齐桓公揭橥"尊王"的旗帜，有其优越条件："作为异姓诸侯，有资格娶周王之女为妻；他作为东方大国——齐的诸侯，与王室素无罅隙。齐桓公充分利用这些有利条件，取得很大成功。"① 实际上，晁先生所言两个条件并非齐桓公揭橥"尊王"旗帜的必然条件。要想图霸，作为异姓诸侯，这不仅不是有利条件，恰恰是齐国的不利条件。众所周知，周王朝的宗法制是以血缘为基础的制度，封建诸侯尤其如此，"文武成康之建母弟，以藩屏周"(《左传·昭公九年》)，周王室对异姓诸侯是有防范心理的，故而认为"扞御侮者，莫如亲亲，故以亲屏周"(《左传·僖公二十四年》)。周王室对待齐桓公与晋文公的态度是不同的，晁福林先生又认为："在周王眼里，齐桓公毕竟只是

---

① 晁福林：《霸权迭兴——春秋霸主论》，第87页。

异姓诸侯……作为周王室'叔父'的晋文公，和作为'伯舅'的齐桓公，在宗法名分上是有所区别的。'五霸，桓公为盛'，这是孟子的评论，春秋时代的周王室大概并不作如是观。"①真正能作为齐国尊王的优势的，有三点值得注意：一是齐国与周室为甥舅之国，为周之亲戚，在太公时已有召康公之命，拥有方伯征伐权。管仲曾说："昔召康公命我先君大公曰：'五侯九伯，女实征之，以夹辅周室。'赐我先君履，东至于海，西至于河，南至于穆陵，北至于无棣。"（《左传·僖公四年》）五侯九伯，泛指天下诸侯，即齐国拥有征伐天下的特权，这是齐国能够尊王的有利条件之一。二是齐国有实力尊王。齐国在管仲的治理下，实力大增，"管仲既任政相齐，以区区之齐在海滨，通货积财，富国强兵"（《史记·管晏列传》），奠定了争霸的国力基础。三是齐国君臣内心尊王，特别是作为齐相的管仲。管仲，据《通志·氏族略》记载，或为周文王之子管叔之后，或为周穆王之后，与周王室有血缘关系，以霸术辅佐桓公，而其会盟诸侯、救患讨罪的最终目的在于尊天子、定王室。《管子·小匡》记载，管仲对齐桓公说："君有此教士三万人，以横行于天下，诛无道，以定周室，天下大国之君莫之能圉也。"《国语·齐语》亦载："兵车之属六，乘车之会三，诸侯甲不解累，兵不解翳，毂无弓，服无矢。隐武事，行文道，帅诸侯而朝天子。"可以说，尊王是齐桓公、管仲君臣确立的基本国策，是一以贯之的。

（三）"壹明天子之禁"——齐桓公"尊王"的实践

鲁庄公十四年（前680），因为宋国背叛北杏之盟，齐桓公联合陈、曹伐宋，并向周王室请师，周僖王派大夫单伯率王师参与伐宋。杜预注曰："齐欲崇天子，故请师，假王命以示大顺。"齐国请王师伐宋，这是齐桓公以王命讨伐诸侯，宋国被迫臣服。童书业先生认为："自从郑庄公假借王命征伐诸侯以后，这是'挟天子以令诸侯'的事业的第一次重现。"②童书业先生此说并不恰当，齐桓公只是假

---

① 晁福林：《霸权迭兴——春秋霸主论》，第169页。
② 童书业：《春秋史》，第138页。

借王命而非挟持天子，周天子有自己做决定的权力和能力，正如晁福林先生所说："春秋时期的周天子……始终没有成为哪一位霸主的附庸。"①齐桓公与东汉末年曹操"挟天子以令诸侯"的行为完全不同，更为确切的说法当是"以王命讨不庭"（《左传·隐公十年》）或"奉辞伐罪"（《国语·郑语》）。当年，单伯还以王人的身份参与了齐桓公召集宋、卫、郑三国召开的鄄地会盟。这是周王室在寂寂无闻许久之后，第一次受邀参与诸侯事务，只不过会盟的主导权已经从周王室转移到齐桓公手里去了。即使如此，周王室也乐于在盟主的领导下自己得到重视，故而对于齐桓公的会盟给予积极回应。正如晁福林先生所说："既然不可能再度成为主宰天下的力量，那么承认霸权就是很实际的选择。"②鲁庄公二十七年（前667），齐、鲁、郑、宋、陈五国第二次幽之会盟后，周惠王派卿士召伯廖赴齐，赐命齐桓公为侯伯，并要求齐国伐卫，以讨卫国拥立王子颓之罪。第二年春，齐桓公以王命讨伐卫国，败卫并收取贿赂而归。从中可以看出，尊王之举使周天子得到了诸侯臣服之名，而霸主则得到了实利。齐桓公请王命、遵王命的行为，重新树立了"尊王"的大旗，这也为后世霸主确立了尊王以图霸的模式。孙家洲认为"霸主地位主要靠实力获取，但在形式上，却必须得到周王室的承认"；"无论哪个强国称霸，要想维持其地位，却总要把'尊王'当作自己号令诸侯的旗帜"③。此后，齐桓公团结诸侯以攘夷，也是在"尊王"的旗帜下进行的。齐桓公北伐山戎，命燕国"复修召公之政，纳贡于周，如成康之时"（《史记·燕召公世家》）；齐桓公率诸侯伐楚，令楚纳贡于周，"桓公数以周之赋不入王室，楚许之，乃去"（《史记·楚世家》）。鲁僖公五年（前655），为定周太子郑之位，齐桓公召集鲁、宋、陈、卫、郑、

---

① 晁福林：《霸权迭兴——春秋霸主论》，第7页。
② 晁福林：《霸权迭兴——春秋霸主论》，第157页。
③ 孙家洲：《天子·霸主·诸侯——春秋霸政研究》，《贵州社会科学》1993年第2期。

许、曹七国国君与周太子郑在首止会盟,为尊王太子,而不与之盟,"尊王世子而不敢与盟也"(《穀梁传·僖公五年》)。鲁僖公八年(前652),齐桓公召集诸侯于洮地会盟,序王人于诸侯之上,《公羊传·僖公八年》阐释曰:"王人者何?微者也。曷为序乎诸侯之上?先王命也。"此次会盟,以定周襄王之位。《左传》记载:"襄王定位而后发丧。"鲁僖公九年(前651),齐桓公在葵丘大会诸侯,周襄王也派周公宰孔参加,在天子特许"无下拜"的王命下,齐桓公仍旧不失臣节,以礼下拜,齐桓公"尊王"之举达到顶峰。《穀梁传·僖公九年》赞曰:"葵丘之盟,陈牲而不杀,读书加于牲上,壹明天子之禁。"元儒李廉说:"首止、葵丘,尊王之事,美之大也。"①对于齐桓公维护周礼的行为,王夫之给予高度赞扬:"夫齐桓立乎父子道衰之世,毅然以匡彝伦为己任。"②

　　齐桓公在位期间,号召诸侯向周王室行纳贡之职,"齐侯修礼于诸侯,诸侯官受方物"(《左传·僖公七年》)。杨伯峻先生认可清人朱彬的注解,"诸侯官受方物者,谓于诸侯之中,齐使官司受其所贡之土产且以献于天子"③。《管子·轻重丁》记载,齐桓公"欲西朝天子而贺献不足","天子之养不足,号令赋于天下则不信诸侯",虽然有寓言性质,但齐桓公号令诸侯尊王则为事实。齐桓公多次征发诸侯以戍王城,以勤王之举,履行霸主之职,为安定周王室立下不世之功,而勤王也成为继起霸主"取威定霸"的重要途径。在周襄王遭王子带之乱后,秦穆公立即发兵,欲与晋国共同平定王室之乱。晋文公的谋臣狐偃也敏锐地觉察到勤王的价值所在,对晋文公说:"求诸侯,莫如勤王。诸侯信之,且大义也。"晋文公再举勤王之旗,辞秦师而独揽勤王之功,"右师围温,左师逆王。夏四月丁巳,王入

---

① 〔元〕李廉:《春秋会通》卷九,文渊阁四库全书本。
② 〔明〕王夫之:《春秋家说》,《船山全书》(五),岳麓书社,2011年,第161页。
③ 杨伯峻:《春秋左传注》,中华书局,1990年,第317页。

于王城，取大叔于温，杀之于隰城"（《左传·僖公二十五年》）。童书业对齐桓公的尊王表现分析得十分透彻曰："周天子的威严在春秋以前表面上反而没有这样煊赫，到了这时，周天子的真正实力已消灭无遗，而他的威严在表面上反而比前格外煊赫起来，这就是霸主的手段和作用。因了一班霸主'尊王'的权术，君臣间的礼制才谨严了。"①此说可谓笃论。周天子在霸主的庇护下，俨然恢复了昔日的光彩，但天子之威权逐渐过渡到霸主手里，礼乐征伐之权彻底从"自天子出"到了"自诸侯出"了。宋儒吕大圭一针见血地指出："天下既知有伯而王之实已泯，何者？移其所以事王者而事伯也。"尊王虽然成为大国诸侯捞取政治资本、争取诸侯支持的重要手段，但正因为尊王大旗的树立，周王朝的统治才因了霸主的主持光明正大地延续下去，如吕大圭所言："春秋之初，王纲浸弛，天下未有知尊周者，小白起而倡为尊周室之义。"②齐桓公首举尊王之功不可谓不大。

二、会盟模式的初步形成

（一）春秋前期会盟雏形的出现

据学者研究，会盟肇始于原始社会，至西周时，才逐步典章化、制度化。③周天子掌握召集权，诸侯不得擅自会盟。《穀梁传·隐公元年》言："寰内诸侯非有天子之命，不得出会诸侯，不正其外交。"《礼记·曲礼》孔颖达正义曰："天下太平之时，则诸侯不得擅相与盟。唯天子巡守至方岳之下，会毕，然后乃与诸侯相盟，同好恶，奖王室。"但随着王权的衰弱，至春秋初年，诸侯会盟已经在各国间出现，但会盟的目的是为结党而对抗其他诸侯，即"同好恶"，而非"奖王

---

① 童书业：《春秋史》，第145页。
② 〔宋〕吕大圭：《春秋或问》卷十二，文渊阁四库全书本。
③ 张全民：《试论春秋会盟的特点》，《吉林大学社会科学学报》1995年第4期。

室"。鲁隐公三年(前720),齐僖公与郑庄公在石门会盟。元人刘实曾评论说:"郑庄挟齐以自强,而齐僖亦资郑以纠合。自是齐郑之党合,天下始多故,而诸侯遂无王矣。"① 第二年,宋、陈、蔡、卫四国会盟伐郑,"此诸侯会伐之始,亦东诸侯分党之始"②。自此之后,中原诸侯间开启了分党会伐的局面。自齐僖公时期开始,诸侯会盟也成为解决国家间问题的重要方式。鲁隐公八年(前714),齐僖公与宋殇公、卫宣公在瓦屋会盟,在齐僖公的斡旋下,宋、卫两国与郑国和好。此次会盟也被认为是齐僖公"小霸"的表现。《国语·郑语》言:"齐庄、僖于是乎小伯。"韦昭注曰:"小伯,小主诸侯盟会。"童书业先生认为:"是齐僖有平三国之举,隐为盟主矣。"③ 而恶曹之盟则是齐僖公小霸事业的顶峰。《左传·桓公十一年》载:"十一年春,齐、卫、郑、宋盟于恶曹。"童书业先生认为:"此次恶曹之盟,盖亦以齐僖为主,此盟为郑庄小伯之极峰,亦为齐僖小伯之极峰也。"④ 齐襄公在位期间,也曾多次会盟诸侯。鲁桓公十七年(前695),鲁、齐、纪三国在黄地会盟,以谋划恢复卫惠公的君位;鲁桓公十八年(前694),齐襄公会诸侯于首止,为恢复郑厉公的君位,齐襄公杀了郑君子亹,车裂了郑卿高渠弥。齐僖公、齐襄公虽然都没有被承认为诸侯盟主,但毕竟"小主诸侯盟会",为此后齐桓公的主盟诸侯奠定了基础。

(二)齐桓公主持中原会盟的历史必然

在诸侯以力相争、天下散乱的情势下,天下诸侯盼望新的权威出现,使天下能够定于一尊,改变一盘散沙的状况。齐桓公的出现,正顺应了时代发展的趋势,也是当时历史情势发展的必然。吕思勉先生认为:"王室既不能复振,而中原之地,会盟征伐,不可无主,

---

① 〔清〕王掞:《钦定春秋传说汇纂》卷二,文渊阁四库全书本。
② 〔清〕王掞:《钦定春秋传说汇纂》卷二,文渊阁四库全书本。
③ 童书业:《春秋左传研究》,上海人民出版社,2019年,第42页。
④ 童书业:《春秋左传研究》,第43—44页。

于是所谓霸主者出焉。"①当时的中原诸侯，只有齐国最强，能够担负起诸侯盟主的责任。《史记·齐太公世家》说得非常清楚："是时周室微，唯齐、楚、秦、晋为强。晋初与会，献公死，国内乱。秦穆公辟远，不与中国会盟。楚成王初收荆蛮有之，夷狄自置。唯独齐为中国会盟，而桓公能宣其德，故诸侯宾会。"楚、秦、晋三国不能主持中原诸侯会盟有其自身原因。秦国僻处西陲，"秦僻在雍州，不与中国诸侯之会盟，夷翟遇之"（《史记·秦本纪》）。楚自视为蛮夷，而晋国长期内乱，鲁庄公十六年（前678），曲沃代翼，"王使虢公命曲沃伯以一军为晋侯"（《左传·庄公十六年》），一军只是一个小国的军队规模，至晋献公十六年（前661），才作二军，而齐国为大国，有三军。可以这样认为，晋国在齐桓公图霸之时，是完全不具备与之争雄的实力的。另外，晋国周边为戎狄所包围，《国语·晋语二》记载，宰孔论及晋国的地理形势说"（晋国）景霍以为城，而汾、河、涑、浍以为渠，戎、狄之民实环之"，《左传·昭公十五年》也记载晋臣籍谈说道："晋居深山，戎狄之与邻而远于王室。"晋国至文公勤王得到周襄王所赐南阳之田后，才有了南下争霸的便利条件。东部诸侯，唯齐实力最强，所以在齐桓公登高一呼以后，便得到众多诸侯的支持。

（三）"有事而会，不协而盟"——齐桓公主盟模式的形成

鲁庄公十三年（前681），齐桓公主持北杏之会，《春秋·庄公十三年》载："十有三年春，齐侯、宋人、陈人、蔡人、邾人会于北杏。"此次诸侯之会，是为平定宋国之乱而召开，《左传·庄公十三年》："会于北杏，以平宋乱。"对于这次会盟，《穀梁传》认为："其曰人何也？始疑之。何疑焉？桓非受命之伯也，将以事授之者也。曰可矣乎？未乎？举人，众之辞也。"宋儒胡安国说："桓非受命之伯，诸侯自相推戴，以为盟主。"②《公羊传》没有对经文作传，但据《公

---

① 吕思勉：《先秦史》，第155页。
② 〔宋〕胡安国：《春秋传》，第179页。

羊传·宣公十一年》所言"上无天子,下无方伯,天下诸侯有为无道者,臣弑君,子弑父,力能讨之,则讨之可也",可见《公羊传》对于齐桓公平定宋国内乱是持褒扬态度的。柯劭忞认为:"众所归心,非受命于天王,亦可以伯事授之。"①齐桓公虽然还没有得到周天子的赐命,但因为有诸侯的拥戴,自此开始以霸主的身份主持天下诸侯的盟会。宋儒张洽评说北杏之会说:"自东迁以来,王政不行,下逮隐、桓之世,乱贼得志,强暴肆行,天下之心思周道之不可复见,而愿得贤伯之兴,以息乱贼,制强暴,盖已久矣。桓公入国,今已四年,因宋有弑君之乱,首恶方诛,嗣君新立,合诸侯以定宋乱,而陈、蔡、邾并来受命,亦可见天下归之,几如水之就下矣。"②自北杏之盟起,齐桓公开始主持诸侯会盟。会盟的主导权,彻底从周天子转到霸主或大国手中。宋儒胡安国对齐桓公主北杏之盟的意义评论道:"春秋之世,以诸侯而主天下会盟之政,自北杏始,其后宋襄、晋文、楚庄、秦穆交主夏盟,迹此而为之者也。"③胡安国此言一语中的,正是自北杏之盟起,齐桓公开启了主盟诸侯的霸政模式。此后的霸权迭兴,大国君主无不循齐桓公图霸之轨迹,以争夺诸侯盟主为主要目标。

鲁庄公十五年(前679),齐桓公与宋、陈、卫、郑四国国君在鄄地会盟。《左传·庄公十五年》言:"十五年春,复会焉,齐始霸也。"齐桓公通过两次鄄地会盟,建立起诸侯盟主的威信,霸业初步形成。鲁庄公二十七年(前667),齐、鲁、郑、宋、陈五国国君在幽地会盟。对于幽之盟,《穀梁传·庄公二十七年》高度评价齐桓公:"同者,有同也,同尊周也,于是而后授之诸侯也。其授之诸侯。何也?齐侯得众也。桓会不致,安之也。桓盟不日,信之也。信其信,仁其仁。衣裳之会十有一,未尝有歃血之盟也,信

---

① 柯劭忞:《春秋穀梁传注》,中华书局,2004年,第94页。
② 〔宋〕张洽:《春秋集注》,中华书局,2021年,第92—93页。
③ 〔宋〕胡安国:《春秋传》,第179页。

厚也。兵车之会四，未尝有大战也，爱民也。"唐人杨士勋注曰："前同盟于幽，诸侯尚有疑者，今外内同心，推桓为伯，得专征伐之任，成九合之功。"①同年冬，周惠王派王室卿士召伯廖赴齐，赐命齐桓公为侯伯，承认齐国的霸主地位。《史记·周本纪》记载："惠王十年，赐齐桓公为伯。"

齐桓公称霸之后，参加会盟的诸侯规模不断扩大，宋、陈、蔡、邾、鲁、曹、郑、卫、许、滑、滕、江、黄等十余个诸侯先后参加到齐国主持的同盟中来。同盟中不仅有中原诸侯，还有江、黄等与楚紧邻的国家，不仅有宋、鲁等大国，也有许、曹等小国。宋儒吕大圭对齐桓公主持会盟的首创之功评论道："当时诸侯之所望以为伯者，独在于齐而不在他国也又明矣。然是时也，有相盟者矣，而未有合诸侯以同盟者，合诸侯以同盟者，自小白始；有相会者矣，而未有合诸侯以大会者，合诸侯以大会自小白始；方其列国争衡，侯度无统，亦诚有望于方伯连率之功，然而大合诸侯，纠率列国，同盟而有主盟，同会而有主会，其事则前此未有也，而小白创为之"，"举天下而听命于一邦，向未有是也"②。恰如吕大圭所言，齐桓公之前，未有主盟诸侯者，而作为东方大国的齐国，顺应时势，在自身实力的加持下，齐桓公成功利用会盟的方式，成为诸侯盟主。自齐桓公起，贯穿整个春秋时期的霸主之争，都是对诸侯会盟主盟者的争夺，直至春秋末期弭兵之会上的晋楚之争、黄池之会上的晋吴之争，都是如此。

齐桓公主持的诸侯会盟，成为解决诸侯国家间问题的重要方式。因宋国发生弑君之乱，首举北杏之会，以平宋乱、定宋桓公之位；柯之会，以平齐鲁之怨；因宋国附从，召集鄄之会；因陈、郑二国附从，召集幽之盟，"同盟于幽，陈、郑服也"（《左传·庄公二十七年》）；因楚伐郑，召集柽之会，谋救郑；为救郑、伐楚，召集贯、阳谷之会，江、黄二国归附齐桓公，"盟于贯，服江、黄也"（《左传·僖公二年》）；

---

① 〔清〕钟文烝：《春秋穀梁经传补注》，中华书局，2009年，第212页。
② 〔宋〕吕大圭：《春秋或问》卷十二，文渊阁四库全书本。

因周惠王欲废世子，召集首止之会，以定王世子之位，"谋宁周也"（《左传·僖公五年》）；因郑伯逃首止之会，齐桓公率诸侯伐郑，"诸侯伐郑，以其逃首止之盟故也"（《左传·僖公六年》），召集宁母会盟，"盟于宁母，谋郑故也"（《左传·僖公七年》），郑国请盟；洮之会盟，"谋王室也。郑伯乞盟，请服也"（《左传·僖公八年》）；葵丘之会，"寻（洮）盟，且修好"（《左传·僖公九年》），齐桓公代天子申明五禁；咸之会，谋救杞，谋救王室；牡丘之会，谋救徐；淮之会，谋鄫。"有事而会，不协而盟"（《左传·昭公三年》），"诸侯讨贰，则有寻盟"（《左传·昭公十三年》）的会盟形式在齐桓公称霸时期初步形成。自此以后，会盟成为春秋霸主推行霸政的重要方式。

霸主作为诸侯之长，制定规则，诸侯则遵照执行，所谓"大国令，小国共"（《左传·昭公元年》）。阳谷之会上，齐桓公与诸侯订立了阳谷盟约。《公羊传·僖公三年》记载："桓公曰：'无障谷，无贮粟，无易树子，无以妾为妻。'"葵丘之会上，确立了葵丘盟约，这是齐桓公试图利用盟约重塑国际新秩序的重要尝试。《穀梁传·僖公九年》曰："葵丘之盟，陈牲而不杀，读书加于牲上，壹明天子之禁。曰：毋雍泉，毋讫籴，毋易树子，毋以妾为妻，毋使妇人与国事。"据《孟子·告子下》记载，盟约的主要内容是："葵丘之会，诸侯束牲、载书而不歃血。初命曰：'诛不孝，无易树子，无以妾为妻。'再命曰：'尊贤育才，以彰有德。'三命曰：'敬老慈幼，无忘宾旅。'四命曰：'士无世官，官事无摄，取士必得，无专杀大夫。'五命曰：'无曲防，无遏籴，无有封而不告。'曰：'凡我同盟之人，既盟之后，言归于好。'"可见，齐桓公为重整周代宗法制，在不同会盟中多次申明这些礼法制度。齐桓公之所以确立这样的盟约，是与春秋以来多次发生的政治变故有关的，特别是庶子夺嫡之事。周公黑肩欲弑周庄王而立王子克，事不成而被杀，事前，辛伯向周公进谏说："并后、匹嫡、两政、耦国，乱之本也。"（《左传·桓公十八年》）多年之后，晋国的狐突引用辛伯之言向晋太子申生说："内宠并后，外宠二政，嬖子配嫡，大都耦国，乱之本也。"(《左传·闵公二年》)可见，辛伯所言已为诸侯所广泛认可。维护宗法制这一周礼基本制度，是齐桓公订立盟约的目的所在。有研究者认为，在阳谷会盟之时，齐桓公提出缔结阳谷盟约，"开始探索发挥规则制定者的作用，针对春秋时期的现实情况，试图通过重建国际和国内政治规则来在'事前'预防争端及内乱的发生"，"从秩序建构的角度看，'葵丘公约'的缔结，标志着霸主管控的中原新秩序初步形成"[①]。葵丘盟约的内容是对阳谷盟约的重申和进一步细化，齐桓公试图通过阳谷盟约和葵丘盟约，重建国际新秩序，并希望其成为中原诸侯能够共同遵守的行为准则。

齐桓公通过会盟诸侯，主天下诸侯之政，使华夏得以安定。《史记·齐太公世家》中齐桓公说："寡人兵车之会三，乘车之会六，九合诸侯，一匡天下。"史家对"九合诸侯"的解读，有多种说法。实际上，齐桓公会盟诸侯远不止九次，九当为虚数，言数量之多。《穀梁传·庄公二十七年》说："衣裳之会十有一，未尝有歃血之盟也，信厚也。兵车之会四，未尝有大战也，爱民也。"经统计，齐桓公合三国以上的会盟有 17 次之多，用诸侯之师的军事行动也有近 20 次。孔子高度评价桓公会盟诸侯说："桓公九合诸侯，不以兵车，管仲之力也。如其仁，如其仁。"(《论语·宪问》)齐桓公通过主盟诸侯，实现了对华夏东部诸侯的整合。颜世安指出："齐国在建立霸政过程中第一次提出华夏族是一个共同体。"并认为："齐国创建霸政的时候，东部诸侯能够在礼仪信义的旗号下团结起来，主要就是因为文化族群的整合已有相当规模。"[②]齐桓公正是在东部诸侯文化共同体形成具备一定基础的情况下，以诸侯同盟的形式，加速实现了华夏共同体的形成。齐国霸业虽然在齐桓公死后没能延续下去，但齐桓霸业奠定了春秋时期霸权迭兴的民族和文化基础。

[①] 刘勋：《称霸：春秋国际新秩序的建立（齐桓篇）》，中华书局，2019年，第 246、262 页。
[②] 颜世安：《齐桓公霸政基础之探讨》，《江海学刊》2001 年第 1 期。

三、攘夷与尊王的结合

钱穆先生论"霸者之标义",大致有四:一、尊王;二、攘夷;三、禁抑篡弑;四、裁制兼并。①所论霸者四义,实际上是针对王命不行、戎狄横行、列国内乱、诸侯兼并四现象而来。正是因为王命不行,才需要霸主代替天子行使管理天下诸侯的职责:对内,要维护安定,以尊王为号召,禁止诸侯内部的篡弑以及诸侯间的侵伐兼并;对外,要团结起来以攘夷狄,维护华夏的安全,正所谓"兄弟阋于墙,外御其侮","扞御侮者,莫如亲亲,故以亲屏周"(《左传·僖公二十四年》)。

(一)春秋前期戎狄蛮夷对华夏的威胁

春秋前期,华夏受到周边民族的严重威胁,《公羊传·僖公四年》表述当时的情况说:"南夷与北狄交,中国不绝若线。"此言非虚,戎狄蛮夷时时"侵暴中国"(《史记·匈奴列传》),华夏各诸侯国经常遭到侵掠,有的小国甚至被灭国。

首先是来自戎狄的威胁,西周亡于犬戎。清华简《系年》第二章记载:"幽王起师,围平王于西申,申人弗畀,曾人乃降西戎,以攻幽王,幽王及伯盘乃灭,周乃亡。"为避戎祸,周室东迁,但戎人的威胁始终没有解除,《后汉书·西羌传》记载:"及平王之末,周遂陵迟,戎逼诸夏,自陇山以东,及乎伊、洛,往往有戎……当春秋时,间在中国,与诸夏盟会。"戎人杂处华夏各诸侯间,时常为祸于诸侯。鲁隐公七年(前716),戎伐凡伯于楚丘;隐公九年,北戎侵郑;桓公六年,北戎又伐齐,齐国不能抵御,乞师于郑,大败戎师,诸侯大夫在齐戍守;庄公二十四年(前670),戎人侵曹;此后庄公三十年,山戎侵伐燕国,燕国向齐求援。狄人的威胁,较之戎人更大。鲁闵公元年(前661),狄人伐邢,闵公二年,又伐卫,杀

---

① 钱穆:《国史大纲》,第59页。

卫懿公，灭亡卫国。鲁僖公在位期间，狄人连年入侵晋、卫、郑、齐等国，特别是晋国周边为戎狄所环绕，经常遭到掳掠，"皋落狄之朝夕苛我边鄙，使无日以牧田野"（《国语·晋语一》）。可以说，戎狄之侵，入春秋以来，为祸日重。顾栋高言："盖春秋时，戎狄之为中国患甚矣，而狄为最。狄之强，莫炽于闵、僖之世，残灭邢、卫，侵犯齐、鲁。"①有研究者指出，因为戎狄的严重威胁，"许多弱小的国家要求有个强大的力量来抵御戎狄的进犯，以振兴中原华夏族的权威，这种形势就为春秋大国称霸时代的到来提供了客观的条件"②。确实如此，在北戎伐齐之时，齐向诸侯请师，诸侯派兵助齐抵御戎人的入侵，这也说明华夏诸侯在抵御戎狄入侵方面有着共同的利益，命运攸关，形成了一个命运共同体，但当时还没有一个攘夷的领导者。郑国实力较强，曾大败北戎，是有实力充当这个攘夷的领头羊的，但郑国因为度量不足、无远见而断送了这样的机会。《左传·桓公六年》载："诸侯之大夫戍齐，齐人馈之饩，使鲁为其班，后郑。郑忽以其有功也，怒，故有郎之师。"因诸侯助齐抵御北戎，齐国请鲁国主持犒赏诸国，鲁国按周礼对诸国进行排序，因为郑国为伯爵，鲁国将其排在后面。郑太子忽认为御戎之功以己为大，对鲁国的安排很不满意，与齐国联合伐鲁，以泄其愤。因为郑国的泄愤之举，由郑国来率领诸侯共同抵御北戎入侵的共同体也难以成立。

除却北方戎狄的入侵，南方楚国的强大也使华夏诸侯如临大敌。周室东迁后，楚国开始崛起，《国语·郑语》曰："齐庄、僖于是乎小伯，楚蚡冒于是乎始启濮。"熊渠之时，自言："我蛮夷也，不与中国之号谥。"至楚武王时，伐随，对随侯说："我有敝甲，欲以观中国之政，请王室尊吾号。"他以咄咄逼人之势，请随国向周天子请求尊楚之爵位。周王予以拒绝，楚武王遂自称王，言"成王举我先公，乃以子男田令居楚，蛮夷皆率服，而王不加位，我自尊耳。"至楚文

---

① 〔清〕顾栋高：《春秋大事表》，第 2160 页。
② 顾德融、朱顺龙：《春秋史》，上海人民出版社，2019 年，第 69 页。

王时,"六年,伐蔡,虏蔡哀侯以归,已而释之。楚强,陵江汉间小国,小国皆畏之"(以上《史记·楚世家》)。《左传·桓公二年》记载:"蔡侯、郑伯会于邓,始惧楚也。"清人顾栋高分析齐桓公伐楚之前的形势时说:"春秋之世之趋于伯,非自桓始也。桓八年,楚已合诸侯于沈鹿矣。十一年,屈瑕盟贰、轸矣。脱无齐桓,而天下之势将遂折而入于楚,故当日之望齐桓如槁旱之望甘雨也。"①意思是,如果没有齐桓公攘夷狄,则楚国早已入主中原了,天下诸侯盼望齐桓公的出现就像久旱期盼甘霖一样。楚国不仅自视为蛮夷之国,而且也被华夏诸侯视为蛮夷,《公羊传·僖公四年》曰:"楚有王者则后服,无王者则先叛,夷狄也,而亟病中国。"《公羊传·僖公二十一年》记载,公子目夷对宋襄公说:"楚,夷国也,强而无义。"楚国实力强大,自号蛮夷,僭越称王,毫无信义。因其不断强大,吞灭小国,甚至有取代周室的野心,使得诸侯开始恐惧楚国。钱穆先生称之为"帝国主义者之武力兼并",楚国是华夏诸侯所受到的最大威胁。

正是因为南楚与戎狄频繁入侵华夏,才使得攘夷的重要性凸显出来。孔子言"微管仲,吾其披发左衽矣"(《论语·宪问》)。夷狄与华夏的重要分野即在于文化,在言语、饮食、衣服等方面表现出来。《左传·襄公十四年》记载,姜戎氏说:"我诸戎饮食衣服不与华同,贽币不通,言语不达。"如果华夏被夷狄征服,华夏文化势必遭到重创。钱穆先生认为,霸政有二大义,"一则为诸夏耕稼民族之城市联盟,以抵抗北方游牧部落之侵略,因此得保持城市文化,使不致沦亡于游牧之蛮族。二则诸夏和平结合以抵抗南方楚国帝国主义者之武力兼并,因此得保持封建文化,使不致即进为郡县之国家"②。保护华夏文化免受外来破坏的重任最终要等到齐桓公来完成,攘夷也成为霸政的重要内容。

(二)齐桓公首次将攘夷与尊王结合起来

---

① 〔清〕顾栋高:《春秋大事表》,第1951页。
② 钱穆:《国史大纲》,第64—65页。

钱穆先生认为，因为王命不行，引发列国内乱和诸侯兼并，导致戎狄横行；正是因为戎狄横行，才产生齐桓、晋文之霸业。① 要"攘夷"，关键是需解决王命不行的问题，这就需要将"攘夷"与"尊王"结合起来，以霸主代替天子行使职权，率领诸侯同攘夷狄。齐桓公就是在这样的情势下，在"尊王"的旗帜下进行"攘夷"事业的。《汉书·刑法志》言："（齐桓公）外攘夷狄，内尊天子，以安诸夏。"宋人胡宏言："夫盟主者，所以合天下之诸侯攘夷狄、尊王室者也。"② 攘夷与尊王是霸政的应有之义，正是齐桓公开创的。童书业先生对于"尊王"与"攘夷"的关系，是这样认为的："要'攘夷'必先'尊王'，'尊王'的旗帜竖起，然后中原内部才能团结；内部团结，然后才能对外，所以'尊王'与'攘夷'是一致的政策。"此说可谓切中肯綮。在当时的情势下，非尊王不足以聚诸侯，非聚诸侯不足以攘夷狄，但是童先生又认为："这是春秋初年的时势的需要，并不是齐桓公和管仲一二人突然想出来的花样！"③ 这一说法并不符合当时的历史时势。前文已论及郑国何以不能率诸侯以攘夷狄，原因之一即在于郑国不能团结诸侯，而郑国不能团结诸侯的原因之一应是没有举起"尊王"的旗帜来。作为一个诸侯，不仅要有强大的实力做后盾，更要师出有名，可谓"名正则言顺"。郑国徒自显示自己的实力，并不能获得诸侯的支持，也就决定了郑国不可能成为诸侯盟主。只有到了齐桓公图霸时期，才意识到"尊王"与"攘夷"不可或缺的关系，将两者有机结合起来。王和先生论及春秋霸主何以举"尊王攘夷"的旗号时说，"主要即在于利用周王室的影响和潜在能量来整合华夏诸侯的力量，以应对日益严重的戎狄威胁，同时提高自己的威望和势力"，正是因为"以血缘纽带为基础的宗法政治结构继续起着作用"，"以'尊王攘夷'为旗帜，团结'甥舅之国''同姓之好'以抵抗夷狄共求生

---

① 钱穆：《国史大纲》，第54—55、59页。
② 〔宋〕胡宏：《皇王大纪》卷四十二，文渊阁四库全书本。
③ 童书业：《春秋史》，第134页。

存,便成为周系诸侯所面临的生死攸关的紧迫问题"。①有论者以周公宰孔葵丘会后对晋献公所言"齐侯不务德而勤远略,故北伐山戎,南伐楚,西为此会也。东略之不知,西则否矣。其在乱乎",得出"齐国联合诸夏攘夷,并不为王室所喜。'攘夷'与'尊王'决非一回事"的结论②,这也犯了以偏概全的弊病。宰孔所言,是他自己的看法,还是周襄王之意的表达,值得探讨。周襄王借齐桓公之力而定太子位、即王位,如无桓公,襄王之位不定,襄王对齐桓公的感激之情正体现在葵丘会上赐爵一级以及无下拜等旨意上,周公宰孔作为王室卿士虽以襄王之命与会,但其人却并不忠心于襄王。周惠王在位时,宰孔曾受惠王之命而唆使郑文公逃首止之盟,"王使周公召郑伯,曰:'吾抚女以从楚,辅之以晋,可以少安。'郑伯喜于王命而惧其不朝于齐也,故逃归不盟"(《左传·僖公五年》),首止会盟恰恰是为定襄王太子之位而举行。王夫之痛斥周惠王、宰孔君臣的恶行:"周之君臣以暱一爱子之故,覆折合于楚,因郑以败齐之成,齐之不瘵无几矣","周之倒行逆施,于斯而已极矣"③。宰孔对晋献公所言,暴露了其破坏齐桓霸业的真实意图,以此打击支持周襄王的势力,这样的言行自然不能等同于周襄王之意的表达。

(三)伐戎与攘楚——齐桓公攘夷与尊王的实践

鲁庄公二十年(前674),齐国伐戎。《春秋·庄公二十年》记载:"冬,齐人伐戎。"杨伯峻认为:"此为经书伐戎之始。"④鲁庄公三十年(前664),山戎伐燕。燕国为召公之封国,燕向齐国告急。齐桓公与鲁庄公在济水相会,商议联合讨伐山戎,鲁庄公答应出兵,但又临阵退缩,没有出兵助齐。齐桓公以齐国一国之力讨伐山戎,"刜令支,斩孤竹而南归,海滨诸侯莫敢不来服"(《国语·齐语》)。《穀

---

① 王和:《历史的轨迹——基于夏商周三代的考察》,第366页。
② 颜世安:《齐桓公霸政基础之探讨》,《江海学刊》2001年第1期。
③ 〔明〕王夫之:《春秋世论》,《船山全书》(五),岳麓书社,2011年,第418页。
④ 杨伯峻:《春秋左传注》,第214页。

梁传·庄公三十年》赞曰:"桓内无因国,外无从诸侯,而越千里之险,北伐山戎,危之也。则非之乎?善之也,何善乎尔?燕,周之分子也,贡职不至,山戎为之伐矣。"按《公羊传》的阐释"桓公之与戎狄,驱之尔","桓公的目的是赶走他们而已"①。齐桓公站在尊王的角度,要求燕国继续履行向周王室交纳贡赋的义务。《史记·齐太公世家》载:"齐桓公救燕,遂伐山戎,至于孤竹而还。燕庄公遂送桓公入齐境。桓公曰:'非天子,诸侯相送不出境,吾不可以无礼于燕。'于是分沟割燕君所至与燕,命燕君复修召公之政,纳贡于周,如成康之时。诸侯闻之,皆从齐。"宋儒胡安国高度评价说:"北戎病燕,职贡不至,桓公内无因国,外无从诸侯,越千里之险,为燕辟地,可谓能修方伯连帅之职。"②诸侯从齐的重要原因即在于齐桓公代天子征讨山戎,解诸侯之难,合于霸主"救患"之职。

鲁庄公三十二年(前662),狄人入侵邢国。齐相管仲对齐桓公说,邢国为华夏诸侯,不能任凭戎狄将其灭亡,应该出兵救邢,齐桓公听从管仲的建议,决定救邢。《左传·闵公元年》载:"狄人伐邢。管敬仲言于齐侯曰:'戎狄豺狼,不可厌也。诸夏亲昵,不可弃也。宴安鸩毒,不可怀也。《诗》云:"岂不怀归,畏此简书。"简书,同恶相恤之谓也。请救邢以从简书。'齐人救邢。"这应该是历史上首次明确提出诸夏与戎狄对立的概念。王震中先生认为,诸夏等称谓的产生,"不仅表明华夏民族已经形成,更主要的是表现出当时华夏民族所具有的民族意识上的自觉",华夏民族已具有"强烈的文化一体性"③。齐桓公之后,夷夏之辨便成为共识,有论者就认为:"夷夏之辨的发生,表征着华夏民族主体性自觉的基本形成。"④《左传·僖公二十五年》记载,晋文公围阳樊,仓葛呼曰:"德以柔中国,刑以威四夷。"此言已将"中

---

① 刘尚慈:《春秋公羊传译注》,中华书局,2010年,第173页。
② [宋]胡安国:《春秋传》,第199页。
③ 王震中:《中国古代国家的起源与王权的形成》,中国社会科学出版社,2013年,第366页。
④ 姜建设:《夷夏之辨发生问题的历史考察》,《史学月刊》1998年第5期。

国"与"四夷"对立开来。《左传·成公二年》记载,周王对晋国大夫巩朔说:"蛮夷戎狄,不式王命,淫湎毁常,王命伐之,则有献捷。王亲受而劳之,所以惩不敬、劝有功也。兄弟甥舅,侵败王略,王命伐之,告事而已,不献其功,所以敬亲昵、禁淫慝也。"兄弟甥舅指的是周王室所封华夏诸侯,与蛮夷戎狄是对立来看的。此即所谓《公羊传·成公十五年》所阐释的"内诸夏而外夷狄"。

鲁闵公二年(前660)冬,狄人又侵入卫国。卫懿公好鹤,国人不附,卫军大败,卫懿公也被狄人所杀。卫国军民逃到黄河岸边,宋桓公接应他们过河,并在曹地建立营地,立卫戴公。齐桓公派公子无亏率车三百乘、甲士三千人帮助守曹,并赠送卫国君臣衣食等物品。卫戴公即位后不久就死去,齐桓公立卫文公为君。《左传·闵公二年》载:"文公为卫之多患也,先适齐。"齐桓公率诸侯守卫曹地,并于鲁僖公二年(前658)修筑楚丘城,重新封卫国于此。鲁僖公元年(前659)春,齐国联合宋国、曹国出兵救邢。在齐军未到之前,邢国已被狄人攻破,邢人大溃。之后,齐国与宋、曹两国共同驱逐狄人,诸侯联军把邢国剩余的器具全部迁走,军纪严明,秋毫无犯。同年夏,诸侯军队修筑夷仪城,将邢国迁于夷仪。《左传·僖公元年》记载:"凡侯伯,救患、分灾、讨罪,礼也。"宋儒张洽高度赞扬齐桓公城邢,"邢虽已迁,无力自城,诸侯若不城之,终未能以自定,必遗后患。桓公因其既迁,命三师为之板筑,使之足以守而居之安,合于救患、分灾之礼……入春秋以来,悉力存亡,唯有此举"①。《左传·闵公二年》言:"僖之元年,齐桓公迁邢于夷仪。二年,封卫于楚丘。邢迁如归,卫国忘亡。"宋儒胡安国认为齐桓公迁邢封卫的行为"其有功于中华甚大","中国衰微,夷狄猾夏,天子不能正,至于迁徙奔亡,诸侯有能救而存之,则救而存之可也。以王命兴师者正,能救而与之者权"②。

---

① 〔宋〕张洽:《春秋集注》,第128页。
② 〔宋〕胡安国:《春秋传》,第210、212页。

齐桓公称霸之时，南方的楚国也强大起来。《史记·楚世家》载："齐桓公始霸，楚亦始大。"鲁庄公二十八年（前666），楚国伐郑，齐桓公召集鲁、宋、邾①联合救郑，楚国连夜撤军，说明此时楚国还不敢于直接挑战以齐桓公为盟主的华夏联盟。但数年之后，楚国在楚成王的领导下，频频北上争霸，对华夏诸侯的威胁越来越大。鲁僖公元年（前659），楚国因郑国亲齐，出兵伐郑。齐桓公会合宋、鲁、郑、曹、邾的国君，在柽地相会，在荦地盟誓，商议救郑。此时，狄人伐邢入卫，齐桓公正忙于率诸侯迁邢封卫，楚国此时北上伐郑，正可谓"南夷与北狄交，中国不绝若线"，华夏正值存亡之际。鲁僖公二年和三年，楚国又连续两年伐郑，郑国疲弱，无力与楚抗衡。郑文公想与楚讲和，郑国大夫孔叔认为不可，"齐方勤我，弃德不祥"（《左传·僖公三年》），郑国才没有投降楚国。为了争取更多同盟抗楚，鲁僖公二年，齐桓公和宋桓公与江、黄等国国君在贯地会盟。第二年，齐、宋与江、黄等国又在阳谷会盟。鲁僖公四年（前656），齐桓公率鲁、宋、陈、卫、郑、许、曹七国联合出兵伐楚，先讨伐楚国的盟国蔡国，蔡国溃败，诸侯联军直驱伐楚。面对楚国的质问，齐桓公和管仲代周天子责问楚国："尔贡苞茅不入，王祭不共，无以缩酒，寡人是征。昭王南征而不复，寡人是问。"楚使者回答说："贡之不入，寡君之罪也，敢不共给？昭王之不复，君其问诸水滨。"楚国只承认不向周室纳贡之罪，并答应按时纳贡，但对周昭王南征不复却不肯承担责任。齐桓公并不满意楚人的回答，便率联军进驻楚国的陉地。楚成王派大夫屈完率军抵御，诸侯联军退驻召陵。齐桓公向屈完夸耀武力，而屈完则回答道："君若以德绥诸侯，谁敢不服？君若以力，楚国方城以为城，汉水以为池，虽众，无所用之。"（《左传·僖公四年》）他希望齐桓公以德服楚，否则楚国也不惜一战。在楚国答应向周王室进贡的情况下，诸侯同屈完在召陵订立盟约。

虽然楚国北上之势暂时得到遏制，但北方戎狄的威胁始终存在。

---

① 据《公羊传》载，在"救郑"前有"邾娄人"。

鲁僖公十二年（前648），齐桓公率诸侯帮助卫国修筑都城楚丘的外城，"诸侯城卫楚丘之郭，惧狄难也"（《左传·僖公十二年》）。第二年，狄人又伐卫，淮夷侵扰杞国。齐桓公召集鲁、宋、陈、卫、郑、许、曹各国在咸地会盟，商议援救杞国；戎人也进犯周王室所在的雒邑，齐桓公召集诸侯之师到王城戍守。鲁僖公十六年（前644），戎人再次入侵周王城，周襄王向齐国请援，齐桓公再次召集诸侯之师戍守王城。第二年，因为淮夷的侵扰，诸侯筑缘陵以迁杞。南方的楚国见齐桓公霸业衰微，不断侵扰齐国盟国，给齐国制造麻烦。鲁僖公十五年（前645）春，因为徐国加入华夏诸国的联盟，楚国伐徐，齐桓公与宋、鲁、陈、卫、郑、许、曹七国国君在牡丘会盟，诸侯之师进驻匡地，会后，联军在各国大夫的率领下进军，以图救徐。七月，齐国与曹国联合讨伐厉国，意在救援徐国。鲁僖公十七年（前643），也就是齐桓公卒之当年，齐国还与徐国讨伐楚国的附庸英氏。

齐桓公在攘夷狄、卫华夏方面做了大量工作，《国语·齐语》记载："筑葵兹、晏、负夏、领釜丘，以御戎狄之地，所以禁暴于诸侯也。筑五鹿、中牟、盖与、牡丘，以卫诸夏之地，所以示权于中国也。"从以上筑城以御夷狄的行为看，齐桓公并没有纯用武力以打击、消灭夷狄，而是务在不战而屈人之兵。清人顾栋高言："齐桓之伯，盖终其身未尝用战争之力也。存三亡国（邢、卫、杞）而未尝加兵于狄，合八国之师，整兵召陵，成盟而退。其于淮夷、山戎，止以先声驱之，务在保安弱小，使各安宇下而已。"① 其时，狄人势力尚强，在伐邢入卫之时，宋、郑两国都驻扎军队于黄河南岸，防范狄人的入侵，但却不敢贸然渡河以救邢、卫。《左传·闵公二年》记载："狄入卫，遂从之，又败诸河……及败，宋桓公逆诸河，宵济。"因畏惧狄人，宋国只能趁夜间接应卫国遗民渡过黄河。同样驻扎在河边以备狄的郑国大夫高克，"师溃而归，高克奔陈"，竟然不战自溃，置防狄于不顾。齐桓公对于救邢、卫开始也存在畏难心理，直至邢被狄人几

---

① 〔清〕顾栋高：《春秋大事表》，第1969页。

乎灭亡之时，齐国才出兵救邢。《公羊传·僖公元年》阐释说，邢为狄人所灭，"上无天子，下无方伯，天下诸侯有相灭亡者，桓公不能救，则桓公耻之"，对齐桓公不能及时履行霸主"恤患"之职予以批评。这也恐怕就是其后所谓"齐桓公存三亡国以属诸侯，义士犹曰薄德"（《左传·僖公十九年》）的原因了。在齐桓公的召集下，宋、曹两国才与齐国共同出兵救邢、卫，也只是"逐狄人"而已，没有发生大的战争，可见攘夷之难。为了伐楚，齐桓公先后与江、黄在贯、阳谷会盟。《榖梁传·僖公三年》载："阳谷之会，桓公委端搢笏而朝诸侯，诸侯皆谕乎桓公之志。"通过阳谷之会，齐桓公加强了诸侯同盟，坚定了一致对外的思想，才得以在第二年的伐楚之役中迫使楚国订立召陵之盟。从伐山戎时齐国独自行动，到救邢、卫时宋、曹两国相从，再到伐楚时，诸侯毕从，可见华夏诸侯联盟的建立经历了一个长期的过程。尊王给了齐桓公整顿诸侯事务的理由，而攘夷则以一致对外的形式将华夏诸侯紧密团结起来。此后，淮夷病杞，诸侯筑缘陵以迁杞，以及共同戍守王城，诸侯同盟更加紧密。共同的外患可以使同盟更加稳固，如晋国范文子所言"自非圣人，外宁必有内忧"（《左传·成公十六年》）。

齐桓公通过率领诸侯抵御夷狄对华夏的入侵，使华夏文化免遭少数民族的破坏。孔子曾高度赞扬齐桓公和管仲的历史功绩："管仲相桓公，霸诸侯，一匡天下，民到于今受其赐，微管仲，吾其被发左衽矣。"（《论语·宪问》）《公羊传·僖公四年》将齐桓公攘夷狄提升到拯救中华文明的角度："桓公救中国，而攘夷狄，卒怗荆，以此为王者之事也。"杨向奎先生认为"齐桓公北伐山戎南伐楚，是行王者事，能行王者事即大一统的事业"，"桓公之霸亦所谓'实不一统而文一统者'"。[①]齐桓公提出并实践的尊王攘夷的主张，对于维护周王朝的统一有着重要意义，暗合大一统的含义，为儒家提出"大一统"思想做了实践层面的先驱。

---

① 杨向奎：《大一统与儒家思想》，北京出版社，2016年，第74、26页。

四、霸主与诸侯关系的确立

在齐桓公主盟诸侯之前，虽然有齐僖公、齐襄公等"小主诸侯盟会"，但并没有公认的盟主，因而齐桓公称霸之后，如何处理霸主与诸侯的关系，即霸主与诸侯的责任和义务如何界定，是其面临的重要问题。在齐桓公与管仲君臣的探索下，霸主与诸侯的关系逐步确立，为此后霸政的延续和发展奠定了基础。《左传·僖公元年》："凡侯伯，救患、分灾、讨罪，礼也。"霸主对诸侯有救患、分灾的责任，诸侯则有缴纳贡赋的义务；诸侯如有篡弑、擅相侵伐等罪，或对霸主有贰心，霸主则有权力对之讨伐，是为讨罪讨贰。

（一）救患分灾——霸主对盟国的责任

盟国有外患，霸主要尽到保护责任。山戎病燕，燕告急于齐，齐桓公不顾艰险，出兵伐戎，"刜令支，斩孤竹"，扫除了山戎对燕国的威胁；狄灭邢、卫，齐桓公率诸侯之师为之城夷仪、楚丘，以封邢、卫，不仅赠送物资，而且派兵戍守，使之不再遭受狄人侵扰之苦；自鲁庄公二十八年（前666）起，楚国连年侵郑，齐桓公召集诸侯多次会盟以救郑，正是齐桓公勤诸侯之患，郑国才没有投降楚国；为纾解楚国对中原诸侯的威胁，齐桓公率诸侯联军伐楚，遏制了楚国北上争霸的势头，为诸侯争取了难得的和平。鲁僖公六年（前654），楚国围许以攻郑，齐桓公率诸侯救许。杞国遭淮夷侵扰，齐桓公主持咸地会盟，意在援救杞国，之后齐桓公率诸侯修筑缘陵城，将杞国迁移于此。"齐桓公为会而封异姓"（《左传·僖公二十八年》）的存亡继绝之举，得到诸侯的赞赏和拥戴，"天下诸侯知桓公之非为己动也，是故诸侯归之"（《国语·齐语》）。徐国遭楚国侵伐，齐桓公主持牡丘会盟以救徐，为解徐国之围，齐、曹联合讨伐楚之盟国厉国。

平定盟国内乱也是霸主的责任。一是平定宋国内乱。齐桓公图霸以北杏之会开始，此会以平宋国内乱为目的，《左传·庄公十三年》言：“会于北杏，以平宋乱。”鲁庄公十二年（前682），宋国大夫南宫长万弑宋闵公，立公子游为君，公族不服，联合曹国讨伐南宫长万，杀公子游，迎立宋桓公。北杏之会承认了宋桓公的君位，稳定了宋国政局。二是平定鲁国庆父之乱。鲁庄公三十二年（前662），鲁庄公死，子般即位，庆父杀子般。鲁闵公即位后，庆父与鲁庄公夫人哀姜合谋欲自立为君，又弑闵公，鲁国大乱。齐桓公不仅没有趁机取鲁，反而一方面派人杀死鲁乱的根源哀姜，另一方面派上卿高傒率领南阳的甲兵至鲁，与鲁国订盟，确立鲁僖公的君位。《国语·齐语》载："鲁有夫人、庆父之乱，二君弑死，国绝无嗣。桓公闻之，使高子存之。"三是平定晋国里克之乱。鲁僖公九年（前651），晋献公卒，因为晋献公废长立幼，晋国发生内乱，晋国大夫里克连杀两君（晋献公之子奚齐和卓子）。齐桓公率诸侯之师讨伐晋国弑君之罪，并与秦国送晋惠公回国即位，"齐侯以诸侯之师伐晋，及高梁而还，讨晋乱也……齐隰朋帅师会秦师，纳晋惠公"（《左传·僖公九年》）。第二年夏四月，齐桓公派大夫隰朋会同周王室册命晋惠公为诸侯，"周公忌父、王子党会齐隰朋立晋侯"（《左传·僖公十年》）。晋惠公的君位得到了周王室和霸主齐国的承认。

　　分灾也是霸主对诸侯应尽的责任。鲁庄公二十八年（前666），鲁国大饥，"天灾流行，戾于弊邑，饥馑荐降，民羸几卒"，鲁国大夫臧孙辰建议鲁庄公"以名器请籴于齐"，向齐国请求援助粮食。齐桓公"归其玉而予之籴"（《国语·鲁语》），不仅没有收受鲁国馈玉，而且给了鲁国急需的粮食，帮助鲁国渡过了灾荒之年。鲁僖公十三年（前645），晋国遭遇灾荒，向秦求援，"晋荐饥，使乞籴于秦"，秦国大夫百里奚认为"救灾、恤邻，道也"（《左传·僖公十三年》），向晋国输送了大批粮食。秦国虽未参与齐桓公主持的会盟，但秦穆公也志在求霸，故而也将分灾作为"求诸侯"的重要方式，很可能是对齐桓公图霸方式的复制、翻版。

自齐桓公之后，救患分灾之职，被诸侯视为霸主的分内之职，如果霸主不行其职，则会遭到诸侯的谴责，如晋臣荀吴所言："为盟主而不恤亡国,将焉用之？"（《左传·昭公十一年》）霸主不救诸侯之患，则失去了其存在的意义。在诸侯看来，齐桓公恤患救灾、存亡继绝，实际上是代天子而行管理诸侯之权，"昔周公、大公股肱周室，夹辅成王……桓公是以纠合诸侯而谋其不协，弥缝其阙而匡救其灾，昭旧职也"（《左传·僖公二十六年》）。齐桓公救助诸侯的灾患，实质上是恢复旧有秩序，是匡扶周王室的正义之举。在齐桓公死后，"齐桓之德"还被诸侯所铭记。鲁僖公十九年（前641），由陈国提议，诸侯在齐国会盟，"陈穆公请修好于诸侯，以无忘齐桓之德。冬，盟于齐，修桓公之好也"（《左传·僖公十九年》）。

（二）朝与贡——盟国对霸主的义务

霸主既有保护诸侯的责任，诸侯也需向霸主尽盟国的义务。陈筱芳认为："诸侯对霸主的义务主要是朝、献贡赋和奉命参战诸项。"[①] 这三项义务是在齐桓称霸期间初步形成，至晋、楚霸权迭兴时期，逐渐沦为霸主对诸侯的政治和经济压迫，最终导致了霸政的瓦解。

虽然齐桓公确立了自己的霸主地位，但并没有向诸侯征缴过多的贡赋，反而是"轻其币而重其礼"，这一外交政策与齐桓霸业相始终，也是齐桓公获得诸侯支持的重要手段。《国语·齐语》载："桓公知诸侯之归己也，故使轻其币而重其礼。故天下诸侯罢马以为币，缕綦以为奉，鹿皮四个；诸侯之使垂橐而入，梢载而归。故拘之以利，结之以信，示之以武。"齐桓公能够九合诸侯，不以兵车之力，靠的是利、信与武的组合拳。诸侯朝霸，可以从霸主这里得到切实的实惠，这是促使诸侯不断朝霸的动因之一。

虽然齐桓公对诸侯是"轻其币而重其礼"，但并非是毫无索取，对外征伐的贡赋还是需要近国准备的。在齐桓公与管仲制定对外政

[①] 陈筱芳：《论春秋霸主与诸侯的关系》，《西南民族学院学报（哲学社会科学版）》1995年第3期。

策时，即在南伐时以鲁为主，西伐时以卫为主，北伐时以燕为主，外出征伐需要三国的物资供应（《国语·齐语》）。齐桓公率诸侯伐楚，由陈、郑两国提供物资给养。召陵之盟后，陈国不愿诸侯之师再次途经陈国，"师出于陈、郑之间，国必甚病"。联军途径之地，必然多有征发，对陈国是一个不小的负担。郑国申侯对齐桓公说："若出于陈、郑之间，共其资粮、扉屦，其可也。"（《左传·僖公四年》）诸侯之师取道陈国和郑国之间，由两国提供军队的补给。此后霸主征发诸侯的军赋便成理所当然。

诸侯朝见霸主的礼节是齐桓公称霸期间确定的。因郑厉公不朝见齐桓公，齐国便拘留了郑国执政大臣叔詹，说明齐桓公对于诸侯朝见之礼是极其看重的。齐桓公扶立鲁僖公即位，鲁僖公君臣事齐勤谨，三年一朝齐，僖公于十年亲自朝齐，十五年又朝齐。宋儒张洽说："（齐桓）霸体渐肆，诸侯不朝天子而朝霸主，自是始矣。"① 宋儒赵鹏飞评论道："当桓之伯，僖（公）、（公子）友同心而事伯主，三年再朝之节未废也。"② 清人顾栋高言："僖十年公始朝齐，自后不朝齐，则朝晋，知盟主而不知有天王。"③ 自齐桓公始，霸主的威信已经盖过周天子，成为诸侯追随、朝见的对象。

诸侯还须听从霸主的调遣，随从征伐或听霸主之命出兵讨伐叛国，如郑国叛盟侵宋，宋、卫两国就跟随齐桓公出兵伐郑；陈国不忠于齐，齐桓公就令鲁、江、黄三国讨伐陈国。齐桓公虽然调动诸侯之师以行征伐，但并非毫无节制地役使诸侯。清人顾栋高言："其兴师尝更迭用之，令各就近为侵伐而不役之于远，故东征西讨而民力不疲，数动与国而诸侯不怨。"④

（三）讨罪讨贰——霸主对盟国的控制

---

① 〔宋〕张洽：《春秋集注》，第146页。
② 〔宋〕赵鹏飞：《春秋经筌》卷六，文渊阁四库全书本。
③ 〔清〕顾栋高：《春秋大事表》，第1575页。
④ 〔清〕顾栋高：《春秋大事表》，第1969页。

讨罪，顾名思义，是诸侯有罪而霸主予以讨伐。《周礼·大宗伯》贾公彦疏曰："诸侯无故相伐，是罪人也。霸者会诸侯共讨之，是讨罪也。"实际上，诸侯擅相侵伐只是霸主讨伐的原因之一，另有其他罪过也可讨伐。陈筱芳认为："霸主'讨罪'的对象有三：发生弑君内乱之国，无故侵伐他国者，不忠于盟主者。"所言涵盖了两个方面，即讨罪和讨贰。霸主的权威不容诸侯的挑战，如有诸侯违抗霸主之命，就会遭到霸主的讨伐，此即"所谓盟主，讨违命也"（《左传·昭公二十三年》）。陈筱芳认为："讨罪的方式有三种：出师征伐，执其大夫，执其国君。"①维护霸主的权威，对违命的诸侯予以讨罪，这种管控诸侯的方式虽与周天子管控诸侯的方式并无本质的不同，但这种霸主对诸侯的管控方式正是在齐桓公称霸期间所确立的。

讨罪。讨伐无故侵伐他国者，此即钱穆所言"裁制兼并"之义。鲁庄公十六年（前679）秋，郑国趁齐、宋、邾三国为宋国讨伐郳国之机，攻打宋国。为了惩罚郑国违背鄄地会盟的行为，齐桓公召集宋、卫伐郑，郑国选择向齐国屈服。鲁僖公十七年（前641），鲁国趁齐桓公忙于应付淮夷、楚国侵扰之机，灭了项国，而鲁僖公正参与城鄫之事，齐桓公因此不准鲁僖公回国，以讨鲁国擅灭小国之罪——"师灭项。淮之会，公有诸侯之事未归，而取项。齐人以为讨而止公"（《左传·僖公十七年》）。僖公夫人声姜亲见齐桓公加以解释，齐桓公才释放了鲁僖公。陈筱芳指出，"霸主对无故相侵者讨罪，虽然不能完全禁止诸侯间的侵伐战，但滥侵滥伐和以大侵小的现象受到较为明显的遏制，这是霸主对春秋社会秩序所作出的一种贡献"②。

讨贰。鲁庄公十三年（前681），宋国背叛北杏之会。第二年春，

---

① 陈筱芳：《论春秋霸主与诸侯的关系》，《西南民族学院学报（哲学社会科学版）》1995年第3期。
② 陈筱芳：《论春秋霸主与诸侯的关系》，《西南民族学院学报（哲学社会科学版）》1995年第3期。

齐桓公联合陈、曹伐宋，周僖王派单伯率王师参与，宋桓公向齐屈服。鲁庄公十七年（前677），因郑厉公不到齐国朝见桓公，齐国拘留了郑国执政大臣叔詹，"齐人执郑詹，郑不朝也"（《左传·庄公十七年》），而叔詹从齐国逃到了鲁国，鲁国接纳了郑詹。为惩罚鲁国，鲁庄公十九年冬，齐国联合宋、陈两国讨伐鲁国。鲁僖公四年（前656），召陵之盟后，诸侯联军返国，陈国大夫辕涛涂向齐桓公进言："君能服南夷矣，何不还师滨海而东，服东夷且归"，建议联军绕道东方，循海而归，征服东夷诸国。齐桓公听从了这个建议，"还师滨海而东，大陷于沛泽之中"（《公羊传·僖公四年》），桓公大怒，拘拿了辕涛涂。当年秋，鲁、江、黄三国又奉桓公之命讨伐陈国；当年冬，齐国又联合宋、鲁、卫、郑、许、曹再次讨伐陈国。齐桓公何以大动干戈，一年之内两次大加讨伐齐国的盟国陈国，陈国毕竟刚刚参与了伐楚之役，其中原因，《左传·僖公四年》说得明白："伐陈，讨不忠也。"陈国向齐国屈服后，齐国也释放了辕涛涂。郑国处于齐、楚两大国之间，为了国家利益，两大国都不敢得罪，故而首鼠两端之事也在所难免，对此，齐桓公并没有深予追究。郑国大臣子家曾追述齐桓公称霸期间郑国在齐、楚两国之间的周旋，"（郑）文公二年六月壬申，朝于齐。四年二月壬戌，为齐侵蔡，亦获成于楚。居大国之间而从于强令，岂其罪也"（《左传·文公十七年》）。清人沈钦韩《春秋左传补注》云："齐桓之时，郑固从齐，而亦间成于楚。所以然者，介于两大也，以救急也。齐与尔时未尝见罪，晋胡为苛求乎？"①与齐桓公相比，晋国对诸侯的控制更为严厉，令诸侯压抑得喘不过气来。

齐桓公称霸期间，虽有讨罪讨贰之行为，但都比较克制，宋人沈棐总结齐桓公讨罪讨贰的方式说："小白之霸，诸侯未服，固尝侵伐之，然不过伐其国，执其臣，使诸侯自惧而后已，故庄十七年执郑詹，郑伯遂同盟于幽，僖四年执陈辕涛涂，陈侯遂盟于首止，此皆未尝

---

① 杨伯峻：《春秋左传注》，第627页。

执诸侯也。"沈棐称颂齐桓公,"以礼义柔中国"①。正所谓"贰而执之,服而舍之"(《左传·僖公十五年》),"叛而伐之,服而舍之"(《左传·宣公十二年》),这种讨罪,后世总结霸主驾驭诸侯之术说:"叛而不讨,何以示威?服而不柔,何以示怀?"(《左传·文公七年》)

齐桓称霸的大部分时间里,诸侯慑于齐桓之威而未得擅相侵伐。葵丘之会,盟约曰:"凡我同盟之人,既盟之后,言归于好。"齐桓公要求盟国不准因私怨而相侵伐,诸侯畏忌霸主讨罪,因而擅相侵伐的事件大大减少,制止了诸侯之间的攻掠和兼并。宋儒赵鹏飞认为:"自齐桓之伯,至是三十年,诸侯无有擅相侵伐者,服于威也。"②齐桓公称霸期间,奉行存亡继绝的方式,使得小国受益,得以绵延国祚。以邾国为例,春秋之世,邾国常遭鲁国之侵,但在齐桓公称霸期间,未受鲁国之侵,"庄、闵两世,邾、鲁未尝交兵,为相好之国","仗桓、文之霸,扶持绵延二百余年"。③保存小国,也成为后继霸主的责任之一,"诸侯修盟,存小国也"(《左传·昭公十三年》),晋国主持的督扬会盟,盟约即为"大勿侵小"(《左传·襄公十九年》),实际上还是在重申齐桓公时所创立的霸政话语。

(四)修礼诸侯——齐桓公对诸侯的笼络

齐桓公对诸侯的控制,除讨罪讨贰等方式外,还以各种方式予以笼络。齐桓公图霸之初,管仲教齐桓公亲邻国,"审吾疆场,而反其侵地",返还鲁、卫、燕等国土地,"四邻大亲"(《国语·齐语》)。颜世安认为:"齐桓公建霸初期,退还以往的战争侵地是一个关键措施。此一措施一改东周以降的武力兼并历史,使齐国与东部诸侯之间建立起一种新的同盟关系。"④

宋、鲁两国是齐国重点争取的对象,清人顾栋高言:"齐桓图

---

① 〔宋〕沈棐:《春秋比事》卷二,文渊阁四库全书本。
② 〔宋〕赵鹏飞:《春秋经筌》卷六,文渊阁四库全书本。
③ 〔清〕顾栋高:《春秋大事表》,第 2109、2105 页。
④ 颜世安:《齐桓公霸政基础之探讨》,《江海学刊》2001 年第 1 期。

伯，首先欲得宋、鲁，鲁为周公之后，宋为先代之后，不得此不足以号召诸侯。"①宋国为殷商之后，爵位为公爵，春秋前期，实力较强，地位较高。宋儒赵鹏飞对春秋时期宋国的地位有过精到的分析，宋国对于齐桓公霸业的形成有至关重要的作用，"春秋之世，东诸侯之强大者，曰齐、晋、宋而已，晋恃其强，终齐桓之伯，未尝一同其会盟，而宋于晋为亚也，宋一不至则齐之伯业有所不成，而诸侯亦从而携矣，故桓公赖宋为多"，故而"北杏之会，宋人一叛则诸侯首鼠，齐兵再伐而后得之，既得之则再会于鄄，以坚其心，又为之伐郑，以悦其意，自非大盟会、大征伐，齐不敢先之，必推以为主，所以为诸侯之倡而就伯功也"。②齐桓公二十四年（前662）的渠丘之遇也足以说明齐桓公对宋国的笼络，"梁丘，宋地也，去齐八百里，齐侯不以八百里之遥而为是遇者，盖求宋所以卜诸侯之从违也"③。

鲁国为周公之后，自鲁桓公之后，齐鲁多联姻，鲁君夫人多来自齐国，《左传·哀公二十四年》曰："自桓以下娶于齐。"因鲁桓公被齐襄公虐杀，鲁庄公又曾支持公子纠与齐桓公争夺君位，故而鲁国与齐国有国仇家恨，在齐桓公争霸之初，鲁国并没有积极参与会盟。而对于桓公霸业来说，鲁国的参与不可或缺，桓公一方面通过灭遂国以威慑鲁国，另一方面又希望通过柯之会盟来改善与鲁国的关系。鲁庄公三十年（前664），齐桓公亲至鲁济，与鲁庄公相遇，谋伐山戎，第二年又献戎捷于鲁。元儒李廉分析齐国多方拉拢鲁国，使之成为齐国盟国，"考之当时，桓公修伯，非得鲁则不足为重，故捐小利以收鲁……盖鲁自长勺、乘丘之胜，国势稍振，齐不敢以待谭、遂之术待鲁，而多方以求之，屈己于归田之请，迁延于姻好之成，示威于三国之伐，耀武于戎捷之献，而鲁自是不敢有从违之心矣，九合

---

① 〔清〕顾栋高：《春秋大事表》，第1955页。
② 〔宋〕赵鹏飞：《春秋经筌》卷四，文渊阁四库全书本。
③ 〔宋〕赵鹏飞：《春秋经筌》卷四，文渊阁四库全书本。

之盛亦原于此"①。此说可谓极是。鲁庄公死后，庆父连弑两君，鲁国几乎不存，齐桓公又扶立鲁僖公即位。明人张溥认为齐桓公能够取得霸业是与其虚己下人有直接关系，"遇鲁济则亲至鲁，遇梁丘则序先宋，遇固简礼，齐独执谦，其能定伯宜也"②。

五、"尊王攘夷"历史探源③

"尊王攘夷"在今天往往当作一个词来用，但"尊王"与"攘夷"并非一事，两者虽然有一定的联系，同是齐桓公称霸过程中采取的重要策略，但"尊王"与"攘夷"连用在先秦文献中并不能找到出处，"尊王攘夷"一词的出现较晚。

在历代儒家学者看来，"尊王攘夷"是孔子作《春秋》的本义，如齐桓公伐楚，遏制了楚国北逼中原的步伐，《公羊传·僖公四年》载："桓公救中国，而攘夷狄，卒怗荆，以此为王者之事也。"楚人在周人看来，是夷狄之国，不断侵伐中原，威胁到了华夏文化，"南夷与北狄交，中国不绝若线"。《公羊传》视齐桓公伐楚为"王者之事"，即"攘夷"为"尊王"之义，这应该是"尊王攘夷"之义的最早来源。与《公羊传》大概同一时期成书的《穀梁传》也有大致相同的表述，如"尊王"，齐桓公主持幽之会盟，"同盟于幽"，《穀梁传·庄公十七年》阐释说："同者，有同也，同尊周也。"再如，齐桓公主持首戴会盟，不与周王世子盟誓，《穀梁传·僖公五年》阐释说："尊王世子而不敢与盟也。"但《穀梁传》"攘夷狄"的阐释却是在吴伐楚时，《穀梁传·定公四年》："吴信中国而攘夷狄，吴进矣。"并以伍子胥之口言："君(吴王阖庐)有忧中国之心。"视楚为夷狄，而吴伐楚为"忧中国""攘夷狄"之举。

---

① 〔元〕李廉：《春秋会通》卷六，文渊阁四库全书本。
② 〔清〕王掞：《钦定春秋传说汇纂》卷十，文渊阁四库全书本。
③ 本节内容发表于《淄博日报》2023年10月17日理论版，有改动。

将"尊王"与"攘夷"两义相连的是西汉时期,刘向《新序·善谋》曰:"齐桓公时,江国、黄国,小国也,在江淮之间,近楚;楚,大国也,数侵伐,欲灭取之。江人、黄人患楚,齐桓公方存亡继绝,救危扶倾,尊周室,攘夷狄,为阳谷之会、贯泽之盟。"这里虽然并不是完全意义上的"尊王攘夷"的称谓,但"尊周室,攘夷狄"这样的表述已经是完整的"尊王攘夷"之义。刘向还在《说苑·尊贤》中说:"桓公于是用管仲、鲍叔、隰朋、宾胥无、宁戚,三存亡国,一继绝世,救中国,攘戎狄,卒胁荆蛮,以尊周室,霸诸侯。"同样有"尊周室,攘夷狄"的表述。东汉初,班固《汉书·刑法志》载:"周道衰,法度堕,至齐桓公任用管仲,而国富民安……其教已成,外攘夷狄,内尊天子,以安诸夏。""内尊天子"即"尊王"。可见,至汉代,"尊王攘夷"已经被普遍地与齐桓公称霸相关联。

宋代是儒学昌盛的时期,宋儒对齐桓公称霸多有阐释,较多地接受了汉儒的说法,如胡宏《皇王大纪》曰:"夫盟主者,所以合天下之诸侯攘夷狄、尊王室者也。"①吕大圭《春秋或问》曰:"北杏之会,姑欲诸侯之从已而已,大义所在,既已失之,则其所谓尊周室、攘夷狄、安中国者,是徒张其虚声,以窃诸侯之权耳。"②影响最大的是,朱熹在《四书章句集注》中阐释说:"尊周室,攘夷狄,皆所以正天下也。"③"尊王攘夷"一词最早出现也是在宋代,是南宋叶采为《近思录》"故诚心而王则王矣,假之而霸则霸矣,二者其道不同,在审其初而已,《易》所谓差若毫厘、谬以千里者,其初不可不审也"作集解曰:"王者修己爱民,正中国,攘夷狄,无非以诚心而行乎天理,霸者假尊王攘夷、救灾讨叛之名义,以号令天下而自尊大耳,其道虽霄壤之不侔,然其初但根于一念之公私诚伪而已。"④

---

① 〔宋〕胡宏:《皇王大纪》卷四十二,文渊阁四库全书本。
② 〔宋〕吕大圭:《春秋或问》卷八,文渊阁四库全书本。
③ 〔宋〕朱熹:《四书章句集注》,中华书局,1983年,第153页。
④ 〔宋〕叶采集解:《近思录集解》,中华书局,2019年,第165页。

明清时期,"尊王攘夷"一词的使用已较为普遍。如明代,朱朝瑛《读春秋略记》曰:"以天子令之,非诚能尊王也,然能以尊王攘夷为名,则尊王攘夷之义尚未泯于天下,而尊王攘夷之功必将有见于后世者。"①吕楠《四书因问》言:"管仲夺伯氏骈邑,而伯氏无怨,言此盖自其尊王攘夷、一匡天下而言也。"②清初,因清朝统治者以异族入主中原,忌讳汉人以夷狄视之,大兴文字狱,"尊王攘夷"之说较为少见,如吴肃公《街南文集》:"桓公尊王攘夷,正而不谲,晋文弗逮焉。"③直至清中期以后,随着列强入侵中国,中国再次面临亡国灭种的威胁,"尊王攘夷"之说才得以再次畅行。陈立《公羊义疏》曰:"《春秋》以尊王攘夷为主。"张应昌《春秋属辞辨例编》言:"尊王攘夷,非霸者不可,故予桓文。"④

"尊王攘夷"往往在特定的时代背景下,被文人学者所强调。如南宋遭金人侵伐,宋人特重"尊王攘夷"之义的发挥。清代皮锡瑞在《经学通论》中指出:"胡安国《春秋传》发明尊王攘夷之义于南宋初,切中时势。"⑤近代,清政府不断丧权辱国,有识之士借"尊王攘夷"之义以行改革之事,如康有为《孔子改制考》就认为"孔子为制法之王","孔子以为周亡,《春秋》天子之事作,刘向、淮南、董生所谓《春秋》继周也,孟子传孔子之微言,李觏安足以知之,宋人仅知尊王攘夷之义,宜其反却视不信也"⑥。

"尊王攘夷"之义在日本近代化过程中也发挥了重要的作用。日本遭列强入侵,其国人视列强为夷狄,在"尊王"的号召下,天皇得以复位。黎汝谦在《夷牢溪庐诗钞》中说:"同治初年,英美通商,

---

① 〔明〕朱朝瑛:《读春秋略记》卷八,文渊阁四库全书本。
② 〔明〕吕楠:《四书因问》卷四,文渊阁四库全书本。
③ 〔清〕吴肃公:《街南文集》卷二,康熙二十八年(1689)吴承励刻本。
④ 〔清〕张应昌:《春秋属辞辨例编》卷三,同治十二年(1873)刻本。
⑤ 〔清〕皮锡瑞著,杨世文等笺注:《经学通论笺注》,上海古籍出版社,2021年,第811页。
⑥ 康有为:《孔子改制考》卷八,万木草堂丛书本。

（日本）国人不服，所在抗拒，于是尊王攘夷之论全国蠭起，挟天子以令将军，天子得二三诸侯之助，遂复位。"①

齐桓公首举"尊王攘夷"的大旗，开创了春秋第一份霸业，晋文公同样以"尊王攘夷"为旗帜，以重创楚国而继齐桓公为诸侯霸主，故而历代学者多以"尊王攘夷"为齐桓、晋文共同的称霸策略，但齐桓公首举之功不可磨灭。

---

① 〔清〕黎汝谦：《夷牢溪庐诗钞》，光绪二十五年（1900）刻本。

第二章 率桓之功
——贯穿春秋霸权迭兴的齐桓霸政模式

齐桓公末年，霸业向衰，表现在三个方面：一是盟国内部出现分裂甚至背叛。葵丘会盟时，因为齐桓公居功自大，引起了诸侯的不满，甚至背叛。《公羊传·僖公九年》载："葵丘之会，桓公震而矜之，叛者九国。"《史记·齐太公世家》曰："诸侯颇有叛者。"鲁僖公十五年（前645），宋国因为旧怨而讨伐曹国，这也被认为是齐桓公霸业向衰的一个事件。宋儒赵鹏飞认为："自齐桓之伯，至是三十年，诸侯无有擅相侵伐者，服于威也，今桓德衰矣，宋人加兵于曹，虽不究所以加兵之故，而诸侯携贰，威不能制其侵伐矣。"① 二是处理王室的乱局应变不足。鲁僖公十一年（前649），周襄王之弟叔带觊觎王位，勾结伊洛之戎作乱，攻入王城，秦、晋两国派兵伐戎救周。叔带叛乱失败后，逃奔齐国，齐桓公不仅收留了这个叛臣，而且派管仲至周为叔带说情，因周襄王与王子带的矛盾尖锐，调停未果。清人顾栋高认为齐桓公没有尽到霸主的责任，平戎、平周之举实为"助叛臣，党外夷也"②。三是在攘夷方面力不从心。召陵之盟后，齐桓公坐视弦、黄二国被楚国所灭而不救，这对于桓公霸业

---

① 〔宋〕赵鹏飞：《春秋经筌》卷六，文渊阁四库全书本。
② 〔清〕顾栋高：《春秋大事表》，第1964页。

的影响是巨大的,宋儒吕祖谦就指出:"二国(弦、黄)之灭犹未足深恨,因二国之灭而绝蛮夷向中国之心为可深恨也。"①牡丘会盟后,诸侯之师救徐,却不能解徐国之围,可以看出"(齐桓公)德衰诚息,而攘夷安夏之志怠也"②。此后,伐楚之与国厉、英氏均未达成压制楚国的目的。淮夷病杞,只能将杞迁之缘陵。因为齐桓公内宠众多,无嫡子而庶子众多,又立嗣不坚,虽将太子昭托付于宋襄公,但随着齐桓公的离世,六子争位,齐孝公虽借宋国之力即位,但才能平庸,未能延续桓公霸业,齐国霸业终随齐桓公而逝去,春秋霸权迭兴之局至此打开。

鲁僖公十九年(前641),卫国伐邢,卫臣宁庄子说:"今邢方无道,诸侯无伯,天其或者欲使卫讨邢乎?"(《左传·僖公十九年》)邢国为周公之后,在齐桓公在位期间多次参与诸侯会盟,特别是参加了葵丘会盟。卫国也是葵丘之会的诸侯之一,葵丘盟约中明确说"凡我同盟之人,既盟之后,言归于好。"(《左传·僖公九年》)在齐桓公在位期间,卫国不敢伐邢,齐桓公死后,天下失霸,卫文公看准了这个霸主缺位的时机,不仅讨伐邢国,而且在鲁僖公二十五年(前635)灭了邢国。卫文公公然灭邢,这不仅是灭同姓之国,而且是无视盟誓的表现。宋儒孙复曰:"邢、卫皆齐桓所存之亡国也,卫侯不念桓公之大德,以绝先祖之支体。"③有志于图霸的宋襄公于此前两年死去,自以为继承齐桓霸业的齐孝公也没有兴师问罪,正如鲁国叔孙昭子所言"诸侯之无伯,害哉"(《左传·昭公十六年》)。没有霸主主持公道,诸侯之间的侵伐无法禁止,小国将无法维持生存。卫国灭邢,标志着齐桓公所建立的国际秩序濒于崩溃,亟须新的霸主出现以重建秩序。

---

① 〔宋〕吕祖谦著,慈波整理:《东莱博议汇校评注》,浙江古籍出版社,2022年,第222页。
② 〔宋〕张洽:《春秋集注》,第152页。
③ 〔清〕王掞:《钦定春秋传说汇纂》卷十五,文渊阁四库全书本。

经过齐桓公近四十年的霸主政治,自王室以至诸侯,都已视霸主政治为常事。因为周天子衰微,不能行使王职,所以需要有霸主出来"补王阙"(《国语·晋语四》)。齐桓公四十年来的霸政,正是做到了弥补王政之缺、救援天下灾患,所谓"纠合诸侯而谋其不协,弥缝其阙而匡救其灾,昭旧职也",因此才得到天子的认可、诸侯的拥戴。齐桓公死后,天下失霸,这个时候就需要新的霸主出来"率桓之功"(《左传·僖公二十六年》),遵循齐桓的功业,恢复社会秩序。鲁僖公十九年(前641),齐、鲁、陈、蔡、楚、郑六国在齐会盟,即表现出对新霸主的渴望。《左传·僖公十九年》言:"陈穆公请修好于诸侯,以无忘齐桓之德。冬,盟于齐,修桓公之好也。"齐桓公创霸的实践为后继霸主提供了可资借鉴的范式,晋文公的霸业正是遵循齐桓霸业的路径建立的。

在长达百年的晋楚争霸中,晋国与楚国的君主,如晋襄公、楚庄王、晋悼公、楚灵王等,以及晋楚争霸消歇后的吴越争霸中的吴王阖闾和夫差、越王勾践、复霸的齐景公,在建立和维持霸业的过程中,无一不是在对齐桓、晋文霸政模式的继承中有所发展,而晋文公的霸业又几乎是齐桓霸业的复制和翻版。宋襄公、秦穆公均有图霸之愿,特别是宋襄公对齐桓霸业亦步亦趋,秦穆公虽霸西戎,但限于国力弱小以及图霸策略的偏向,最终霸业未成。

一、尊王旗帜的形式化

齐桓公称霸期间,以一系列的尊王行为赢得了诸侯的拥戴,也使周王室的地位有所恢复,借霸主之力,周天子在诸侯中的影响也有所提升。过常宝认为:"尊王是霸政的目的,也是霸政的价值所在。"[1]维护以周天子为核心的礼法制度,是霸主的职责所在。尊王可以说

---

[1] 过常宝:《春秋霸政——合法性、合目的性和书写策略》,《学术界》2020年第3期。

是齐桓公之后继起霸主的必由之路，晋文公君臣敏锐地捕捉到这一点，以尊王、勤王为图霸的起点，几乎是复制齐桓公图霸的路径，最终成就晋国霸业。

（一）晋文公的尊王称霸之路

晋国在曲沃代翼之后，只是天子命为一军的小国，周边又为戎狄环绕，长期不与中原诸侯来往。齐桓公主持的会盟，晋国从未参加，即使是晋献公准备参加的葵丘之会，也因周公宰孔的劝说而中途返回，可以说，在晋文公称霸之前，晋国在中原诸侯中并无地位和威望。晋献公之后，晋国陷入内乱，晋惠公依赖秦国之力返国即位，但晋惠公无德无能，不仅与秦国交恶，而且在周天子派卿士赐命之时，表现得很无礼，"天王使召武公、内史过赐晋侯命，受玉惰。过归，告王曰：'晋侯其无后乎！王赐之命，而惰于受瑞，先自弃也已，其何继之有？'"（《左传·僖公十一年》）周卿士认为晋惠公不可能有后继者。果如其预言所料，惠公死后，其子晋怀公不得民心，最终君位不保，为晋人所杀，晋文公在秦国的支持下返国即位。晋文公在外流亡十九年，其本人"广而俭，文而有礼"，"有四方之志"，随从之臣如狐偃、赵衰、颠颉、魏武子、司空季子等，皆为良臣，正如曹国大夫僖负羁之妻所言，"晋公子之从者，皆足以相国。若以相，夫子必反其国。反其国，必得志于诸侯"（《左传·僖公二十三年》）。此种预言与数十年前返国前鲁国大臣施伯对管仲的评价有相同之处，"夫管子，天下之才也。所在之国，则必得志于天下"（《国语·齐语》）。管仲返国后，辅佐齐桓公成就霸业，晋文公也在一众良臣的辅佐下，创立辉煌霸业。晋文公在归国之前，君臣已经确定了尊王图霸的路径和目标。晋文公与秦穆公赋诗言志，以辅佐天子为己任，"公子赋《河水》，公赋《六月》。赵衰曰：'重耳拜赐。'公子降，拜，稽首，公降一级而辞焉。衰曰：'君称所以佐天子者命重耳，重耳敢不拜？'"（《左传·僖公二十三年》）。晋文公随从之臣司空季子对文公说："不有晋国，以辅王室，安能建侯？"（《国语·晋语四》）据《国语·周语上》

记载，晋文公即位后，周天子派卿士赐命于晋文公，"襄王使太宰文公及内史兴赐晋文公命。上卿逆于境，晋侯郊劳，馆诸宗庙，馈九牢，设庭燎。及期，命于武宫，设桑主，布几筵，太宰莅之，晋侯端委以入。太宰以王命命冕服，内史赞之，三命而后即冕服。既毕，宾、飨、赠、饯，如公命侯伯之礼，而加之以宴好"。内史兴回去后，向周襄王报告说："晋不可不善也，其君必霸。"其认为晋文公必定会成为霸主，原因即在于晋文公"逆王命敬，奉礼义成。敬王命，顺之道也。成礼义，德之则也。则德以导诸侯，诸侯必归之"。齐桓公高举尊王大旗四十年来，尊王已经成为这个时代的政治正确，争取到王室的认可，才可以号召诸侯。

晋文公即位之当年（前636），周王室发生王子带之乱，周襄王避乱于郑国，遣使向鲁、晋、秦等诸侯求救。晋文公君臣对于勤王的意见是一致的，并认为应抓住这个难得的机会。如果晋国不勤王，则就让功于秦穆公，晋国作为姬姓诸侯国，也将失去周王室的支持，反而成就秦国的霸业。晋国大夫狐偃认为，晋国先君晋文侯曾有辅佐周平王东迁的勤王之举，晋国应继承晋文侯的功业，以再行勤王之举向诸侯宣示晋国之信义，争取诸侯的支持，"求诸侯，莫如勤王。诸侯信之，且大义也。继文之业而信宣于诸侯，今为可矣"（《左传·僖公二十五年》）。《史记·晋世家》记载与《左传》稍异，赵衰说："求霸莫如入王尊周。周晋同姓，晋不先入王，后秦入之，毋以令于天下。方今尊王，晋之资也。"《史记·十二诸侯年表》则于晋文公元年（前636）记载："咎犯曰'求霸莫如内王'。"与《晋世家》记载不同，而与《左传》同。按赵衰所说，勤王即为求霸，勤王是晋国求霸的资本。晋文公采纳众臣意见，决定出师勤王，此时秦穆公已发兵至于黄河边，晋文公派人辞秦师，借道戎狄之地，"行赂于草中之戎与丽土之狄，以启东道"（《国语·晋语四》），南下救周，入周襄王于王城，杀王子带于隰城。王室之乱平定后，晋文公朝见周襄王，公然向周襄王请求在其死后用天子才能用的隧之葬制，被周襄王断然拒绝，"王享醴，命之宥。请隧，弗许，曰：'王章也。未有代德，而有二王，亦叔父之所恶也。'"（《左传·僖公二十五年》）《国语·周语中》记载，周襄王对晋文公请隧反应激烈，视之为改朝夺位之举，襄王对晋文公说："叔父若能光裕大德，更姓改物，以创制天下，自显庸也。而缩取备物，以镇抚百姓，余一人其流辟旅于裔土，何辞之与有？若由是姬姓也，尚将列为公侯，以复先王之职，大物其未可改也。叔父其懋昭明德，物将自至，余何敢以私劳变前之大章，以忝天下，其若先王与百姓何？何政令之为也？若不然，叔父有地而隧焉，余安能知之？"面对周襄王的强烈反对，晋文公不敢再请求，周襄王虽然不允许晋文公用隧制，但仍赐给晋国阳樊、温、原、攒茅之田，"晋于是始启南阳"（《左传·僖公二十五年》）。南阳之地对于晋国成就霸业来说意义重大，如清人顾祖禹所言："周之衰也，晋得南阳而霸业以成。"[①]晋国从纳王之举中获利实多，不仅有勤王之美名，而且获得了南下争霸所需的土地，但并没有达到让周天子认可晋文公为霸主的目的[②]，毕竟此时能够勤王的诸侯国不只晋国一个，秦、齐等国也完全有能力勤王。晋国通过勤王，迈出了称霸的第一步，而称霸还需要击败当时的第一强国楚国。

值得注意的是，《国语·晋语四》所载狐偃对晋文公说："民亲而未知义也，君盍纳王以教之义。若不纳，秦将纳之，则失周矣，何以求诸侯？不能修身，而又不能宗人，人将焉依？继文之业，定武之功，启土安疆，于此乎在矣，君其务之。"其中蕴含的历史内涵丰富，概括了时人对于尊王的认识。晋文公得国，并非顺位继承，而是抢夺了其侄怀公的君位，因此急需在国内树立君威，而尊王就

---

① 〔清〕顾祖禹：《读史方舆纪要》，中华书局，2005年，第2285页。
② 《史记·周本纪》载："十七年，襄王告急于晋，晋文公纳王而诛叔带。襄王乃赐晋文公珪鬯弓矢，为伯，以河内地与晋。"晋文公勤王之后即被赐侯伯之命，但《史记·晋世家》又载："五月丁未，献楚俘于周：驷介百乘，徒兵千。天子使王子虎命晋侯为伯。"与《左传》记载相同，晋文公称霸是在城濮之战后，而非勤王之后。

是树立尊卑上下之君臣大义的最好行动,勤王不仅有纳王之美名,而且可以树立文公在晋国国内的威望。如果勤王之功由秦国独揽,周晋同姓,则晋国失亲亲之义,不足以立威望于诸侯。狐偃还诱之以利,晋文公出师勤王,不仅可以安定晋国,还可以开辟新的国土。事实证明,晋文公确实希望从勤王中获得实利,一入襄王于周而请隧制,襄王不允而受地,阳、原不降而围之,必得地而后快。文公伐阳樊时,阳人仓葛对文公说,阳人"其非官守,则皆王之父兄甥舅也",本以为文公"补王阙,以顺礼",但是文公却"定王室而残其姻族"(《国语·晋语四》),文公理屈,只得迁出邑中不服晋者。

　　晋文公向天子请隧,威逼天子,冒天下之大不韪,不可谓尊王;围阳樊而残之,视"王之亲姻"(《左传·僖公二十五年》)为无物,也不能视之为尊王之举。可以说,从晋文公图霸之始,尊王已经成了其获取实利的手段,与齐桓公之尊王已大不同,尊王成为获取实利的手段。

　　鲁僖公二十六年(前634),楚国伐齐,取谷而戍之。第二年,因宋国叛楚从晋,楚国又围宋,宋国向晋国告急,晋臣先轸对文公说:"报施、救患,取威、定霸,于是乎在矣。"(《左传·僖公二十七年》)晋国君臣再次认为,奠定晋国霸业,在此一举,只要击败楚国,晋国则可成霸。当年齐桓公率师伐楚,不战而屈人之兵,成就霸业,此时面对势焰更盛的楚国,晋国要想称霸,只有战胜楚国这一条路可走。晋文公于是"搜于被庐,作三军,谋元帅",联合齐、秦两国,先伐曹、卫,再与楚军决战于城濮,大败楚军。城濮之战后,晋文公率诸侯之师,在践土修建王宫,周襄王亲临犒劳,晋文公行献俘之礼,"献楚俘于王:驷介百乘,徒兵千",周襄王正式册命晋文公为霸主,"王命尹氏及王子虎、内史叔兴父策命晋侯为侯伯。赐之大辂之服、戎辂之服,彤弓一、彤矢百,玈弓矢千,秬鬯一卣,虎贲三百人,曰:'王谓叔父,敬服王命,以绥四国,纠逖王慝。'"晋文公辞让数次才接受,并表示要敬奉王命,"重耳敢再拜稽首,奉扬天子之不显休、命"(《左传·僖公二十八年》)。晋文公先后三次朝见周襄王,将尊王的仪式感做到了极致。城濮一战,挫败强楚,震慑天下诸侯,原先从楚的陈、郑、蔡、卫等诸侯纷纷改换门庭,转而投靠晋国。晋文公于是召集诸侯在践土会盟,王室卿士王子虎与诸侯盟于王廷,盟誓曰:"皆奖王室,无相害也。有渝此盟,明神殛之,俾队其师,无克祚国,及而玄孙,无有老幼。"晋文公将扶助王室作为本次会盟的主旨,以尊王达到了称霸的目的。当年冬,晋文公召周襄王前往温地,率众诸侯朝见天子。《史记·周本纪》载:"晋文公召襄王,襄王会之河阳、践土,诸侯毕朝。"晋文公两次朝王,是以臣召君,有不臣之嫌,颇为后世所诟病,孔子曰:"以臣召君,不可以训。"故而《春秋》曲笔书曰:"天王狩于河阳。"为周天子避讳而言到河阳巡狩,实质是周天子的威严让位于霸主而不得不看霸主的脸色行事。孔子曰"晋文公谲而不正,齐桓公正而不谲"(《论语·宪问》),郑玄注"晋文公谲而不正"曰:"谲者,诈也,谓召天子而使诸侯朝之。"将以臣召君视为晋文公"谲"的表现。温地朝王之事,《左传·僖公二十八年》记载比较简单:"冬,会于温,讨不服也。"《史记·晋世家》记载较为详细:"晋侯会诸侯于温,欲率之朝周。力未能,恐其有畔者,乃使人言周襄王狩于河阳。壬申,遂率诸侯朝王于践土。"晋文公虽挟胜楚之威,但诸侯颇有不服者,晋文公以天子驾临来逼迫诸侯从己。温之会后,晋文公率诸侯之师讨伐不服晋的许国,第二年,晋臣狐偃又与王子虎及诸侯大夫会于翟泉,王子虎与诸侯大夫重温践土之盟约,并商议讨伐郑国。东汉何休认为:"文公围许不能服,自知威信不行,故复上假王人以会诸侯。"(《公羊传·僖公二十九年》)晋文公在威望未立之时,借助尊王来号令诸侯。宋人吕大圭认为,"小白之伯,王臣无下聘诸侯者,而重耳之伯,则宰周公下聘列国矣。"[①]晋文公称霸后,王室地位下跌,重臣开始下聘诸侯,这是齐桓公时代所从未有过的。晋文公与齐桓公在尊王方面的差异,

---

① 〔宋〕吕大圭:《春秋或问》卷十二,文渊阁四库全书本。

是二伯正谲论的重要方面。黄朴民对比齐桓公与晋文公的行为，认为齐桓公"对周天子在形式和名义上的权威还有更多的尊重，能在履行道义宗旨与谋取自身利益两者之间取得相对的协调和平衡"，而晋文公则是"更多地站在晋国自身的立场上，而尊重周天子，则完全成了一个幌子"①。晋文公的尊王之举，更多是借天子的大旗为自己争取诸侯的支持罢了。

鲁僖公三十二年（前628），晋文公卒，晋襄公即位。为了昭示自己的继任霸主地位，并惩罚不朝见晋君的卫国，晋襄公决定昭告诸侯，讨伐卫国，晋国大夫先且居对晋襄公说："效尤，祸也。请君朝王，臣从师。"（《左传·文公元年》）晋襄公于是到温地朝见周襄王，以身示范，并派先且居和胥臣率军伐卫，攻取了卫国的戚地，卫国不服，以伐晋回应晋国的讨伐。因为秦、晋爆发崤之战，秦、晋连年互相征伐，秦、晋关系破裂，秦国开始联楚抗晋，给晋国称霸制造后顾之忧；晋国对卫国的讨伐，也没有使卫国屈服；楚国频频北上，与晋国争夺诸侯，陈、蔡两国在楚国的攻势下，不得不向楚国屈服，许国虽为小国，但一直没有臣服晋国；鲁国自晋文公末年即不再朝见晋君。可以说，晋襄公即位初年的形势十分严峻，晋文公创立的霸业并不稳固，可谓岌岌可危。这个时候，晋襄公再次祭出尊王的大旗，有助于巩固晋国的霸主地位。鲁文公三年（前624），为了救援被楚国围困的江国，晋襄公把江国被围之事向周天子报告，周襄王派王叔桓公率王师会同晋将阳处父伐楚以救江国。晋襄公向周天子请师，是继齐桓公之后又一次"假王命以示大顺"的军事行动，使伐楚的正当性毫无疑问。

（二）楚庄王观兵周疆与"尊王攘夷"

鲁宣公三年（前606），楚庄王出兵北上讨伐陆浑之戎，至周王室之边境，并进行阅兵。《左传·宣公三年》记载："楚子伐陆浑之

---

① 黄朴民、姬丽君：《论晋楚争霸主线下的春秋结盟之道》，《山西大学学报（哲学社会科学版）》2021年第6期。

戎，遂至于雒，观兵于周疆。定王使王孙满劳楚子。楚子问鼎之大小、轻重焉。"王孙满奉命犒劳楚军，并答复楚庄王说："在德不在鼎"，"天祚明德，有所底止。成王定鼎于郏鄏，卜世三十，卜年七百，天所命也。周德虽衰，天命未改。鼎之轻重，未可问也。"楚庄王因而撤军返国。历代学者对楚庄王观兵周疆、问鼎轻重之事多认为是逼周示威、欲代周为天子，如杜预注曰："示欲逼周取天下。"但近人已多有辩误之说，如晁福林先生认为："楚庄王没有造次，他陈兵于周疆的目的是炫耀武力，并非要攻城略地。楚庄王没有取周，非不能也，乃不为也。假若根据问鼎之事就说楚庄王有带周之志，那是不正确的。"并认为"楚庄王的目标在于建立霸业，并非要取周而代之，成为天下共主。他没有以尊王为号召，这是楚国历史传统影响的结果。无论是周王室的军队，抑或是王孙满的长篇言论，都没有折服楚军的神力，促使楚庄王从周郊返归的根本因素还在于中原文化的影响"①，"（楚庄王）何尝不想得到周天子的青睐而显荣于中原诸侯呢……促使楚军从王都城下讪讪返归的，只是楚庄王那隐约可见的'尊王'念头"②。晁先生认为，楚庄王观兵周疆是有"尊王"的深层意义的，所言甚笃。笔者认为，楚国并不是生来就不尊王的，而是周天子对楚国的歧视导致。楚国先君因从周伐商而得封诸侯，"封熊绎于楚蛮，封以子男之田"（《史记·楚世家》)，仅仅是最低的爵位——子爵。楚国后世君臣谈起当年遭受到的不公正、不平等待遇仍愤慨不已："昔我先王熊绎辟在荆山，筚路蓝缕以处草莽，跋涉山林以事天子，唯是桃弧、棘矢以共御王事。齐，王舅也；晋及鲁、卫，王母弟也。楚是以无分，而彼皆有。"（《左传·昭公十二年》）楚国不只是没有得到周天子的赏赐，而且将其视为蛮夷而歧视之，不让楚国先君参加天子与诸侯的盟誓，"昔成王盟诸侯于岐阳，楚为荆蛮，置茅蕝，设望表，与鲜卑守燎，故不与盟"（《国语·晋语八》）。至周昭

---

① 晁福林：《春秋战国的社会变迁》，第104页。
② 晁福林：《霸权迭兴——春秋霸主论》，第218页。

王时，更是数次征伐楚国，最后丧师陨身，南征而不返。正是在一次次的不公正待遇下，才激起了楚国的反叛之心。至楚成王时，主动向周天子进贡，向王室示好，得到天子赐胙与册命。因此，楚国的尊王反而是有其历史传统的。楚庄王的"尊王"是体现在其"攘夷"行动上的。陆浑之戎是晋惠公时招引而来，安置于周郊，不断侵占王室控制的土地，《左传·僖公二十二年》曰："秦、晋迁陆浑之戎于伊川。"《左传·昭公九年》记载，王室的詹桓伯对晋人说："允姓之奸居于瓜州。伯父惠公归自秦，而诱以来，使逼我诸姬，入我郊甸，则戎焉取之。戎有中国，谁之咎也？"陆浑之戎对周王室有占土、威逼之害，而戎人势力强盛，周王室对其毫无办法。楚庄王伐陆浑戎，晁福林认为："观周王朝屡罹戎狄之祸，则可推测楚庄王此举似为讨好于周天子。"[1]楚庄王不只是为了讨好周天子，伐陆浑戎实有"攘夷"之性质，这个论断也建立在楚国已经自视为"中国""华夏"的前提下，后文有专门论述，此处不再赘述。楚庄王志在图霸，因而借"攘夷"而向周邀功，洗脱楚国蛮夷的身份，试图以此确立霸业，也应是"尊王"与"攘夷"的结合。

楚庄王问鼎轻重，虽有冒犯天子之嫌，但并未失大礼于周，较之晋文公之请隧，楚庄王尚较克制，并未僭越礼制。按《史记·楚世家》的记载："楚王问鼎小大轻重，对曰：'在德不在鼎。'庄王曰：'子无阻九鼎！楚国折钩之喙，足以为九鼎。'"从《国语·周语下》所载周襄王对晋文公所说"叔父有地而隧焉，余安能知之"看，晋国为大国，晋文公自可行隧制葬制，不必请求周天子之允许，那么楚庄王如真想铸九鼎，自可在楚国铸造，何必向周天子问其轻重。究其原因，楚庄王问鼎，实为炫耀楚国武力，欲取得周天子的认可，成为诸侯霸主，只可惜周天子并未向其授权。自此之后，楚庄王便不再拘泥于周天子赐命、授权的框框，而奋力于争夺对中原诸侯的控制权了。邲之战，楚军大胜，进驻衡雍，此地是晋文公在城濮之

---

[1] 晁福林：《霸权迭兴——春秋霸主论》，第217页。

战胜楚之后会盟诸侯确立霸业之地，具有很强的象征意义。此时距城濮之战只有35年，楚庄王并未像晋文公那样，挟一战之威而会盟诸侯，逼迫天子赐命为侯伯，仅仅是祭祀黄河，建造先王之庙，向先王报告战事胜利而已，"祀于河，作先君宫，告成事而还"（《左传·宣公十二年》）。从此事可以看出，楚庄王已不再汲汲于追求周天子的赐命了。晋国新败，无力与楚争霸，周天子徒有名号，衡雍近周，如果楚庄王再观兵周疆、问鼎轻重，恐怕周王室并不能从容应对，赐命楚庄王为侯伯也未尝不可能，楚庄王的罢兵未尝不能算是"尊王"的另一种表现方式。

（三）晋国以尊王重图霸业

邲之战，晋国大败，陈、郑、许、宋先后臣服于楚，晋国霸业遭受沉重打击，楚庄王成为事实上的霸主。《史记·秦本纪》言："当是之时，楚霸，为会盟合诸侯。"晋国也认识到没有能力与楚争霸，"天方授楚，未可与争"（《左传·宣公十五年》）。这一时期，晋景公再次运用尊王这一法宝向周天子展示了自己的存在。周晋同姓的优势，是楚国所不能比拟的。鲁宣公十五年（前594），在楚国收服宋国的这一年，晋景公派荀林父率军败赤狄，灭潞国，遣大夫赵同向周天子献狄俘。第二年，晋国灭赤狄甲氏及留吁铎辰，又遣使向周天子献狄俘，并向天子请求"以黻冕命士会将中军，且为大傅"（《左传·宣公十六年》）。晋国命卿自可任命，此时反而请求天子之命，如此大费周章，似为尊王，实借尊王之名求诸侯而已。此时，周王室发生变乱，王孙苏与召氏、毛氏争夺政权，"为毛、召之难故，王室复乱。王孙苏奔晋，晋人复之。冬，晋侯使士会平王室"（《左传·宣公十六年》）。周王室没有向事实上的霸主楚庄王求援，而是请晋国出面调和诸卿士之间的矛盾。在周王室眼里，楚国虽强，毕竟为蛮夷，晋国虽失败于一时，但其霸主地位并未改变，有事向晋求援是比较自然的事情。因周王室贸然与茅戎开战，继而战败，向晋求助，晋景公派大夫瑕嘉前往调停王室与茅戎之间的矛盾，王室卿士单襄公专门到晋国拜谢。虽然有周天子的支持，但晋国对诸侯的号召力确实减退，晋景公要召集诸侯之会，派晋卿郤克请齐顷公参会，郤克反遭到齐顷公的侮辱，断道之会只有晋和鲁、卫、曹、邾四国国君参加会盟。为重振霸业，鲁成公二年（前589），晋与鲁、卫、曹联军伐齐，经鞌一战，齐军大败，齐国被迫向晋国求和，承认晋国的盟主地位。战后，晋景公派大夫巩朔向周天子献齐俘，虽然周天子拒绝使用献狄俘之礼，但仍"使委于三吏，礼之如侯伯克敌使大夫告庆之礼，降于卿礼一等"（《左传·成公二年》）。此年冬，楚国组织了十四国国君参与的蜀之会盟，"晋辟楚，畏其众"，因晋之献俘，周天子仍视晋为霸主，予以安抚。晋景公借向周王室献俘，向周王室和诸侯展示了自己尊王的一面，又借周天子的赐命向诸侯传达了霸主不曾转移的信号，为此后晋国重新争取诸侯的支持获得了法理上的保障。此后，晋国多次打出请王师以助讨的大旗，无不取得了维护晋国霸业的效果。因秦国背弃与晋国的和约，谋与狄人侵晋，鲁成公十三年（前578），晋厉公率诸侯至京师朝见周王，请王师伐秦。周简王命卿士刘康公、成肃公汇合诸侯之师伐秦，大败秦军，"晋师以诸侯之师及秦师战于麻隧。秦师败绩，获秦成差及不更女父"（《左传·成公十三年》）。经此一战，秦国再无力伐晋。鲁成公十六年（前575），因郑国背叛晋国而投靠楚国，晋厉公刚在鄢陵之战中大败楚国，就向周天子请师伐郑。周王派卿士尹武公同诸侯之师伐郑，并侵陈、蔡。第二年，因郑未服晋，晋厉公再请王师，尹武公、单襄公同诸侯之师伐郑。晋厉公在位七年，三请王师，讨伐诸侯之不服者，将"以王命讨不庭"发挥到了极致。晋悼公为与楚争霸，宣示自己的霸主地位，再次打出"尊王"的大旗。鲁襄公十一年（前562），晋国召集诸侯在亳会盟，盟约曰："凡我同盟：毋蕴年，毋壅利，毋保奸，毋留慝，救灾患，恤祸乱，同好恶，奖王室。"晋悼公以尊王为旗帜，"八年之中，九合诸侯，诸侯无慝"（《左传·襄公十一年》），实现了晋国复霸的目标。

晋悼公之后，晋国依仗自身实力强大，日渐不将周王室放在眼里，甚至出现了为争田而伐周之事。晋国的不尊王，使诸侯对晋国也产生了贰心，如叔向所说："文之伯也，岂能改物？翼戴天子，而加之以共。自文以来，世有衰德，而暴灭宗周，以宣示其侈；诸侯之贰，不亦宜乎！"晋文公时，尚且以尊王为号召，但到了后世，反而损害、轻视王室。晋国之所以不尊王，实在是没有看到周天子与霸主之间互相依存的关系，这一点，王室的詹桓伯说得比较明白："我在伯父，犹衣服之有冠冕，木水之有本原，民人之有谋主也。"（《左传·昭公九年》）如果晋国失去了周王室的支持，晋国的霸主地位还能维持吗？鲁昭公十三年（前529），"晋成虒祁，诸侯朝而归者皆有贰心"，晋国于是召集诸侯于平丘，"治兵于邾南，甲车四千乘"，欲以兵威压服诸侯，"有甲车四千乘在，虽以无道行之，必可畏也"（《左传·昭公十三年》）。但正因为晋国无道，诸侯纷纷叛晋。鲁昭公二十二年（前520），周景王崩，王子朝因未被立为太子而发动叛乱，王室再次内乱。周卿士单穆公向晋国求救，晋顷公派大夫籍谈、荀跞率九州之戎及焦、瑕、温、原之师，把周悼王送回王城。周悼王崩后，周敬王即位。第二年，晋军与王师小有胜利，晋军归国，但王子朝卷土重来，进入王城，自立为王，周敬王出居翟泉。鲁昭公二十四年（前518），郑定公到晋国朝见晋顷公，郑国大夫子大叔向晋国执政范献子表达了对于王室内乱的不安，"老夫其国家不能恤，敢及王室？抑人亦有言曰：'嫠不恤其纬，而忧宗周之陨，为将及焉。'今王室实蠢蠢焉，吾小国惧矣。然大国之忧也，吾侪何知焉？吾子其早图之！《诗》曰：'缾之罄矣，惟罍之耻。'王室之不宁，晋之耻也"（《左传·昭公二十四年》）。王室内乱，令诸侯恐惧，非霸主不能平定，晋国虽然衰弱，但晋国的大国地位仍无法被他国取代，如不能平定王室内乱，就是晋国的耻辱，也将会失去诸侯的支持。范献子恐惧，第二年夏，召集诸侯在黄父相会，商议平定王室内乱，约定明年勤王。鲁昭公二十六年（前516），晋国起兵，与王师联合讨伐王子朝，王子朝自知不敌，出逃楚国，周景王得以返回王城。第二年，晋国又召集诸侯在扈地相会，令诸侯派军队在王城戍守。参与勤王的晋国将领贾辛、司马督事后因"有利于王室"而被任为祁大夫和平陵大夫（《左传·昭公二十八年》）。晋国自平丘之会后，再无召集诸侯会盟，此次以勤王为由，得以在诸侯离散之际组织会盟，借此团结诸侯，重温践土会盟誓言，"同恤王室"，这对于晋国维系摇摇欲坠的霸业有着重要作用。

鲁定公五年（前505），因楚国大败于吴国，郢都被破，周王室趁机刺杀逃亡在楚的王子朝，但王子朝余党则于第二年再次作乱，"周儋翩率王子朝之徒，因郑人将以作乱于周。郑于是乎伐冯、滑、胥靡、负黍、狐人、阙外"（《左传·定公六年》）。为避乱，周敬王出居姑莸。王子朝余党之所以能够发动叛乱，是因为得到了郑国的支持。郑国支持王子朝余党，是对晋国盟主地位的挑战，是叛晋的表现。晋国再次出兵勤王，送周敬王回到王城。从郑国的作为看，周天子的地位已经急剧下滑，连与王室血缘最近的郑国也背叛了周天子。郑国不仅是最早敦请晋国勤王的诸侯，而且是周敬王三年黄父之会的参与者，此时却因叛晋而叛王。在郑国眼里，周王室只是与晋国争斗的一个砝码而已，尊王的大旗在中原诸侯中已经缺少了利用的价值，而东南的吴、越却在图霸过程中充分利用了尊王的旗帜，建立了霸业。

（四）吴、越以尊王谋取霸业

晋、楚两次弭兵之会后，争霸呈现消歇态势，而东南方的吴、越两国则趁势崛起，竞相争霸。吴王阖庐即位后，实施"三师疲楚"战略，楚国因此疲惫不堪，"楚于是乎始病"（《左传·昭公三十年》）。吴国频败楚国，《史记·吴太伯世家》载："（吴王阖庐）四年，伐楚，取六与灊。五年，伐越，败之。六年，楚使子常囊瓦伐吴。迎而击之，大败楚军于豫章，取楚之居巢而还。"周敬王十四年（前506），吴军长途奔袭，在柏举大败楚军，楚国经营数百年的郢都被吴军攻破，楚昭王仓皇出逃，楚国几乎亡国。吴国伐楚，《穀梁传·定公四年》阐释说："吴信中国而攘夷狄，吴进矣。"在《穀梁传》的阐释中，楚国伐蔡，蔡向吴求救，伍子胥对吴王阖庐说："蔡非有罪，楚无道也。君若有忧中国之心，则若此时可矣。"他将吴、楚之间的战争表述成了伐无道、忧中国之举。阖庐之子夫差更是将其认定为尊王之举，"昔者楚人为不道，不承共王事，以远我一二兄弟之国。吾先君阖庐不贳不忍，被甲带剑，挺鈹搢铎，以与楚昭王毒逐于中原柏举。天舍其衷，楚师败绩，王去其国，遂至于郢。王总其百执事，以奉其社稷之祭"（《国语·吴语》）。吴王阖庐虽然战胜霸主楚国，但随后被秦、楚击败，返归吴国，阖庐并没有成为事实上的诸侯霸主，而其子夫差则实现了逐鹿中原、称霸诸侯的梦想。夫差二年（前494），越王勾践伐吴，吴王夫差大败越军于夫椒，勾践向夫差求和，夫差允许，对群臣说："孤将有大志于齐，吾将许越成，而无拂吾虑。"（《国语·吴语》）夫差所言"大志"即北上伐齐、晋，称霸中原。为此，周敬王三十六年（前484），吴王夫差北上伐齐，会合鲁军，与齐军战于艾陵，齐军大败，将领五人被俘或被杀。《左传·哀公十一年》载："获国书、公孙夏、闾丘明、陈书、东郭书，革车八百乘，甲首三千，以献于公。"对于吴国伐齐，越王勾践在战前向吴王夫差进言："今窃闻大王将兴大义，诛强救弱，困暴齐而抚周室。"（《史记·仲尼弟子列传》）吴王夫差在黄池会盟之后曾向周天子禀告说："今齐侯壬不鉴于楚，又不承共王命，以远我一二兄弟之国。夫差不贳不忍，被甲带剑，挺鈹搢铎，遵汶伐博，簦笠相望于艾陵。天舍其衷，齐师还。"（《国语·吴语》）将吴伐齐说成是尊王之举，艾陵之战是为了惩罚齐国不承担供应王室职责、疏远姬姓诸侯国之间关系。吴王夫差挟艾陵之战胜利之威，积极北上图霸。周敬王三十八年（前482），吴王夫差与晋定公、鲁哀公、周王室的单平公在黄池会盟。吴、晋争先，"吴人曰：'于周室，我为长。'晋人曰：'于姬姓，我为伯。'"（《左传·哀公十三年》）为先歃血，吴王夫差对晋人说："天子有命，周室卑约，贡献莫入，上帝鬼神而不可以告，无姬姓之振也。徒遽来告孤，日夜相继。匍匐就君，君今非王室不平安是忧，亿负晋众庶，不式诸戎、狄、楚、秦，将不长弟以力征一二兄弟之国。孤欲守吾先君之班爵，进则不敢，退则不可。今会日薄矣，恐事之不集，以为诸侯笑。孤之事君在今日，不得事君亦在今日。为使者之无远也，孤用亲听命于藩篱之外。"吴王夫差将北上争霸粉饰成了勤王之旅，以姬姓之长而忧王室以及兄弟之国。最终，在吴国的军事威胁下，晋国让步，吴王夫差也接受了晋人让其去王号、称吴公的要求，"夫命圭有命，固曰吴伯，不曰吴王。诸侯是以敢辞。夫诸侯无二君，而周无二王，君若无卑天子以干其不祥，而曰吴公，孤敢不顺从君命长弟？"（《国语·吴语》）吴国僭越称王，与自己所宣称的尊王之名确实不合，夫差欲争得盟主的宝座，不得不接受晋国的要求。夫差先行歃血，晋定公次之，《国语·吴语》记载："吴公先歃，晋侯亚之。"按《史记·吴太伯世家》的说法："十四年春，吴王北会诸侯于黄池，欲霸中国以全周室。"吴国称霸打着尊王的大旗，而且周王室也派了单平公为代表参加黄池会盟，相当于周王室承认了吴王的霸主地位。对于黄池会盟，《左传·哀公十三年》记载："夏，公会单平公、晋定公、吴夫差于黄池。"只记载鲁、晋、吴及周王室参加会盟，但据《公羊传》记载："吴主会也……吴在是则天下诸侯莫敢不至也。"又据清华简《系年》第二十章："晋简公会诸侯，以与夫秦（差）王相见于黄池。"参加会盟的诸侯可能更多，为诸侯大会，既然吴国主会，则为盟主。《左传·哀公二十年》记载，晋国的赵简子派人慰问被越国围困的吴王夫差说："黄池之役，君之先臣志父得承齐盟，曰：'好恶同之。'今君在难，无恤不敢惮劳，非晋国之所能及也，使陪臣敢展布之。"吴、晋虽争盟，但还是周系诸侯内部的事情，晋国对与吴国的盟誓也是认可的。可惜的是，吴王夫差一意北上争霸，让越国乘虚而入，越王勾践最终灭亡吴国，夫差称霸仅仅昙花一现。

吴国北上争霸，虽然争得霸主的头衔，但却国力大损，特别是艾陵之战，吴国损失非常大。《史记·越王勾践世家》说："吴士民罢弊，轻锐尽死于齐、晋。"吴国并未与晋国交战，吴国北上争霸最大的战争即艾陵之战，后来越国能灭掉吴国，主要原因即在于吴国的精锐丧失于艾陵之战。可以说，吴虽亡于越，但实亡于齐。周元王三年（前473），越国围吴三年后，终灭吴国，越王勾践步吴王夫差之后尘，趁势北上，争霸中原，与诸侯会于徐州，向周王室进贡，周天子赐予勾践侯伯之名。此时的华夏诸侯，群龙无首，晋国内部卿族兼并日烈，齐国陈氏将代姜自立，给了勾践称霸的最好时机。《史记·越王勾践世家》曰："勾践已平吴，乃以兵北渡淮，与齐、晋诸侯会于徐州，致贡于周。周元王使人赐勾践胙，命为伯。勾践已去，渡淮南，以淮上地与楚，归吴所侵宋地于宋，与鲁泗东方百里。当是时，越兵横行于江、淮东，诸侯毕贺，号称霸王。"《国语·吴语》："越灭吴，上征上国，宋、郑、鲁、卫、陈、蔡执玉之君皆入朝。"可证徐州会盟时，宋、郑、鲁、卫等国皆与会盟，承认勾践的霸主地位。勾践在徐州会盟时，有可能去王号或尚未称王。《史记·越王勾践世家》司马贞索隐曰："勾践平吴之后，周元王始命为伯，后遂僭而称王也。"不过据清华简《越公其事》记载，夫差称勾践为越公，如"孤用愿见越公，余弃恶周好，以徼求上下吉祥"，"昔不穀先秉利于越，越公告孤请成"等，可证灭吴之时勾践尚未称王。另据清华简《系年》第二十章："越公、宋公败齐师于襄平。"勾践之后的越国国君称公不称王，这应与越王勾践为取得周天子"侯伯"的册命有关。

吴、越通过残酷的灭国战争，谋取霸主地位，并取得了周天子的认可，实现了在诸侯会盟中成为盟主的"大志"。孙家洲指出："吴越争霸的春秋晚期，周王室的威望已扫地殆尽，吴越两国又都是从边远土著部落发展起来的国家，但他们要取得中原霸主的地位，还必须以某种'尊王'的形式，换得周王室在名义上的承认。"[①]尊王的大旗，在春秋晚期借吴、越的争霸斗争中再次举起。可见，吴、越霸主的取得，还囿于齐桓公、晋文公所创立并践行的以尊王谋取

---

① 孙家洲：《天子·霸主·诸侯——春秋霸政研究》，《贵州社会科学》1993年第2期。

霸业的路径，非此路径，霸主地位并不能获得诸侯的认可。面对越国灭亡吴国，周天子不只不敢讨伐越国，反而致送侯伯头衔，周王室威望扫尽。随着三家分晋、田氏代齐，篡权的卿大夫被周天子立为诸侯，以宗法制为核心的周礼彻底崩溃，尊王的价值便微乎其微，少有人再提尊王了，甚至于齐威王到周朝见天子被视为尊王之表现而大书特书。战国前期，周天子频频致送秦国侯伯之命，《史记·秦本纪》载："（秦孝公）二年，天子致胙……十九年，天子致伯……（秦惠文王）四年，天子致文武胙。"侯伯之尊号似乎成了周天子向大国诸侯献媚的一个工具，完全丧失了春秋时期诸侯盟主的尊荣。

二、会盟的发展与嬗变

自齐桓公会盟诸侯，以盟主身份主持诸侯事务之后，会盟成为春秋霸政推行的重要方式。"夫合诸侯，国之大事也，于是乎观存亡。"（《国语·周语下》）孟子言："以力假仁者霸，霸必有大国"。（《孟子·公孙丑上》）能够主持诸侯会盟的，必然是有实力的大国。而成为诸侯盟主的标志之一，就是在诸侯会盟中主盟，因而对于盟主地位的争夺贯穿春秋始终。

（一）"狎主诸侯之盟"——诸侯盟主之位的争夺

齐桓公以会盟诸侯的方式开启了春秋时代的霸政模式。宋儒胡安国认为："春秋之世，以诸侯而主天下会盟之政，自北杏始，其后宋襄、晋文、楚庄、秦穆交主夏盟，迹此而为之者也。"[1]齐桓公开创的会盟模式，为后起霸主所仿效。

宋襄公谋取霸主而未遂。鲁僖公十七年（前643），齐桓公卒，六公子为争夺君位而自相残杀，公子无亏抢先即位。宋襄公以齐桓公和管仲遗嘱为名，联合曹、卫、邾三国送太子昭返国，公子无亏被杀，齐孝公即位。宋襄公以平定齐国内乱、拥立齐孝公为功，欲

---

[1] 〔宋〕胡安国：《春秋传》，第179页。

继齐桓公为诸侯盟主。鲁僖公十九年（前641），宋襄公召集诸侯之会，与曹共公、邾文公在曹南会盟，拘拿滕宣公，指使邾文公将鄫子作为人牲祭祀睢水之社，妄图以此来迫使东夷归附，但并未获得诸侯的信服。鲁僖公二十一年（前639），宋襄公为做盟主，与齐孝公、楚成王在鹿上会盟，"以求诸侯于楚"。此时楚已得郑、陈、蔡等国，齐为前盟主，宋襄公要想做新盟主，必须得到楚、齐之同意。楚国假意允许，于是宋襄公于当年秋召集楚、陈、蔡、郑、许、曹六国国君在盂地会盟，楚成王不守信义，违背乘车之会的约定，在会上捉拿宋襄公并讨伐宋国，宋襄公不仅没有实现做盟主的愿望，反而受辱于楚人。幸亏宋襄公庶兄公子目夷监国，使楚国无机可乘，随后在薄地会盟中宋襄公被释放。薄地会盟，除参加盂地相会的诸侯外，鲁僖公也参加，楚成王成为事实上的盟主。如童书业先生所说："所谓'宋襄霸业'实楚成霸业。"[①]宋襄公自取其辱，正如司马子鱼所说："小国争盟，祸也"。（《左传·僖公二十一年》）不具备争霸的国家实力，必然不能取得成功。第二年，宋襄公率卫、许、滕三国之兵讨伐从楚的郑国，楚军救郑，与宋战于泓，宋军大败，宋襄公也受伤，不久之后伤重而亡。宋人吕祖谦评价说："宋襄生于宋，岂不知宋之弱？迫于楚，岂不知楚之强？乃不量宋之力，偃然自为盟主，欲屈强楚之君于会，其愚而不能料事一矣。齐桓之霸，宋襄公耳目所接也，宋襄自观信义与齐桓孰愈？壤地与齐桓孰愈？兵甲与齐桓孰愈？齐桓九合诸侯，终不能屈致楚子，而宋襄乃骤欲致之，其愚而不能料事二矣。"[②]宋襄公的争霸，以惨败告终。有研究者认为："（曹南、鹿上、盂）三次盟会，《春秋》都列宋为首，可知是襄公主盟了。"[③]《春秋》自有其笔法，如《公羊传·僖公二十一年》所言："曷为不言楚子执之？不与夷狄之执中国也。"为达到儆世之目的，《春秋》自然

---

① 童书业：《春秋左传研究》，第53页。
② 〔宋〕吕祖谦著，慈波整理：《东莱博议汇校评注》，第276页。
③ 刘浦江：《"春秋五霸"辨》，《齐鲁学刊》1988年第5期。

有所避讳，因此不可因《春秋》记载而认为宋襄公主三盟，即使是宋襄公主盟，诸侯也是求楚而致，与齐桓公主诸侯之盟有着天壤之别。

晋文公主盟诸侯。鲁僖公二十八年（前632），晋、楚发生城濮之战，楚国战败，晋文公召集诸侯在践土会盟。《春秋·僖公二十八年》载："五月癸丑，公会晋侯、齐侯、宋公、蔡侯、郑伯、卫子、莒子，盟于践土。"周襄王册命晋文公为侯伯，正式成为继齐桓公之后的新一任霸主。同年，又会诸侯于温，"讨不服也"（《左传·僖公二十八年》），商议讨伐不服晋的卫、许两国；第二年，晋大夫狐偃会王子虎、鲁僖公及诸侯大夫于翟泉，"寻践土之盟，且谋伐郑也"（《左传·僖公二十九年》）。晋文公在位期间，晋国三次主持诸侯会盟，两次以臣召君，周襄王被召至会盟之地。正是在晋文公称霸期间，开诸侯大夫主诸侯会盟之先河。晋襄公在位期间，晋国主持的诸侯会盟，晋襄公一次都没有参加过，都是由晋国大夫主持，只有鲁、宋、陈、郑等数国的国君或大夫参加。晋襄公三年的垂陇会盟，是晋襄公即位后的第一次诸侯会盟，由晋司空士縠主盟，"公孙敖会宋公、陈侯、郑伯、晋士縠盟于垂陇"（《春秋·文公二年》）。宋人陈傅良曰："大夫而敌诸侯于是始，晋遂以大夫主诸侯也。"杜谔曰："春秋盟会，未有外大夫别会于诸侯者。垂陇之会，讥政在于大夫也。桓文之霸，或盟王人，或致天子，是天子受制于诸侯也，《春秋》不与之，故书王人以先诸侯。晋襄绍霸，致诸侯而大夫会之，是诸侯受制于大夫也，《春秋》亦不与之。"① 可以看出，晋襄公对于诸侯会盟并没有特别的重视。晋灵公即位，晋国正卿赵盾主政，会诸侯于扈，"齐侯、宋公、卫侯、郑伯、许男、曹伯会晋赵盾盟于扈，晋侯立故也。公后至，故不书所会"（《左传·文公七年》）。通过此次会盟，一方面确立晋灵公的君位，另一方面巩固晋国的盟主地位。齐、鲁、宋、郑、卫等中原主要诸侯的参加，说明晋国的盟主地位并未改变。鲁文公十四年（前613），赵盾再在新城会盟诸侯，因"从于楚者服"（《左

---

① 〔清〕王掞：《钦定春秋传说汇纂》卷十七，文渊阁四库全书本。

传·文公十四年》），宋、陈、郑、卫重新附从晋国，"六月，公会宋公、陈侯、卫侯、郑伯、许男、曹伯、晋赵盾。癸酉，同盟于新城"（《春秋·文公十四年》）。第二年，为加强同盟，讨伐弑君、伐鲁的齐懿公，晋灵公亲在扈地与诸侯会盟，"寻新城之盟，且谋伐齐也。齐人赂晋侯，故不克而还"。但是齐懿公贿赂晋灵公，此次会盟无果而终，晋国作为盟主的威望下降，诸侯认为晋国"无能为也"（《左传·文公十五年》）。鲁文公十六年（前611），宋国人弑宋昭公，晋国合诸侯以伐宋，又接受宋国贿赂无功而还。晋国两次接受贿赂，不能履行霸主之职，令诸侯产生背叛之心。郑穆公认为"晋不足与也"（《左传·宣公元年》），认为晋国不能成事，而与楚国盟誓以从楚。晋灵公与执政赵盾的矛盾激化，对于晋国维持霸主地位的危害极大，清人顾栋高言："晋灵之世，赵氏当国，君臣多间，又楚庄暴兴，而晋方与秦构难，无暇以诸侯为事。"[1]至晋成公时，楚庄王奋起争霸，晋国完全处于下风。晋成公在位七年，仅举行了两次诸侯会盟——黑壤之会、扈之会，鲁、宋、卫、郑、曹尚从晋，虽然会盟目的在于"谋不睦"（《左传·宣公七年》），"讨不睦"（《左传·宣公九年》），终究不能与楚争强。至晋景公初年，晋国对诸侯的号召力更加减弱，随着楚国对诸侯的争夺，宋、郑等国加入楚国阵营，晋国的霸主之位遂失。

楚庄王图霸。楚庄王在君位巩固之后，积极北上图霸，与晋国争夺诸侯。鲁宣公十一年（前598），楚庄王与陈、郑二国国君在辰陵会盟，"夏，楚盟于辰陵，陈、郑服也"（《左传·宣公十一年》）。楚国连年伐郑，郑国被迫向楚国屈服，因此举行此次会盟。有研究者认为："此次会盟是楚庄王获得霸权的标志性事件。"[2]与晋国相比，楚庄王对于诸侯会盟并不热衷，三国以上的会盟仅有这一次，但此次会盟真的可以称得上是楚庄王称霸的标志吗？应该不是。与晋国

---

[1] 〔清〕顾栋高：《春秋大事表》，第1577页。
[2] 漆海霞、孙兆瑞：《权力转移、体系演化与春秋时期的霸权更迭》，《当代亚太》2022年第4期。

相比，楚庄王对于会盟诸侯并没有太多的热情，而是更注重诸侯的实际支持。鲁宣公十一年（前598）冬，因陈国夏征舒弑君，楚庄王合诸侯以伐陈，杀夏征舒，复封陈国。第二年，楚庄王围郑，"楚子退师，郑人修城。进复围之，三月，克之"（《左传·宣公十二年》），郑穆公降服，楚庄王退兵三十里与之结盟，自是终庄王之世郑不复叛楚。当年，晋国出兵救郑，与楚发生邲之战，晋军大败。鲁宣公十四年（前595）秋，楚庄王以宋国杀楚使者为由伐宋，围困宋都九月之久，晋国不敢救宋。晋国大夫伯宗说："天方授楚，未可与争。虽晋之强，能违天乎？"（《左传·宣公十五年》）宋国到了"易子而食，析骸以爨"的地步，宋国执政华元冒险夜入楚营，劫持楚将子反，与之盟誓，楚庄王退军三十里，与宋结盟。清人顾栋高言："宋为中原门户，常倔强不肯即楚，以为东诸侯之卫。至宋即楚，而天下之事去矣。"①郑、宋两国倒向楚国，使楚国成为事实上的中原霸主。鲁成公二年（前589），晋国合鲁、卫、曹三国之师伐齐，大胜齐国。此时楚庄王已死，令尹子重亲率大军救齐，先伐卫，进而伐鲁，两国不敌，向楚请盟，楚国因此在鲁国的蜀地召集诸侯会盟，"十一月，公及楚公子婴齐、蔡侯、许男、秦右大夫说、宋华元、陈公孙宁、卫孙良夫、郑公子去疾及齐国之大夫盟于蜀。卿不书，匮盟也。于是乎畏晋而窃与楚盟，故曰匮盟。蔡侯、许男不书，乘楚车也，谓之失位"（《左传·成公二年》）。除以上十国外，还有曹、邾、薛、鄫四国大夫参加，共十四国国君或大夫参加会盟，这是春秋历史上规模最大的一次诸侯会盟，从晋的诸侯几乎都参加了蜀之会。虽然诸侯"畏晋而窃与楚盟"，但楚国的霸主地位得以确认。晋国"辟楚，畏其众"，不敢出兵与楚抗衡，仅仅靠没有参加会盟而保存了一点颜面。从《春秋》书法及会盟实际看，楚国是毫无疑问的主盟国，楚国虽然在楚庄王时期没有组织大规模诸侯会盟，但楚庄王的功业并没有被轻视，蜀之会不仅是楚庄王霸业的延续，更是楚国霸业的顶点。

---

① 〔清〕顾栋高：《春秋大事表》，第1980页。

《史记·秦本纪》言："(秦桓公)十年,楚庄王服郑,北败晋兵于河上。当是之时,楚霸,为会盟合诸侯。"楚国之霸,庄王有其实,共王则得其名。邲之战后,晋国召集诸侯在清丘会盟,"晋原縠、宋华椒、卫孔达、曹人同盟于清丘。曰:'恤病讨贰。'于是卿不书,不实其言也。宋为盟故,伐陈。卫人救之"(《左传·宣公十二年》)。与会诸国纷纷食言,宋国为"讨贰"而伐陈,卫国不助宋而救陈,第二年,楚国伐宋,晋国不救,也背弃了"恤病"之誓,故而"清丘之盟,唯宋可以免焉"(《左传·宣公十三年》)。楚国降服宋国之后,晋景公召集诸侯在断道举会。晋国大夫郤克征会于齐,遭齐顷公戏弄,齐顷公只派上卿和三下大夫参会,三大夫遭晋国拘拿。断道之会是晋国会盟历史上的最低谷,只有鲁、卫、曹、邾四国国君参加会盟。可以看出,邲之战事实上终结了晋国的霸主地位。

晋景公、晋厉公的复霸。楚庄王死后,楚共王年幼,执政二卿子反与子重不和,争霸之势减弱。齐国重入晋国同盟,对于晋国的复霸至关重要,如赵孟何所言:"自晋文公卒,齐不复从晋盟,晋是以不竞于楚,而历三君,问不及齐。齐,东方大国也。晋不得齐,则诸侯不附。"①晋国通过鞌之战,不仅粉碎了齐国的霸主梦,而且分裂了齐楚同盟,齐国与楚国此后一段时期内没有再进行联合。鲁成公三年(前588),齐顷公到晋国朝见晋景公,标志着齐国加入晋国盟国的行列。如清代《钦定春秋传说汇纂》卷二十二所言:"晋将复修伯业,若不得齐,则鲁、卫、曹、邾皆有依违观望之意。故盟于断道,谋楚即以谋齐。及爱娄既盟,而齐不背晋者二十余年,楚亦少敛其锋,晋人世伯之绪赖以不坠,则鞌之战亦安可少哉?"②晋景公趁势加紧与楚争夺诸侯,楚共王承认"晋未可与争"(《左传·成公三年》),从楚的宋、郑二国先后臣服于晋。鲁成公五年(前586),晋景公召集齐、鲁、宋、卫、郑、曹、邾、杞八国国君在虫牢会盟,"同盟于虫牢,郑服也"

---

① 〔清〕顾栋高:《春秋大事表》,第1998页。
② 〔清〕王掞:《钦定春秋传说汇纂》卷二十二,文渊阁四库全书本。

(《左传·成公五年》),标志着晋景公霸主之位的确立。此后,绕角之役、氾之役,晋国都取得了对楚的胜利,晋景公又主持了马陵会盟,"同盟于马陵,寻虫牢之盟,且莒服故也"(《左传·成公七年》),为巩固同盟,又主持了蒲地会盟,"为归汶阳之田故,诸侯贰于晋。晋人惧,会于蒲,以寻马陵之盟"(《左传·成公九年》)。虽然齐、鲁、宋、卫、郑、曹、莒、杞八国国君参加了蒲地会盟,似乎晋国霸业重振,但会盟并没有消除诸侯对晋国的背叛之意,因为诸侯对晋国有二心,秦国与白狄联合伐晋,"秦人、白狄伐晋,诸侯贰故也"(《左传·成公九年》)。鲁成公十三年(前578),晋厉公合诸侯之师伐秦,大败秦军于麻隧。鲁成公十六年(前575),晋厉公又出兵伐郑,楚共王率军救郑,晋、楚在鄢陵大战,楚国败北。鄢陵之战的失败,使楚国失去了对诸侯的控制,楚人认为"郑叛吴兴,楚失诸侯"(《左传·襄公二十六年》)。因为晋国实施"联吴制楚"的战略,吴国频繁伐楚,楚国为应对吴国的侵扰而疲于奔命,"子重、子反于是乎一岁七奔命,蛮夷属于楚者,吴尽取之"(《左传·成公七年》),楚国已经无力与晋国争夺诸侯。晋厉公虽然多次主诸侯会盟——戚之会、钟离之会、沙随之会、柯陵之会,但却不能使"群臣辑睦以事君"(《左传·成公十六年》),优柔寡断,终被臣下所弑,不仅"葬之于翼东门之外,以车一乘"(《左传·成公十八年》),而且得"厉"之恶谥,霸业功败垂成。

晋悼公复霸。晋悼公是深谙齐桓霸业之道的晋国国君,在位期间,"和诸戎狄,以正诸华。八年之中,九合诸侯,如乐之和,无所不谐"(《左传·襄公十一年》),恤诸侯之患,以礼待诸侯,实施"三驾疲楚"战略,"于是乎始复霸"(《国语·晋语七》)。晋悼公四年(前570),晋悼公大会诸侯于鸡泽,"四年,诸侯会于鸡丘,于是乎布命、结援、修好、申盟而还"(《国语·晋语七》)。周王室的卿士单顷公也与会,晋悼公的霸主之位得以正式确立。自晋悼公五年(前569)至十二年(前562),八年之中,晋悼公九合诸侯,《左传·襄公十一年》正义引服虔云:"八年,从四年以来至十一年也。九合诸侯者,五年会于戚,一也;其年又会于城棣救陈,二也;七年会于鄢,三也;八年会于邢丘,四也;九年会于戏,五也;十年会于柤,六也;又成郑虎牢,七也;十一年同盟于亳城北,八也;又会于萧鱼,九也。"在晋国实施"三分四军、以敝楚人"战略后,郑国终于在晋悼公十二年(前562)臣服于晋,晋悼公召集萧鱼之会,晋悼公的霸业达到顶峰。晋悼公末年(前558),再步齐桓公之后尘,进取心减退,霸业向衰,合诸侯伐秦而无功,卫国内乱而不能平定,大夫以无礼主诸侯之政,"范宣子假羽毛于齐而弗归,齐人始贰"(《左传·襄公十四年》)。齐国再次叛晋,附齐的滕、薛、邾、小邾、莒等诸侯也紧跟齐国,晋国霸业岌岌可危。自晋悼公十六年(前558)至晋平公三年(前555)短短四年时间,齐国六次伐鲁,"贰于晋故也"(《左传·襄公十五年》)。宋儒家铉翁一语道破齐国伐鲁的实质,是与晋国争霸,"一岁之间,再以师伐鲁,欲致晋而与之战,其志在于求霸而已矣"[1]。数年之后,晋平公为重整霸业,合诸侯之师伐齐,"公会晋侯、宋公、卫侯、郑伯、曹伯、莒子、邾子、滕子、薛伯、杞伯、小邾子,同围齐"(《春秋·襄公十八年》),平阴一战,齐军败北,临淄被围,"东侵及潍,南及沂"(《左传·襄公十八年》)。齐灵公惊惧而死,新即位的齐庄公被迫向晋求和。鲁襄公二十年(前553),晋平公召集诸侯在澶渊会盟,"夏六月庚申,公会晋侯、齐侯、宋公、卫侯、郑伯、曹伯、莒子、邾子、滕子、薛伯、杞伯、小邾子盟于澶渊"(《春秋·襄公二十年》)。齐国重新尊晋为盟主,晋国的盟主地位似乎得到了巩固,但晋国不务德而逞兵威的表现,并不能使齐庄公心服。晋国又政令无常,为私利而在商任、沙随两次召集诸侯之会,以禁锢栾盈之党,齐庄公则借晋国栾盈之乱而叛晋、伐晋。齐国伐晋,是春秋以来首例诸侯伐盟主的行为,陈傅良曰:"齐始伐盟主也,自袁娄以来,齐世从晋,于是始叛,则晋伯衰而诸侯贰矣。"[2]这对于晋国霸业的打击可以想见。

---

[1] 〔宋〕家铉翁:《春秋集传详说》卷二十,文渊阁四库全书本。
[2] 〔宋〕陈傅良:《春秋后传》卷九,文渊阁四库全书本。

晋、楚平分霸权。鲁成公十二年（前579），宋国执政华元积极在晋、楚之间奔走，促进两国罢兵，终于在宋国西门外会盟，"凡晋、楚无相加戎，好恶同之，同恤灾危，备救凶患。若有害楚，则晋伐之；在晋，楚亦如之。交贽往来，道路无壅，谋其不协，而讨不庭。有渝此盟，明神殛之，俾队其师，无克胙国"（《左传·成公十二年》）。晋、楚虽然缔结盟约，但两国缺少信任，不久之后，楚国即撕毁盟约，楚子反言"敌利则进，何盟之有"（《左传·成公十五年》），北上伐郑。鲁襄公二十七年（前546），宋国积极撮合晋、楚，召集诸侯，在宋会盟，即第二次弭兵之会。晋、楚争夺先歃之权，晋国认为"晋固为诸侯盟主，未有先晋者也"。楚国则认为："子言晋、楚匹也，若晋常先，是楚弱也。且晋、楚狎主诸侯之盟也久矣，岂专在晋？"晋国认为自己一直是诸侯盟主，而楚国认为是晋、楚更替主诸侯会盟。晋国执政赵文子在叔向"务德，无争先"的劝告下，将先歃之权让与楚国，两国平分霸权，"晋、楚之从，交相见也"（《左传·襄公二十七年》）。鲁昭公元年（前541），晋、楚合诸侯于虢，"寻宋之盟"，"楚令尹围请用牲读旧书加于牲上而已，晋人许之。"（《左传·昭公元年》）楚令尹公子围恐怕晋人争先，故而要求只将宋之盟约加于牲上而不歃血，赵文子应允楚国的要求。在晋国大夫祁午看来，晋国两次会盟都未先歃，是丢掉了盟主之位，为晋国之耻，"宋之盟，楚人得志于晋……楚重得志于晋，晋之耻也"（《左传·昭公元年》）。在晋、楚争霸近百年之后，以晋国让步的方式，实现了盟主地位的共有。鲁昭公四年（前538），楚灵王大会诸侯于申，"夏，楚子、蔡侯、陈侯、郑伯、许男、徐子、滕子、顿子、胡子、沈子、小邾子、宋世子佐、淮夷会于申"（《春秋·昭公四年》）。《史记·秦本纪》曰："（秦景公）三十九年，楚灵王强，会诸侯于申，为盟主。"将楚灵王主盟申之会视为坐上盟主宝座的标志。陈筱芳提出的以楚灵王为春秋四霸之一的说法，值得商榷。楚灵王不仅无德，弑君自立，又不能以德绥诸侯，申之会虽主盟，却是"使椒举如晋求诸侯"，求得晋国的许可而来，如若没有晋国的允许，从晋的诸侯不会参加申之会，楚灵王也不可能主盟。如若以盟会主盟来确定盟主的话，楚共王、晋景公、晋厉公、晋平公都曾主诸侯盟会，更能称得上诸侯盟主，而非"求诸侯"而来的楚灵王。鲁昭公元年（前541）的虢之会上，因鲁国伐莒，莒国控诉鲁国，楚令尹公子围欲杀在会的鲁国使臣叔孙豹，在晋国的再三求情下，才释放了叔孙豹；鲁昭公十一年（前531）楚灵王围困蔡国，晋国派使臣为蔡国求情，楚灵王不允，终灭蔡国。从以上两个事件看，虽然平分霸权，但楚国强势，其气势已然在晋国之上，即使是晋国的求情，楚国也可以全然不顾。

吴王夫差争霸。鲁哀公十三年（前482），吴王夫差与晋定公、鲁哀公、周王室的单平公在黄池会盟。吴、晋争先，"吴人曰：'于周室，我为长。'晋人曰：'于姬姓，我为伯。'"（《左传·哀公十三年》）为先歃血，吴王夫差不惜以武力威逼晋国就范，"吴王昏乃戒，令秣马食士。夜中，乃令服兵擐甲，系马舌，出火灶，陈士卒，百人以为彻行，百行。行头皆官师，拥铎拱稽，建肥胡，奉文犀之渠。十行一嬖大夫，建旌提鼓，挟经秉枹。十旌一将军，载常建鼓，挟经秉枹。万人以为方阵，皆白常、白旗、素甲、白羽之矰，望之如荼。王亲秉钺，载白旗以中阵而立。左军亦如之，皆赤常、赤旟、丹甲、朱羽之矰，望之如火。右军亦如之，皆玄常、玄旗、黑甲、乌羽之矰，望之如墨。为带甲三万，以势攻，鸡鸣乃定。既陈，去晋军一里。昧明，王乃秉枹，亲就鸣钟鼓、丁宁、錞于、振铎，勇怯尽应，三军皆哗扣以振旅，其声动天地。晋师大骇不出，周军饬垒"（《国语·吴语》），晋国让步，吴王夫差也接受了晋人让其去王号、称吴公的要求。夫差先行歃血，晋定公次之，《国语·吴语》记载："吴公先歃，晋侯亚之。"吴王夫差如愿坐上了盟主的宝座。可惜盟主之位还未坐稳，吴国即被越国偷袭得手，最终君死国亡。

自齐桓霸业开创会盟模式以来，会盟逐渐发生嬗变。一是主盟者的变化。清人顾栋高言："初以诸侯主会，其后以大夫而主诸侯之会矣,又其后以大夫而主大夫之会,而君若赘疣矣。其初以诸侯主诸夏之会,以攘夷狄,其后以夷狄同主诸夏之会,而晋、楚之从交相见矣,又其后以夷狄独主夷夏之会,大合十三国于申,而伯主不复与矣。"①会盟的嬗变,实际上是从"礼乐征伐自诸侯出"过渡到"礼乐征伐自大夫出",由"攘夷狄"到"华夷无别"的一个表现。二是会盟目的的变化。"有事而会,不协而盟"(《左传·昭公三年》)、"诸侯讨贰,则有寻盟"(《左传·昭公十三年》),本是会盟的目的所在,晋文公、晋景公、晋悼公等晋国国君都充分利用诸侯会盟,讨伐不服,巩固同盟。但到春秋后期,单纯以先歃、主盟、争夺盟主地位的会盟开始出现,会盟的目的开始淡化,申之会不过是楚灵王为过一下盟主之瘾而举行,特别是黄池之盟,吴王夫差为夺取主盟之位不惜铤而走险。

(二)"霸主将德是以"——齐桓霸业的政治遗产

西周末年,史伯认为"夫国大而有德者近兴",预言秦、齐将兴盛,晋国君主如果有德,也能够兴盛,"距险而邻于小,若加之以德,可以大启"(《国语·郑语》)。在史伯看来,国大与有德,是诸侯能够兴盛的两大因素。此后,齐、秦、晋果然相继兴盛,齐桓公、晋文公相继为诸侯霸主,秦穆公"霸西戎"。春秋霸权迭兴,但欲做诸侯盟主,无不要以"德"为先,"以德绥诸侯"可以说是齐桓霸业留给后继霸主重要的政治遗产。

能够集中体现"齐桓之德"的是鲁僖公七年(前653)的宁母之会。会上,管仲请齐桓公"修礼于诸侯","招携以礼,怀远以德,德礼不易,无人不怀"。对于有贰心的诸侯要以礼待之,对于远方的诸侯要以德怀之。郑世子华企图"以郑为(齐)内臣"为条件,借齐桓公之手除掉郑国执政三族,齐桓公接受管仲谏议,不受子华之奸。管仲说:"君以礼与信属诸侯,而以奸终之,无乃不可乎?子父不奸之谓礼,守命共时之谓信。违此二者,奸莫大焉","君若绥之以德,加之以训,辞,

---

① 〔清〕顾栋高:《春秋大事表》,第1603页。

而帅诸侯以讨郑。郑将覆亡之不暇,岂敢不惧?若揔其罪人以临之,郑有辞矣,何惧?且夫合诸侯,以崇德也。会而列奸,何以示后嗣?夫诸侯之会,其德、刑、礼、义,无国不记。记奸之位,君盟替矣。作而不记,非盛德也"(《左传·僖公七年》)。管仲再次阐述了"合诸侯,以崇德"的观点,如果霸主率先崇德修礼,必将对诸侯有示范作用;如果霸主以礼义和信用来号令诸侯,才能真正得到诸侯的拥戴。只靠一时之奸,虽能得逞一时,终将失去诸侯的支持。"合诸侯,以崇德"可以说成为此后诸侯盟会的主旋律。时至春秋末年,第二次弭兵之会上,晋、楚争先,晋国叔向说"主诸侯之盟,唯有德也"(《国语·晋语八》),可以说是对齐桓之德的再次重申。齐桓公死后两年由陈国倡议在齐国召开的诸侯之会,主旨即在于"无忘齐桓之德……修桓公之好"(《左传·僖公十九年》)。"齐桓之德"何以让诸侯不能忘记?究其原因,有两点:一是"以礼与信属诸侯"。齐桓公不受子华之奸,不在鲁国君位继承危机中趁机取鲁,伐楚以公义,均为此类;二是勤诸侯之患。伐山戎以救燕,伐楚以救郑,存邢、救卫、迁杞、成周、安晋,如郑国大夫孔叔所说:"齐方勤我,弃德不祥。"(《左传·僖公三年》)《国语·齐语》又云:"天下诸侯知桓公之非为己动也,是故诸侯归之。"齐桓公正是以己之力,全力救诸侯之患,完美诠释了霸主之职——"凡侯伯,救患、分灾、讨罪,礼也。"(《左传·僖公元年》)对于霸主之德,一百余年后的齐相晏婴给出了更为明确的说法,"宣其明德于诸侯,恤其患而补其阙,正其违而治其烦,所以为盟主也"(《左传·襄公二十六年》),再次阐明了霸主应具之德:恤患、补阙、正违、治烦,这与"齐桓之德"几乎一致,"桓公是以纠合诸侯而谋其不协,弥缝其阙,而匡救其灾,昭旧职也"(《左传·僖公二十六年》)。虽然周公宰孔批评齐桓公"不务德而勤远略"(《左传·僖公九年》),"好示,务施与力而不务德",但其所举之例"轻致诸侯而重遣之,使至者劝而叛者慕。怀之以典言,薄其要结而厚德之,以示之信。三属诸侯,存亡国三,以示之施"(《国语·晋语二》),这恰恰是"齐桓之德"

的重要表现。在春秋末年楚国主盟的申之会上，楚灵王还感念齐桓之德，采用召陵之会的形式会盟诸侯，可见，"以德绥诸侯"的诸侯会盟理念已经深入人心，这应该是齐桓霸业最为重要的政治遗产。

鲁僖公十九年（前641），宋襄公主盟曹南之会，执滕宣公，又杀鄫子，宋司马子鱼认为："齐桓公存三亡国以属诸侯，义士犹曰薄德。今一会而虐二国之君，又用诸淫昏之鬼，将以求霸，不亦难乎？"曹国不服，宋襄公出兵围曹，司马子鱼忍不住将宋襄公与齐桓公相比，宋襄公德薄而虐诸侯，欲合诸侯而为盟主，无异于求取灾祸，"今君德无乃犹有所阙，而以伐人，若之何？盍姑内省德乎！无阙而后动"。当年，齐、鲁、陈、蔡、楚、郑六国在齐会盟，表现出对齐桓公德政的怀念以及对宋襄公暴虐的反对，"陈穆公请修好于诸侯，以无忘齐桓之德。冬，盟于齐，修桓公之好也"（《左传·僖公十九年》）。杜预注曰："宋襄暴虐，故思齐桓。"童书业先生认为此盟为楚国所指使，"此盟楚亦参与，鲁、郑、陈、蔡皆齐桓联盟中国家，而此时则皆楚党，陈穆公发起'修桓公之好'，盖楚人所指使，以楚本齐敌国，出面不便，故使陈人为之。'盟于齐'者，盖仍使齐处盟主虚位，而实际楚已为盟主，此盖楚、宋争衡中楚人之谋略。此盟中楚人仅列郑上，且远盟于齐，此在整个春秋时代为未有之举，亦可证齐桓霸业之盛，故其余烈如此"[①]。有学者认为："楚成王从薄之盟（前639）到城濮之战前的宋之盟（前633）约6年时间，终成霸业。"[②]但实际上因为楚成王不遵守周礼，在盟会上扣押大国国君，在郑国向郑文公夫人展示俘馘，临行又取郑之二姬，"诸侯是以知其不遂霸也"（《左传·僖公二十二年》）。楚成王的霸业没有建立与其不守周礼是有密切关系的，因为非礼，就难以得到华夏诸侯的衷心拥戴，晋文公的霸业正是建立在守礼的基础之上的。

---

① 童书业：《春秋左传研究》，第52页。
② 宋公文、江凌：《试论楚成王初霸中原》，《湖北大学学报（哲学社会科学版）》1998年第4期。

鲁僖公二十八年（前632），晋国在城濮战胜楚国，晋文公召集诸侯在践土会盟，周襄王册命晋文公为侯伯。晋文公不仅在朝见周襄王时，"受策以出，出入三觐"，与诸侯盟誓"皆奖王室，无相害也"，"君子谓是盟也信，谓晋于是役也，能以德攻"（《左传·僖公二十八年》）。"君子曰：'善以德劝。'"（《国语·晋语四》）着力强调了晋文公是以德立霸。晋文公、晋襄公为诸侯盟主期间，以德、刑两手待诸侯，对于诸侯的朝觐特别重视，不朝晋的诸侯，如卫、鲁，都曾因此而遭到晋国的讨伐，不仅执其国君，而且取其土地。鲁文公七年（前620），晋国大夫郤缺就向赵盾建议归还卫国土地，要以德合诸侯，"叛而不讨，何以示威？服而不柔，何以示怀？非威非怀，何以示德？无德，何以主盟？子为正卿，以主诸侯，而不务德，将若之何？"（《左传·文公七年》）郑穆公朝见晋灵公，晋灵公认为郑国有二心于楚，不见郑穆公，对此，郑卿子家认为晋国如果"不德"，诸侯也不会任人宰割，"小国之事大国也，德，则其人也；不德，则其鹿也，铤而走险，急何能择？命之罔极，亦知亡矣。将悉敝赋以待于鯈"（《左传·文公十七年》），晋国如果不以德待郑国，郑国只能铤而走险，以兵距晋于边境。晋国惧怕，与郑国交换人质，达成和解。但晋灵公暴虐，赵盾专权，终不能将"以德绥诸侯"贯彻到底。

鲁宣公十一年（前598），楚国连年伐郑，郑国被迫向楚国屈服，因此举行辰陵会盟。在会盟之前，郑国对于晋、楚的连年讨伐感到厌倦，"晋、楚不务德而兵争，与其来者可也。晋、楚无信，我焉得有信"，郑国对于楚国的臣服并非心甘情愿，而是迫于无奈。当年冬，因陈国大夫夏征舒弑陈灵公，楚庄王合诸侯以伐陈，杀夏征舒，灭陈为楚之一县，但又听从大夫申叔时谏议，"夏征舒弑其君，其罪大矣；讨而戮之，君之义也。抑人亦有言曰：'牵牛以蹊人之田，而夺之牛。'牵牛以蹊者，信有罪矣；而夺之牛，罚已重矣。诸侯之从也，曰讨有罪也。今县陈，贪其富也。以讨召诸侯，而以贪归之，无乃不可乎？"（《左传·宣公十一年》）于是复封陈国。第二年，楚庄王伐郑，郑国臣服，楚庄王退兵三十里与之结盟，正所谓"叛而伐之，服而舍之，德、刑成矣"。当年，晋国出兵救郑，与楚发生邲之战，晋军大败，楚庄王拒绝修京观以示武功，"夫武，禁暴、戢兵、保大、定功、安民、和众、丰财者也，故使子孙无忘其章。今我使二国暴骨，暴矣；观兵以威诸侯，兵不戢矣；暴而不戢，安能保大？犹有晋在，焉得定功？所违民欲犹多，民何安焉？无德而强争诸侯，何以和众？利人之几，而安人之乱，以为己荣，何以丰财？武有七德，我无一焉，何以示子孙？其为先君宫，告成事而已。武非吾功也"（《左传·宣公十二年》）。虽然楚庄王在战争中取得了胜利，但其更注重以德义争取诸侯的支持，在胜利面前保持了难得的冷静。鲁宣公十四年（前604），楚庄王伐宋，围困宋都九个月之久，晋国不敢救宋，宋国执政华元劫持楚将子反，与之盟誓，楚庄王不废其盟，退军三十里，与宋结盟。楚庄王围郑、围宋，两国穷途末路之下，向楚臣服。楚庄王非但没有灭亡两国，没有恃强与两国缔结城下之盟，而是退军三十里，以礼待之，毕竟城下之盟对两国来说是非常耻辱的，如华元所说"城下之盟，有以国毙，不能从也。去我三十里，唯命是听"（《左传·宣公十五年》）。楚庄王不计前嫌，以德义收服两国，成就了楚庄王的霸业。

鲁成公二年（前589），晋景公为重图霸业，联合鲁、卫、曹伐齐，鞌之战中，齐国被打败，被迫向晋求和。晋国要求齐国"以萧同叔子为质，而使齐之封内尽东其亩"，遭到齐国执政国佐严词拒绝，国佐希望晋国作为盟主要以德义为先，"反先王则不义，何以为盟主？其晋实有阙。四王之王也，树德而济同欲焉；五伯之霸也，勤而抚之，以役王命。今吾子求合诸侯，以逞无疆之欲"。晋国不树德行，徒恃兵威，难以获得诸侯的拥戴。晋国伐齐，向周天子献捷，也遭到了周定王的否定，"夫齐，甥舅之国也，而大师之后也，宁不亦淫从其欲以怒叔父，抑岂不可谏诲？"（《左传·成公二年》）鞌之战后，晋国建六军，与天子六军同制，再也不掩饰其僭越的意图。晋国加紧与楚争夺对郑国的控制权,但晋景公却不能以礼待诸侯,不仅见鲁成公不敬,而且无信,为拉拢齐国,命令鲁国归还齐国侵夺鲁国的汶阳之田,令鲁国十分不满。鲁国执政季文子就对晋国大夫韩穿表达了自己的担忧,认为晋国前后不一的行为将失去诸侯的支持,"大国制义,以为盟主,是以诸侯怀德畏讨,无有贰心。谓汶阳之田,敝邑之旧也,而用师于齐,使归诸敝邑。今有二命曰:'归诸齐。'信以行义,义以成命,小国所望而怀也。信不可知,义无所立,四方诸侯,其谁不解体?《诗》曰:'女也不爽,士贰其行。士也罔极,二三其德。'七年之中,一与一夺,二三孰甚焉?士之二三,犹丧妃耦,而况霸主?霸主将德是以,而二三之,其何以长有诸侯乎?《诗》曰:'犹之未远,是用大简。'行父惧晋之不远犹而失诸侯也,是以敢私言之"(《左传·成公八年》)。季文子希望晋国能够以德维系同盟,如若不能像齐桓公那样"绥之以德""以礼与信属诸侯"(《左传·僖公七年》),则晋国不能长久保有霸主之位。因为晋国"二三其德",诸侯背叛晋国,晋景公决定召集诸侯在蒲地会盟。此举遭到鲁国季文子的反对,对晋卿范文子说:"德则不竞,寻盟何为?"范文子则表示:"勤以抚之,宽以待之,坚强以御之,明神以要之,柔服而伐贰,德之次也。"虽然会盟举行,但并没有消除诸侯对晋国的背叛之意。晋厉公即位后,妄图以兵威压服诸侯。周简王八年(前578),晋厉公合诸侯之师伐秦,大败秦军于麻隧。鲁成公十七年(前575),晋厉公不顾范文子的反对,出兵伐郑,楚共王率军救郑,发生鄢陵之战,楚国败北,《史记·晋世家》载:"晋由此威诸侯,欲以令天下求霸。"但是晋国的内忧只有范文子清楚知道,"秦、狄、齐、楚皆强,不尽力,子孙将弱。今三强服矣,敌楚而已。唯圣人能外内无患,自非圣人,外宁必有内忧。盍释楚以为外惧乎?"晋厉公西胜秦、南胜楚,武功卓著,但"德、刑不立","骄侈而克敌,是天益其疾也"(《左传·成公十七年》),终被栾氏、中行氏所弑。事实证明,舍德而以威求霸的路径并不可行。

晋悼公即位之初，鲁成公到晋国朝见晋悼公，晋悼公以礼待之，使鲁成公深受感动。不久之后，晋悼公即派遣使臣到鲁国聘问，"晋范宣子来聘，且拜朝也。君子谓：'晋于是乎有礼。'"杞桓公因此而"骤朝于晋而请为昏"。晋悼公以勤诸侯之患争取诸侯的支持。楚国伐宋，晋国执政韩献子对晋悼公说："欲求得人，必先勤之，成霸安疆，自宋始矣。"（《左传·成公十八年》）晋悼公出兵救宋、围彭城，攻下彭城后，不占有其地，而是移交给宋国，因此而获得了宋国对晋的拥戴。鲁襄公十一年（前562），郑国终于臣服于晋，晋悼公召集萧鱼之会，命令"赦郑囚，皆礼而归之。纳斥候，禁侵掠"。鲁国臧孙纥认为晋悼公施行德义，稍有所得，便赦免郑国之罪，"凡我同盟，小国有罪，大国致讨，苟有以藉手，鲜不赦宥"（《左传·襄公十一年》）。晋悼公以德服郑，小国不敢不承命。晋悼公的霸业达到顶峰，"晋国之民，是以大和，诸侯遂睦"（《左传·襄公十三年》）。近人廖平认为，晋悼公之才德在齐桓、晋文之上，"悼公幼而明断，举贤任才，三驾而楚不能与争，无城濮、鄢陵之劳，无灭谭、灭遂之失，无执曹、卫之举，先以谦德，不令而从，其才德在桓文之上"。悼公并非没有过失，大夫擅权的积弊，终悼公一朝都没有解决，"能服诸侯而不能杜大夫之渐……萧鱼之后，凡三大会，士匄、荀偃实主之，则悼之失也"①。

晋悼公之后，不仅是晋国，楚国也失德、失信于诸侯，为诸侯所不信任。齐国大夫晏婴对晋卿叔向表达了晋国作为盟主的应有之德："晋君宣其明德于诸侯，恤其患而补其阙，正其违而治其烦，所以为盟主也。"（《左传·襄公二十六年》）鲁襄公二十七年（前546），宋国积极撮合第二次弭兵之会，楚国大夫伯州犁对楚令尹子木说："合诸侯之师，以为不信，无乃不可乎？夫诸侯望信于楚，是以来服。若不信，是弃其所以服诸侯也。"而子木却说："晋、楚无信久矣，事利而已。苟得志焉，焉用有信？"子木无视作为盟主应有的德行，只求能够在会盟中得志，即先歃血为盟主。晋国执政赵文子

---

① 〔清〕廖平：《穀梁古义疏》，中华书局，2012年，第521页。

与楚人争夺先歃之权，叔向则以"诸侯归晋之德只，非归其尸盟也。子务德，无争先"（《左传·襄公二十七年》）。劝说赵文子，让楚国先歃。叔向再次祭出了齐桓公"以德绥诸侯"的大旗，"霸王之势，在德不在先歃，子若能以忠信赞君，而裨诸侯之阙，歃虽在后，诸侯将载之，何争于先？若违于德而以贿成事，今虽先歃，诸侯将弃之，何欲于先？昔成王盟诸侯于岐阳，楚为荆蛮，置茅蕝，设望表，与鲜牟守燎，故不与盟。今将与狎主诸侯之盟，唯有德也，子务德无争先，务德所以服楚也"（《国语·晋语八》）。晋国虽然没有执牛耳，"楚人得志于晋"（《左传·昭公元年》），但叔向的德行却令楚令尹子木佩服，"宜晋之伯也！有叔向以佐其卿，楚无以当之，不可与争"（《左传·襄公二十七年》）。楚国在"以德绥诸侯"方面，已然败于晋国，晋国虽未先歃，但却收获了诸侯的认可。五年之后，晋、楚合诸侯于虢，"寻宋之盟"，赵文子依然秉持"信以为本，循而行之"的策略，"楚令尹围请用牲读旧书加于牲上而已，晋人许之"（《左传·昭公元年》）。楚令尹公子围恐怕晋人争先，故而要求只将宋之盟约加于牲上而不歃血，赵文子应允楚国的要求，实际上是"楚重得志于晋"，依然视楚人为盟主。相比于歃血先后，晋国的赵文子则祭起信义的大旗，此时固然有晋国内部的因素，"晋政多门"（《左传·成公十六年》），"晋君少安，不在诸侯。其大夫多求，莫匮其君"（《左传·昭公四年》），更有赵文子试图以信义感召诸侯的意图。

鲁昭公四年（前538），楚灵王合诸侯于申，此会楚灵王大加重视，其臣椒举进谏说："臣闻诸侯无归，礼以为归。今君始得诸侯，其慎礼矣。霸之济否，在此会也。夏启有钧台之享，商汤有景亳之命，周武有孟津之誓，成有岐阳之蒐，康有酆宫之朝，穆有涂山之会，齐桓有召陵之师，晋文有践土之盟。君其何用？宋向戌、郑公孙侨在，诸侯之良也，君其选焉。"楚灵王说："吾用齐桓。"（《左传·昭公四年》）对比六王、二公合诸侯之事，楚灵王最终选择了齐桓公与楚召陵之会的模式。之所以选择召陵之会模式，服虔注曰："召陵之役，齐桓退舍以礼，楚灵王今感其意，是以用之。"虽然楚灵王恐礼仪有失，令椒举于其身后随时提醒，但楚灵王只学得了齐桓公召陵之会的表象，而未学得齐桓霸业的实质。楚臣屈完对齐桓公说："君若以德绥诸侯，谁敢不服？君若以力，楚国方城以为城，汉水以为池，虽众，无所用之。"（《左传·僖公四年》）要成就霸业，绥诸侯以德，而不是以力，如若以力征诸侯，不能得到诸侯的真心附从。在申之会上，楚灵王认为徐国国君有二心于吴，就将其扣留，因宋国太子晚到而不接见，合诸侯之师以伐吴、灭赖，"示诸侯侈"，而非"示诸侯礼"，无德而主诸侯，"诸侯所由弃命"（《左传·昭公四年》）。较之拘拿滕宣公、戕杀鄫子的宋襄公，楚灵王之暴虐有过之而无不及。鲁昭公八年（前534），楚灵王打着讨陈国之乱的名义灭亡陈国；鲁昭公十一年（前531），楚灵王又诱蔡灵侯于申地相会，"币重而言甘"，将其杀害，进而围困蔡都，灭亡蔡国，杀蔡太子祭祀冈山。正如郑卿子产所言："楚大而不德，天将弃蔡以壅楚，盈而罚之。"（《左传·昭公十一年》）楚灵王恶行累累，未及十年而被弑，其霸业因无德而终，实在配不上春秋霸主之名号。

第二次弭兵之会后，晋、楚两国平分霸权，两国国君日渐骄奢淫逸。晋国"自文以来，世有衰德，而暴蔑宗周，以宣示其侈，诸侯之贰，不亦宜乎？"（《左传·昭公九年》）晋平公建造奢华的虒祁宫，"诸侯朝而归者，皆有贰心"。为整肃霸权，晋昭公召集诸侯在平丘会盟，在邾国南境聚集四千辆兵车，举行大阅兵，以此向诸侯示威。晋国执政叔向赤裸裸地告诉诸侯，"寡君有甲车四千乘在，虽以无道行之，必可畏也。况其率道，其何敌之有？"（《左传·昭公十三年》）这完全是一副强权政治的嘴脸，早将德义抛之脑后了。即使是为谋王室、纳周敬王的黄父之会，晋国令诸侯大夫向王室输粟、备成卒，也遭到了宋国的反对。在晋国人看来，这无疑是"背盟以干盟主"（《左传·昭公二十五年》）的不祥行为，实际上是晋国无视王室之乱，令诸侯寒心的一种表现，如郑国大夫子大叔所言："王室之不宁，晋之耻也。"(《左传·昭公二十四年》)晋国总以盟主自居,而却不能履行盟主之职,如此无德,又何以号令诸侯?鲁昭公二十七年(前515)晋国主持的扈之会,为恢复鲁昭公的君位而举行,但晋国执政范献子却收受鲁国执政季孙的贿赂,竟然搬出了"季氏甚得其民,淮夷与之,有十年之备,有齐、楚之援"(《左传·昭公二十七年》)的借口,使此会无果而终,鲁昭公之位终不能借晋国之手恢复。鲁定公四年(前506),晋国大合诸侯以伐楚,"三月,公会刘子、晋侯、宋公、蔡侯、卫侯、陈子、郑伯、许男、曹伯、莒子、邾子、顿子、胡子、滕子、薛伯、杞伯、小邾子、齐国夏于召陵,侵楚"(《春秋·定公四年》)。晋卿荀寅向蔡昭侯索要财物,蔡昭侯不给,荀寅因此而令伐楚之事无果而终。正是因为晋国"不正其德","晋于是乎失诸侯"(《左传·定公四年》)。晋国内忧不断,卿族倾轧,既不能恤诸侯之患,又不能正王室之乱,失去霸主之位理所当然。至吴王夫差在黄池之会与晋国争夺盟主之位时,仍要搬出勤王的大旗,以"王室不平安是忧"(《国语·吴语》)为借口;越王勾践争霸时,仍要施惠于诸侯,以博得仁德的赞誉,"勾践已去,渡淮南,以淮上地与楚,归吴所侵宋地于宋,与鲁泗东方百里"(《史记·越王勾践世家》)。

  颜世安认为"自齐桓公创霸运动以后,中原国家确实勃兴起礼仪道德的风潮","春秋时贵族言必称礼,动辄以'礼义'绳墨人物和政治,乃是齐桓公霸政以后兴起的风尚"[①]。晁福林先生认为:"春秋时期,除了直接体现宗法观念的'德'之外,其他的'德'主要是国家政治观念的表述。"[②]自晋文公称霸之后一百余年,晋、楚长期争霸,虽然晋人认为"周卑,晋继之"(《国语·晋语八》),晋国在王室衰微之后,世为霸主,代行天子之权,但楚人认为"晋、楚狎

[①] 颜世安:《华夷之辨与春秋泓之战》,《南京工业大学学报(社会科学版)》2004年第3期。
[②] 晁福林:《先秦时期"德"观念的起源及其发展》,《中国社会科学》2005年第4期。

主诸侯之盟也久矣"（《左传·襄公二十七年》），晋、楚互有胜负，更替执掌诸侯会盟。在盟主的争夺过程中，贯穿了"以德绥诸侯"的主线，哪一方占据了道德的高地，则拥有诸侯的支持，相反，弃德背礼，则会遭到诸侯的背叛。至春秋后期，随着霸国君臣对私利的追逐，兼并日烈，德与礼逐渐被抛弃，"以德绥诸侯"也被强权政治所代替，会盟也日渐式微。

（三）"布命施政"——会盟盟约成为霸主政治维持的基础

会盟是霸主推行霸政的重要途径。齐桓公在位期间，会盟诸侯，缔结盟约，以此协调诸侯国之间的关系，但是齐桓霸业并未能在齐桓子孙中承继下去，且齐桓公也是葵丘盟约的破坏者，因而葵丘盟约在齐桓公死后并未得到有效执行，以新的盟约重建国际新秩序的重任还需要晋国来完成。晋文公在践土会盟中确立的盟约，因晋国长期处于中原霸主地位而得到有力执行。

晋文公在践土会盟中，重申了以尊王为主要内容的盟约，"皆奖王室，无相害也。有渝此盟，明神殛之，俾队其师，无克祚国，及而玄孙，无有老幼"（《左传·僖公二十八年》）。通过温之会、狄泉之会，巩固了晋国的霸主地位，进一步确立了大国布命施政的会盟原则。此后，诸侯多次提及践土之盟约，如鲁襄公二十年（前553），蔡文侯欲叛楚从晋，对其大夫说："先君与于践土之盟，晋不可弃，且兄弟也"（《左传·襄公二十年》）；鲁襄公二十五年（前548）因郑国伐陈而遭到晋国的责难，子产回答说："城濮之役，文公布命曰：'各复旧职！'命我文公戎服辅王,以授楚捷，不敢废王命故也"（《左传·襄公二十五年》）；再如，鲁昭公二十五年（前517）黄父之会，晋国命诸侯向王室提供戍卒和粮食，宋国不愿听命，晋卿士伯责问说："自践土以来，宋何役之不会，而何盟之不同？曰'同恤王室'，子焉得辟之？"（《左传·昭公二十五年》）鲁定公元年（前509）狄泉之会，晋国合诸侯，派任务给各诸侯以修筑成周之城墙，薛国太宰为反驳宋人"滕、薛、郳，吾役也"的说法，向晋人说："晋文公为践土之盟，曰：'凡我同盟，各复旧职'。若从践土，若从宋，亦唯命。"宋国大夫仲几曰："践土固然。"(《左传·定公元年》) 仲几也承认要遵从践土盟约；鲁定公四年（前506）召陵之会，卫国与蔡国争先，卫国祝佗申辩说"晋文公为践土之盟，卫成公不在，夷叔，其母弟也，犹先蔡"（《左传·定公四年》），最终卫国先歃。

从以上内容来看，践土盟约与葵丘盟约有明显的承继关系，齐桓公倡导的尊王、维护周礼等基本原则都包含在践土盟约之中，使践土盟约成为在晋国主诸侯会盟期间处理诸侯关系的重要依据。晋悼公在亳之会上缔结的盟约、第一次弭兵之会上晋楚达成的盟约，其救灾、恤患、重归于好等核心要义与葵丘盟约、践土盟约是一脉相承的，特别是亳会盟约中"毋蕴年""毋壅利"等条款与阳谷盟约和葵丘盟约有很高的相似性，是对齐桓霸业所确立的国际公约的重申和确认。

三、攘夷的式微与夷狄华夏化

（一）攘夷成就晋文公霸业

楚成王即位之初，即派使臣向周天子进贡，周王赐胙。《史记·楚世家》载："成王恽元年，初即位，布德施惠，结旧好于诸侯。使人献天子，天子赐胙，曰：'镇尔南方夷越之乱，无侵中国。'于是楚地千里。"楚成王虽有尊王之举，但从周王赐命之言看，是将楚国排除在"中国"之外，将楚国视为夷狄，"镇尔南方夷越"实质上是周王室以夷制夷的策略。只要"无侵中国"，楚国在南方的发展，周王是不予干涉的，但侵扰中原是不为周天子所允许的。楚成王不甘被视为夷狄，在位期间屡屡北上，齐桓公率诸侯之师伐楚，齐楚订立召陵之盟，暂时遏制了楚国北上的势头。齐桓公伐楚被视为"王者之事"，是"救中国而攘夷狄"的大事业。齐桓公死后，中原失霸，郑文公就去朝见楚成王。宋襄公欲会盟诸侯，还要"求诸侯于楚"（《左传·僖公二十一年》),最终为楚国所戏弄,在盂地之会上被楚成王所执,进而伐宋。宋襄公被楚释放后,又伐楚之与国郑国,与楚战于泓水,大败受伤而死。宋成公即位后,改变宋襄公争霸的策略,也去楚国朝见楚成王。齐孝公二年(前641)在齐会盟,名虽为思齐桓之德,实则是楚国想借此盟会中原诸侯,以称霸中原。童书业先生认为,此盟为楚国所指使,"此盟楚亦参与,鲁、郑、陈、蔡皆齐桓联盟中国家,而此时则皆楚党,陈穆公发起'修桓公之好',盖楚人所指使,以楚本齐敌国,出面不便,故使陈人为之。'盟于齐'者,盖仍使齐处盟主虚位,而实际楚已为盟主"①。有研究者认为,齐地会盟是"成王巧妙地利用齐桓的'霸威',达到一箭双雕的目的:既打击宋襄,结好中原诸国,又以其强大的国力尊崇齐桓之德,表明自己才真正是齐桓之后的霸主"②。晋文公称霸之前,陈、蔡、许、曹、卫、郑、宋等国都已投靠了楚国,鲁、秦两国也结好楚国,作为对抗齐、晋的筹码,"汉阳诸姬,楚实尽之"(《左传·僖公二十八年》),楚成王实际上已成为继齐桓公之后的新霸主。不过,楚成王不遵守周礼,"楚,夷国也,强而无义"(《公羊传·僖公二十一年》),这种对楚国的鄙视可以说是当时通行的认知。楚成王盂地会盟而执宋襄公,泓之战又击伤宋襄公,经过郑国,郑文公夫人出面犒劳,成王又无礼。楚成王不能完成如齐桓公那样的霸业,"诸侯是以知其不遂霸也"(《左传·僖公二十二年》)。如顾栋高所言:"诸国之从楚,实迫于不得已。"③晋文公要称霸,非击败楚国不可,"晋不胜楚而晋可以伯乎,尤非也。不胜楚则楚之虐焰未息,而不伐曹、卫,势必加兵于陈、蔡、郑、许,目前齐、宋之急未易解也。且使晋而勤兵于四国,劳兵顿师,而楚橄曹、卫议其后,令楚反得仗义之名,而晋有孤军转战腹背受敌之苦,

---

① 童书业:《春秋左传研究》,第52页。
② 魏昌:《楚成王争霸述论》,《荆州师专学报(哲学社会科学版)》1990年第3期。
③ 〔清〕顾栋高:《春秋大事表》,第1981页。

胜负未可知，孰若蹙方张之寇于大河四战之地，一举胜之，为中原立赤帜"①。楚国作为当时中原诸侯的最大威胁，是齐桓公在位期间攘夷的主要对象，齐桓公以攘夷团结中原诸侯，成为号令天下的霸主。晋文公正是在楚国势力正盛之时，再举攘夷大旗。

  面对当时的时势，晋文公君臣并没有采用当年齐桓公所采用的召陵之盟的方式对抗楚国，而是决定以战争打败楚国，"战而捷，必得诸侯"（《左传·僖公二十八年》），以胜楚之威足以压服从楚之诸侯改投晋国帐下。在齐、秦两国不欲与楚为敌的情况下，晋文公采用先轸之计，先挑拨齐、秦与楚关系，与齐、秦结盟，再伐曹、卫，执曹共公、出卫成公，分曹、卫之田以予宋国，私许曹、卫复国，逼两国与楚断交，又执楚使以怒楚，退避三舍以欺楚。在楚成王命楚军从齐国谷邑撤兵、不再围宋后，楚令尹子玉依然要求与晋一战，在楚成王"少与之师"的情况下，与晋军在城濮决战，晋军击败楚之左师和陈、蔡之师组成的右师，楚军溃败，子玉随后自杀。城濮之战的失败，对楚国是个巨大的打击，是楚国北上争霸遭遇的重大挫折，郑、卫、陈、蔡等诸侯见风使舵，纷纷叛楚从晋，楚成王之盟主地位得而复失。清人顾栋高对晋文公的功绩评价颇高，认为其功高于齐桓之召陵之盟，"城濮之战则胜召陵远甚，何则？召陵虽盟，而楚灭弦、围许，毫无顾忌，蔡、郑亦未敢即从齐，至如城濮一胜，而天下之诸侯如决大川而东之，其功之大小，宁可以数计哉！"②宋人吕大圭认为："小白三十余年蓄威养晦，始得召陵之盟，重耳一驾而城濮之功多于召陵。"③《左传·僖公二十七年》记载："出谷戍，释宋围，一战而霸。"经此一战，晋国赢得了齐、秦的服从，又收服了曹、卫、郑、陈、蔡等国，得到了周襄王的认可，奠定了其中原霸主的地位。晋文公以攘夷为号召，重新将中原诸侯团结起来。

---

① 〔清〕顾栋高：《春秋大事表》，第1982页。
② 〔清〕顾栋高：《春秋大事表》，第1981页。
③ 〔宋〕吕大圭：《春秋或问》卷十二，文渊阁四库全书本。

不过，晋文公以阴谋诡计胜楚，令后世儒者多加非议，伐楚是否遵循正道成为齐桓、晋文正谲的关键。南宋朱熹说："晋文公，名重耳。齐桓公，名小白。谲，诡也。二公皆诸侯盟主，攘夷狄以尊周室者也。虽其以力假仁，心皆不正，然桓公伐楚，仗义执言，不由诡道，犹为彼善于此。文公则伐卫以致楚，而阴谋以取胜，其谲甚矣。"①宋人吕大圭言："召陵之师，规模既定，区处既当，则堂堂之陈，正正之旗，声其罪而伐之，楚亦屈服而不敢校，此正也；晋文欲救宋而侵曹、伐卫，此固兵计之所当然，及宋围既解，而又惧楚之遽退师，于是为之执曹伯以畀宋人，楚方爱曹而怒宋也，其肯遽退师乎？迨子玉使宛春告晋以释曹、卫，则又私许复曹、卫而执其使者，楚怒于使者之见执也，能不请战乎？及其将战，则又辟楚三舍，名曰报施，而实则示怯，以诱子玉也，子玉刚而无礼，怒晋之顽，喜晋之怯，能不进战乎？一致师之间，而其诡计如此。"②宋人黄仲炎更是以此为齐桓、晋文正谲之分野，"齐桓必先得诸侯而后加师于楚，气象雍容，奉辞而致讨，以直情使人，未有他技巧也，至晋文乃欲因挫楚以霸诸侯，成功于期月，于是奇谋诡计无所不用矣……凡先轸所以为文公谋者，皆诡道也，晋文卒用其计，故能合齐、秦之力，坚宋人之志，携曹、卫之心，而挑子玉以速战，虽荆楚顿挫，霸业亟成，而人谋益以黠，世变益以下矣，故孔子曰：晋文公谲而不正，齐桓公正而不谲"③。

（二）攘夷与和戎推动晋国复霸

在晋文公伐楚获胜之时，狄人的势力还很强盛。晋文公七年（前630）春，狄人趁晋国侵郑之际，入侵齐国。《左传·僖公三十年》载："三十年春，晋人侵郑，以观其可攻与否。狄间晋之有郑虞也，夏，狄侵齐。"第二年，狄人又围卫，卫国被迫迁都于帝丘。为抵御狄人

---

① 〔宋〕朱熹：《四书章句集注》，第153页。
② 〔宋〕吕大圭：《春秋或问》卷十二，文渊阁四库全书本。
③ 〔宋〕黄仲炎：《春秋通说》卷六，文渊阁四库全书本。

的侵扰,晋文公创立左、中、右三行之军。《左传·僖公二十八年》曰:"晋侯作三行以御狄。"三年后,为适应形势的需要,改三行为二军,即新上军和新下军。《左传·僖公三十一年》载:"晋搜于清原,作五军以御狄。"晋文公卒后,狄人趁晋丧之际,侵齐、伐晋,新即位的晋襄公率军讨伐狄人,在箕地将其打败,并俘获了白狄人的君主,"晋侯败狄于箕。郤缺获白狄子"(《左传·僖公三十三年》)。晋襄公这次攘狄行动,不仅继续举起晋文公攘夷狄的旗帜,还树立了个人的威望。晋襄公还展开了与楚国争夺诸侯的斗争,晋襄公四年(前624),晋国联合诸侯之师讨伐服楚的沈国,楚国则兵围江国,晋襄公请王师伐楚,楚军撤围而去,但楚国于第二年就无视晋国的干预,灭了江国。晋襄公六年(前621),楚又灭六国、蓼国。三国虽为小国,但晋国不能救,有失霸主恤患救灾之职。晋襄公末年不能再举攘夷之旗,其霸业也随之中衰。

晋灵公五年(前616),长狄鄋瞒部侵扰齐国、鲁国,为鲁所败,至灵公十四年(前607),在晋、齐、卫、鲁等诸侯的联合打击下,长狄鄋瞒部首领均被杀,鄋瞒被彻底消灭。晋成公在位期间,赤狄屡次侵扰齐国、晋国。晋景公六年(前594),晋景公命荀林父率军灭赤狄潞国,第二年,晋将士会率军灭赤狄甲氏及留吁铎辰。晋景公十二年(前588),晋、卫联手出兵讨伐赤狄之余部廧咎如,赤狄被彻底消灭。晋景公之所以能够消灭赤狄,是充分利用狄人的内部矛盾的结果。晋国向众狄(白狄之种)抛出橄榄枝,众狄苦于赤狄的奴役,于是顺服晋国。晋景公因此与众狄在欑函会面,稳固与狄人的关系,成功分化了众狄与赤狄的关系,在对赤狄斗争中转劣势为优势,为消灭赤狄打下基础。

晋悼公五年(前569),北方山戎系统的无终国君嘉父派使臣孟乐到晋国,通过魏绛向晋悼公贡纳虎豹皮,请求晋国"和诸戎"。起初,晋悼公认为"戎狄无亲而贪,不如伐之",但魏绛向晋悼公分析说,如果不和诸戎,则势必要频动军队与戎人作战,这样就会在与楚国争夺诸侯中处于被动之势，"获戎、失华，无乃不可乎！"魏绛认为和戎有五利："戎狄荐居，贵货易土，土可贾焉，一也。边鄙不耸，民狎其野，穑人成功，二也。戎狄事晋，四邻振动，诸侯威怀，三也。以德绥戎，师徒不勤，甲兵不顿，四也。鉴于后羿，而用德度，远至、迩安，五也。"晋悼公采纳魏绛之谏，并由魏绛与诸戎会盟，"修民事，田以时"（《左传·襄公四年》）。晋悼公和戎的策略，使晋国摆脱了与戎狄缠斗的局面，获得了稳固的后方，为晋与楚争霸创造了有利条件。晋悼公认为其成就复霸事业离不开魏绛的和戎策略，"子教寡人和诸戎狄以正诸华。八年之中，九合诸侯，如乐之和，无所不谐，请与子乐之"，专门赐其金石之乐（《左传·襄公十一年》）。

攘夷是晋国号召诸侯与楚国争霸的大旗。晋国在与楚国争霸过程中，时常处于下风，由于晋君无道，诸侯时有欲叛晋投楚者，但鲁国执政季文子的说法足以代表时人对楚国的认识："晋虽无道，未可叛也。国大、臣睦，而迩于我，诸侯听焉，未可以贰。《史佚之志》有之，曰：'非我族类，其心必异。'楚虽大，非吾族也，其肯字我乎？"（《左传·成公四年》）楚非华夏是时人的共识，晋虽无道，毕竟还是华夏，楚国虽强，仍为蛮夷，宁从华夏，也不能从蛮夷。因而晋与楚争夺对诸侯的控制权，实际上是以"攘夷"号召的，正是楚国的北进才使得中原诸侯能够紧密团结在晋国周围。有研究者认为："楚国的北进就类似于经济学上的'鲶鱼效应'，中原的中、小国家共同面对来自楚国的威胁，所以紧紧地团结在晋国的周围。楚国的北进一旦停止，加上晋国内部的分裂，中原国家就又一次开始了松散无序的状态。"①周简王七年（前579），第一次弭兵之会达成，虽名曰弭兵，但晋、楚双方缺乏信任，晋、楚争霸更为激烈，晋悼公"八年之中，九合诸侯"（《左传·襄公十一年》），合诸侯之师救宋、争郑，"三驾而楚不能与争"（《左传·襄公九年》），晋悼公于是乎复霸。至周灵

---

① 王博：《从"尊王攘夷"到"合纵连横"——春秋霸政新探》，《重庆师范大学学报（哲学社会科学版）》2015年第3期。

王二十六年（前546），第二次弭兵之会后，晋、楚平分霸权，作为最大蛮夷之国的楚国已经不再是晋国用"攘夷"来号召的排斥对象了，反而成了诸侯要朝见的对象。有研究者就指出："第二次弭兵之会后，楚国的北进政策得到了遏制，这使得'攘夷'成为了晋国召集诸侯的政治口号，也逐渐失去了其实际意义。"①

自晋灭赤狄之后，戎狄已不再构成对华夏的威胁。二次弭兵之会后，楚国与晋国平分霸权，战争减少。作为盟主的晋国并未减少对戎狄的军事行动，但正如有研究者所指出的，晋国"仅有'攘夷'行动，而无'攘夷'战略，即晋国不再把'攘夷'作为一种外交和同盟战略去使用"②。从晋昭公二年（前530）起，晋国不断讨伐白狄别种之鲜虞，先后灭肥国、鼓国；晋顷公元年（前525），因陆浑之戎怀贰于楚，晋国灭陆浑之戎；晋定公六年（前506），晋国讨伐鲜虞中山；晋定公二十一年（前491），楚国灭蛮氏之国。晋、楚对戎狄蛮夷的讨伐、消灭，都是在戎狄蛮夷对两国不形成威胁的情况下发起的，目的并非攘夷狄以卫华夏，而完全是为了辟土开疆，兼并土地。《后汉书·西羌传》载："晋文公欲修霸业，乃赂戎狄通道，以匡王室。秦穆公得戎人由余，遂霸西戎，开地千里。及晋悼公，又使魏绛和诸戎，复修霸业。是时，楚、晋强盛，威服诸戎，陆浑、伊、洛、阴戎事晋，而蛮氏从楚。后陆浑叛晋，晋令荀吴灭之。后四十四年，楚执蛮氏而尽囚其人。"晋、楚霸业的建立，与戎狄关系甚大，戎狄服则霸业成。在晋、楚占据绝对优势的情况下，戎狄之灭只在大国一念之间。

（三）"攘夷"的式微与夷狄的华夏化

春秋中后期，攘夷狄的策略日渐式微，与夷狄的华夏化有直接

---

① 王博：《从"尊王攘夷"到"合纵连横"——春秋霸政新探》，《重庆师范大学学报（哲学社会科学版）》2015年第3期。
② 徐进：《春秋时期"尊王攘夷"战略的效用分析》，《国际政治科学》2012年第2期。

的关系。正如有研究者所说："当'蛮夷'势力很强并威胁华夏诸侯的安全时,'攘夷'战略有效;当'蛮夷'势力消退或其'华夏化'时,'攘夷'战略无效;'攘夷'战略的价值与华夷的可区分度成正比。"①华夏与夷狄的区别,不在于族种,而在于文化。接受华夏文化,则为华夏;接受戎狄文化,则为戎狄。如钱穆先生所言:"诸夏用夷礼则夷之,夷狄用诸夏礼则诸夏之。"②楚国自楚武王之时,北进中原,成王时,频繁与诸侯会盟,吞并江汉诸姬姓小国,在争霸中原的过程中,日渐接受中原文化,至迟到楚庄王时,楚国已经完成华夏化。有论者认为:"楚庄王时期是楚人逐渐产生华夏认同观念的重要节点。自庄王始,楚人的华夏化发展明显,不仅更积极主动地介入华夏事务,且楚人在文化上、心态上逐渐与华夏接近。同时,华夏对楚人的认识也有所改变,自庄王始,楚君去世等事迹出现于《春秋》等文献之中。"③虽然时人时有囿于传统偏见而视楚为蛮夷之事,但楚国所表现出的文化水平或已超过中原诸国。

楚国的华夏化,是楚国不断接受华夏文化的结果。据董治安先生统计,《左传》中楚人引诗17首,赋诗3首,《国语》中引诗4首,并认为:"至少自春秋时代起,早已在政治上、文化上同中原诸国发生了极为密切的联系。"④仅《左传·宣公十二年》就记载楚庄王引诗4首,令尹孙叔敖引诗1首。楚人能够自如地像中原诸侯那样用《诗经》中的诗句表达情感,至少说明楚国上层贵族的文化素养已经不亚于中原诸国。楚庄王命士亹为太子师,士亹向申叔时请教教育内容,申叔时说:"教之《春秋》,而为之耸善而抑恶焉,以戒劝其

---

① 徐进:《春秋时期"尊王攘夷"战略的效用分析》,《国际政治科学》2012年第2期。
② 钱穆:《国史大纲》,第57页。
③ 李渊:《〈左传〉中的楚庄王事迹与楚人的华夏认同意识》,《史学史研究》2017年第1期。
④ 董治安:《从〈左传〉〈国语〉看"诗三百"在春秋时的流传》,载《先秦两汉文献与文学论集》,山东大学出版社,2023年,第205—206页。

心；教之《世》，而为之昭明德而废幽昏焉，以休惧其动；教之《诗》，而为之导广显德，以耀明其志；教之礼，使知上下之则；教之乐，以疏其秽而镇其浮；教之《令》，使访物官；教之《语》，使明其德，而知先王之务，用明德于民也；教之《故志》，使知废兴者而戒惧焉；教之《训典》，使知族类，行比义焉。"（《国语·楚语上》）申叔时所言《春秋》《诗》以及礼、乐、《训典》之类教育内容，与中原诸侯文化并无二致。楚国大夫钟仪曾对晋景公评论楚共王为太子时的读书情况，"其为大子也，师、保奉之，以朝于婴齐而夕于侧也"。晋国的范文子认为钟仪为君子，"楚囚，君子也。言称先职，不背本也；乐操土风，不忘旧也；称大子，抑无私也；名其二卿，尊君也。不背本，仁也；不忘旧，信也；无私，忠也；尊君，敏也。仁以接事，信以守之，忠以成之，敏以行之，事虽大，必济"（《左传·成公九年》）。士亹对楚庄王说："蛮夷戎狄，其不宾也久矣，中国所不能用也。"（《国语·楚语上》）可见，此时的楚人已经自视为"中国"。

楚庄王志在争霸，齐桓公所创立的霸政思想，经晋文公的发展，为楚庄王所接受。作为霸主，重在服人之国，而非灭人之国。楚庄王十五年（前599），陈国大夫夏征舒弑陈灵公而自立为君，第二年，楚庄王伐陈，讨夏征舒弑君之罪，灭陈而为楚之一县，申叔时向楚庄王进谏说："夏征舒弑其君，其罪大矣；讨而戮之，君之义也……诸侯之从也，曰讨有罪也。今县陈，贪其富也。以讨召诸侯，而以贪归之，无乃不可乎？"楚庄王接纳建议而复封陈国，《左传》因而赞曰："书有礼也。"（《左传·宣公十一年》）《史记·陈杞世家》因此赞楚庄王之贤："孔子读史记至楚复陈，曰：'贤哉楚庄王！轻千乘之国而重一言。'"楚庄王十七年（前597），楚国伐郑，郑国在国灭之际，郑襄公"肉袒牵羊"，向楚行亡国投降之礼。楚庄王退军三十里而与郑讲和，使郑国无城下受盟之辱，一举降服郑国，如晋国随武子所言："楚君讨郑，怒其贰而哀其卑，叛而伐之，服而舍之，德、刑成矣。伐叛，刑也；柔服，德也。二者立矣。"（《左传·宣公十二年》)《史记·郑世家》也记载,楚庄王说:"所为伐,伐不服也。今已服,尚何求乎?"《公羊传》记载,楚庄王说:"君子笃于礼而薄于利,要其人而不要其土,告从,不赦,不详。"又赞赏楚庄王服郑之举——"不与晋而与楚子为礼也"。楚庄王在邲之战后,拒绝其臣下"筑武军,收晋尸以为京观"的提议,并认为:"夫文,止戈为武。武王克商,作《颂》曰:'载戢干戈,载櫜弓矢。我求懿德,肆于时夏,允王保之。'又作《武》,其卒章曰:'耆定尔功。'其三曰:'铺时绎思,我徂惟求定。'其六曰:'绥万邦,屡丰年。'夫武,禁暴、戢兵、保大、定功、安民、和众、丰财者也,故使子孙无忘其章。今我使二国暴骨,暴矣;观兵以威诸侯,兵不戢矣;暴而不戢,安能保大?犹有晋在,焉得定功?所违民欲犹多,民何安焉?无德而强争诸侯,何以和众?利人之几,而安人之乱,以为己荣,何以丰财?武有七德,我无一焉,何以示子孙?其为先君宫,告成事而已。武非吾功也。古者明王伐不敬,取其鲸鲵而封之,以为大戮,于是乎有京观,以惩淫慝。今罪无所,而民皆尽忠以死君命,又可以为京乎?"(《左传·宣公十二年》)楚庄王的"武功七德"论不只是对华夏武德论的认同,更是对华夏武德论的升华。邲之战中,楚庄王不愿过多杀戮,在晋军败退之时,楚军还帮助其脱困,"晋人或以广队不能进,楚人惎之脱扃,少进,马还,又惎之拔旆投衡,乃出"。晋军溃乱渡河之际,楚军也并未追击,对晋军赶尽杀绝,"及昏,楚师军于邲。晋之余师不能军,宵济,亦终夜有声"(《左传·宣公十二年》)。从楚庄王言行来看,很难再将楚国视为蛮夷,而且楚国也自视为华夏,而非蛮夷了。汉代董仲舒认为,至邲之战,"晋变而为夷狄,楚变而为君子",是因为"夫庄王之舍郑,有可贵之美,晋人不知其善,而欲击之,所救已解,如挑与之战,此无善善之心,而轻救民之意也,是以贱之,而不使得与贤者为礼"(《春秋繁露·竹林》)。董仲舒将邲之战视为楚变为华夏的关键节点。鄢陵之战时,晋人说"南夷与楚来而不与阵"(《国语·晋语六》),明显将楚与南夷分别开来。楚共王夫人秦嬴返秦省母,楚司马子庚到秦国聘问,"为夫人宁,礼也"(《左传·襄公十二年》),楚国自觉遵守周礼而行。楚共王死后,令尹子囊议定谥号时说:"赫赫楚国,而君临之,抚征南海,训及诸夏。"韦昭注曰:"抚,安也。征,正也。南海,群蛮也。训,教也。宠,荣也。教及诸夏,谓主盟会,班号令也。"(《国语·楚语上》)楚国认为自己安抚蛮夷,主持诸侯盟会,已经以华夏盟主自居了。周敬王十四年(前506),吴国伐楚,楚国大败,吴军攻入郢都,楚昭王出奔,楚臣申包胥赴秦国求援,向秦哀公说:"吴为封豕、长蛇,以荐食上国,虐始于楚。寡君失守社稷,越在草莽,使下臣告急,曰:'夷德无厌,若邻于君,疆场之患也。逮吴之未定,君其取分焉。若楚之遂亡,君之土也。若以君灵抚之,世以事君。'"秦哀公赋《无衣》,答应出兵救楚,申包胥"九顿首而坐"(《左传·定公四年》)。申包胥将楚称为"上国",而将吴称为"封豕""长蛇""夷",并深得中原外交礼仪之精髓,终于说服秦国救楚,隐然视救楚伐吴为"攘夷"之事了。

周敬王四年(前516),王子朝争王未遂,"奉周之典籍以奔楚"(《左传·昭公二十六年》),加速了楚国的华夏化。晋定公时,楚国大夫王孙圉聘问晋国,当赵简子问楚国之宝时,王孙圉回答说:"楚之所宝者,曰观射父,能作训辞,以行事于诸侯,使无以寡君为口实。又有左史倚相,能道训典以叙百物,以朝夕献善败于寡君,使寡君无忘先王之业,又能上下说于鬼神,顺道其欲恶,使神无有怨痛于楚国。又有薮曰云连徒洲,金木竹箭之所生也。龟、珠、角、齿、皮、革、羽、毛,所以备赋以戒不虞者也。所以共币帛,以宾享于诸侯者也。若诸侯之好币具,而导之以训辞,有不虞之备,而皇神相之,寡君其可以免罪于诸侯,而国民保焉。此楚国之宝也。若夫白珩,先王之玩也,何宝焉?圉闻国之宝六而已。圣能制议百物,以辅相国家,则宝之;玉足以庇荫嘉谷,使无水旱之灾,则宝之;龟足以宪臧否,则宝之;珠足以御火灾,则宝之;金足以御兵乱,则宝之;山林薮泽足以备财用,则宝之。若夫哗嚣之美,楚虽蛮夷,不能宝也。"(《国语·楚语下》)左史倚相,为楚国之良史,"能读《三坟》《五典》《八索》《九丘》"(《左传·昭公十二年》)。王孙圉虽自谦为"蛮夷",但其回答着实令晋国君臣汗颜,思想之高下不言而喻,楚国不以白珩为宝,而以保国安民为宝物之标准,特别是以人才为宝,已经超越了同时期的思想。

吴国的华夏化较之楚国更为迅速。据《史记·吴太伯世家》记载,吴国为姬姓之国,为周太王之子太伯所建之国,"太伯之奔荆蛮,自号句吴。荆蛮义之,从而归之千余家,立为吴太伯"。吴国辟处荆蛮之地,不与中原交流,至吴王寿梦时,吴国才开始与中原诸侯有了交往,"寿梦立而吴始益大,称王"。寿梦多次参与中原诸侯会盟,并深受华夏礼乐文明的影响,"寿梦元年,朝周,适楚,观诸侯礼乐。鲁成公会于钟离,深问周公礼乐,成公悉为陈前王之礼乐"(《吴越春秋·吴王寿梦传》)。当时的吴国,因其蛮夷身份,被中原诸侯所鄙视,视其北上为重大威胁。寿梦二年(前584),吴国伐郯,郯国服于吴国。鲁国的季文子感叹道:"中国不振旅,蛮夷入伐,而莫之或恤。无吊者也夫!《诗》曰:'不吊昊天,乱靡有定。'其此之谓乎!有上不吊,其谁不受乱?吾亡无日矣。"(《左传·成公七年》)华夏没有霸主,才导致蛮夷吴国入侵。得益于晋国以吴制楚的策略,吴国迅速地从晋国那里接受中原文化,特别是在军事方面成效明显,一跃成为楚国的强敌。《左传·成公七年》载:"巫臣请使于吴,晋侯许之。吴子寿梦说之。乃通吴于晋,以两之一卒适吴,舍偏两之一焉。与其射御,教吴乘车,教之战陈,教之叛楚。置其子狐庸焉,使为行人于吴。吴始伐楚,伐巢,伐徐,子重奔命。马陵之会,吴入州来,子重自郑奔命。子重、子反于是乎一岁七奔命。蛮夷属于楚者,吴尽取之,是以始大,通吴于上国。"吴国的华夏化,有其自身优势,"于周室,我为长"(《左传·哀公十三年》),故而乐于接受华夏文化。周景王元年(前544)吴公子季札出聘中原诸国,其表现出的文化素质也体现出吴国的华夏化已经达到很高的水平。吴王阖庐即位后,加速了吴国的华夏化进程。楚国子西这样评价阖庐："吴，周之胄裔也，而弃在海滨，不与姬通。今而始大，比于诸华。光又甚文，将自同于先王。"(《左传·昭公三十年》)阖庐重用楚国亡臣伍子胥，又以齐国人孙武为将，"西破强楚，入郢，北威齐晋，显名诸侯"(《史记·孙子吴起列传》)，至其子夫差时，国力更加强盛，成为名副其实的一方霸主。虽然时人还视其为"夷狄之国"，但对吴的看法较之以往有了很大的改观。黄池之会，吴晋争盟，《穀梁传·哀公十三年》阐释曰："黄池之会，吴子进乎哉，遂子矣。吴，夷狄之国也，祝发、文身，欲因鲁之礼、因晋之权而请冠端，而袭其籍于成周，以尊天王。吴进矣。吴，东方之大国也，累累致小国，以会诸侯，以合乎中国。吴能为之，则不臣乎？吴进矣。王，尊称也；子，卑称也。辞尊称而居卑称，以会乎诸侯，以尊天王。"因为吴国"尊王"，去王号而称子，其礼"合乎中国"，故而予以赞赏。

当蛮夷华夏化，进而主中原诸侯之盟会后，"攘夷"便不再成为霸主团结诸侯的一个旗帜，式微就是势所必然了。越王勾践灭吴之后，北上争霸，中原诸侯无能与之抗衡者，周天子便不再顾忌华夷之别，直接赐命勾践为霸主了。《史记·越王勾践世家》曰："勾践已平吴，乃以兵北渡淮，与齐、晋诸侯会于徐州，致贡于周。周元王使人赐勾践胙，命为伯。"至春秋末年，"攘夷"彻底退出了历史的舞台。

四、霸主与诸侯关系的发展

齐桓公称霸时，霸主与诸侯的关系处于磨合和初步确立期，还未确立程式化的关系。齐桓公履行更多的是霸主对诸侯"恤患、救灾"的责任，对诸侯更多的是安抚与笼络，讨罪讨贰的方式也比较温和。而在晋文公称霸之后，虽然有楚国与晋争霸，但晋国实力强大，又为华夏诸侯，与楚国的夷狄身份不同，能够得到华夏诸侯的认同，故而长期居于霸主之位，晋人自认为"周卑，晋继之"。经过晋国的长期经营，霸主与诸侯的关系开始趋于程式化，形成霸主与诸侯的较为固定的权责体系。清人顾栋高言："霸之局非管仲与齐桓不能创，而非晋则不能维持以至于百年。"①霸主制定各种章程，让诸侯遵守，如果诸侯不听霸主的号令，则会遭到霸主的问罪；为巩固同盟，霸主也会对诸侯实行安抚与笼络。正是通过德、刑两手抓，使得霸主能够在诸侯中形成威望，巩固自己的霸主地位，正所谓"不遗德、刑，以伯诸侯"（《左传·成公十六年》）。

自霸主政治开启以来，霸主与诸侯之间的关系就是不平等的，诸侯对霸主的感情也比较复杂，既有畏惧，又有依赖，如郑国子罕所说："凡诸侯小国，晋、楚所以兵威之，畏而后上下慈和，慈和而后能安靖其国家，以事大国，所以存也。无威则骄，骄则乱生，乱生必灭，所以亡也"《左传·襄公二十七年》）。（一方面，霸主可以干涉小国内政，小国的兴亡与霸主息息相关；另一方面，小国的稳定一定程度上有赖于霸主的威慑，乱臣贼子不敢作乱。可以说，霸主政治的存在对于东周政治秩序的稳定有着重要的作用。

（一）霸主的责任与义务

陈顾远先生认为，霸主之所以为霸主，是因为其履行了霸主的职责，"救患、分灾、讨罪，实霸主地位之基础焉"②。霸主正是围绕这三个方面实施霸主政治的。自齐桓公干预周王室的立嗣之事开始，周王室的内争、内乱往往需要借助霸主之手平定，因而霸主不仅要履行对诸侯的责任，还负有维护周王室稳定的责任。

霸主恤诸侯之患。晋、楚争霸期间，从于二国的诸侯遭到侵伐，晋、楚多履行盟主之义出师援救，如不能援救，则会失诸侯，正如鄢陵之战前晋卿栾武子所说："不可以当吾世而失诸侯。"（《左传·成公十六年》）晋、楚邲之战、鄢陵之战都是因援救盟国而引起。周定王十年（前597），楚国伐郑，晋国则出兵救郑，两方在邲大战，晋

---

① 〔清〕顾栋高：《春秋大事表》，第2089页。
② 陈顾远：《中国国际法溯源》，商务印书馆，1934年，第26页。

国败北。经此一战，三年后楚国伐宋，晋国不敢出兵救宋，只派大夫解扬前往宋国，带去晋军将至的空头支票，让宋国不要臣服楚国，结果使得宋国"易子而食，析骸以爨"。晋国此举失盟主救患之职，宋国随即臣服楚国。周简王十一年（前575），晋国伐郑，楚共王亲自率军救郑，两军在鄢陵决战，楚共王被射中眼睛，楚军失败。此后晋国不断伐郑，郑成公不肯向晋屈服，因为楚共王正是因为救郑而伤目，"楚君以郑故，亲集矢于其目，非异人任，寡人也。若背之，是弃力与言，其谁昵我？"（《左传·襄公二年》）虽然楚国在鄢陵之战失败，晋国频频伐郑，对郑国造成严重威胁，但郑成公终其身而不背叛楚国。周简王十三年（前573），楚国伐宋，宋国向晋告急，晋国执政韩厥对晋悼公说："欲求得人，必先勤之，成霸、安疆，自宋始矣。"（《左传·成公十八年》）晋悼公于是亲自率军救宋。自周灵王十四年（前559）至十七年（前556），短短四年时间，齐国六次伐鲁，鲁国多次向晋国请兵救鲁，鲁卿叔孙豹说："以齐人之朝夕释憾于敝邑之地，是以大请。敝邑之急，朝不及夕，引领西望曰：'庶几乎！'比执事之间，恐无及也。"（《左传·襄公十六年》）在齐国的连番攻势下，鲁国存亡只在朝夕之间，鲁国希望晋国尽快发兵。周灵王十七年（前555），晋国合诸侯之师伐齐，大败齐国。鲁国执政季武子到晋国拜谢出师，对晋国执政范宣子说："小国之仰大国也，如百谷之仰膏雨焉。"（《左传·襄公十九年》）鲁国正是依赖晋国的援救，而得以抗衡齐国。如果霸主不恤诸侯之患，就会导致诸侯背叛霸主。

存亡继绝，保存小国，小国赖霸主而得以生存。齐桓公存三亡国，存亡继绝、保存小国之义影响深远，其盛德获得广泛赞誉，后继霸主长期奉行，使得小国得以绵延国祚。晋献公死后，晋国连弑两君，面临君位继承危机，秦穆公送晋惠公回国即位，明显是效仿齐桓公存鲁，积累称霸功绩。周襄王十五年（前638），邾国灭小国须句，鲁僖公之母成风对僖公说："崇明祀，保小寡，周礼也。"（《左传·僖公二十一年》）第二年，鲁国伐邾，攻取须句，其国君得以返国。杜预注曰:"得恤寡小之礼。"春秋之时,邾国常遭鲁国之侵,"仗桓、文之霸,扶持绵延二百余年"①。齐桓公死后,周襄王十五年(前638),鲁国伐邾;周襄王二十六年(前627),鲁国趁晋文公之卒而两次伐邾;周襄王三十三年(前620),鲁国又趁晋襄公之卒而伐邾。在霸主缺位的情况下,鲁国对邾国的侵伐变本加厉。周襄王十八年(前635),卫国灭邢。在没有霸主保护的情况下,邢国终被卫国所灭,如卫国大夫宁庄子所说:"诸侯无伯,天其或者欲使卫讨邢乎?"(《左传·僖公十九年》)晋文公流亡时,曹共公对其无礼,曹国又投靠楚国。晋文公图霸,伐卫、围曹,攻破曹都,拘捕曹共公,曹国实际已亡,曹人为其君而游说晋文公:"齐桓公为会而封异姓,今君为会而灭同姓。曹叔振铎,文之昭也。先君唐叔,武之穆也。且合诸侯而灭兄弟,非礼也。"(《左传·僖公二十八年》)齐桓公存三亡国,而晋文公一称霸就灭兄弟之国,相比齐桓公,晋文公之行为"非礼",晋文公因此放归曹共公,曹国得以存续。周灵王十八年(前554),晋国率诸侯在督扬会盟,盟约为"大勿侵小"。许国、蔡国为小国,都是依赖霸主的保护而得以生存。周简王十年(前576),许国被郑国逼迫,向楚国提出迁移到楚境内,楚国同意,"许灵公畏逼于郑,请迁于楚。辛丑,楚公子申迁许于叶"(《左传·成公十五年》),此后许国又多次迁徙,靠着楚国的保护而延续。蔡国的命运与许国相似,因为蔡国与吴国联合伐楚,楚国为报柏举之仇,出兵伐蔡,"楚子围蔡,报柏举也。里而栽,广丈,高倍。夫屯昼夜九日,如子西之素。蔡人男女以辨,使疆于江、汝之间而还。蔡于是乎请迁于吴"(《左传·哀公元年》)。蔡国向吴国请求迁往吴境内,第二年,吴国将蔡国迁到州来。周景王十一年(前534),楚灵王灭陈,周景王十四年,楚灵王又灭蔡。晋国大夫荀吴对执政韩宣子说:"不能救陈,又不能救蔡,物以无亲。晋之不能,亦可知也已!为盟主而不恤亡国,将焉用之?"(《左传·昭公十一年》)作为盟主,而不能援救盟国,失霸主恤患救灾之职。

---

① 〔清〕顾栋高:《春秋大事表》,第2105页。

楚平王即位之后，为讨好诸侯，复封陈、蔡等诸侯，"平王封陈、蔡，复迁邑，致群赂，施舍、宽民，宥罪、举职"，"楚之灭蔡也，灵王迁许、胡、沈、道、房、申于荆焉。平王即位，既封陈、蔡，而皆复之，礼也"（《左传·昭公十三年》）。楚平王此举使陈、蔡等国又苟延残喘数十年。周敬王十六年（前504），郑国趁楚国被吴国攻破之际出兵伐许，失去楚国保护的许国终被郑国所灭。鲁哀公时，鲁国几乎每年都伐邾，甚至于几乎灭亡邾国。周敬王三十二年（前488），鲁国伐邾，俘虏邾隐公，邾国大夫茅夷鸿向霸主吴国求救，对吴王夫差说："鲁弱晋而远吴，冯恃其众，而背君之盟，辟君之执事，以陵我小国。邾非敢自爱也，惧君威之不立。君威之不立，小国之忧也。若夏盟于鄫衍，秋而背之，成求而不违，四方诸侯其何以事君？且鲁赋八百乘，君之贰也；邾赋六百乘，君之私也。以私奉贰，唯君图之。"（《左传·哀公七年》）吴国尚行霸主存亡继绝之职，第二年，吴国将要为邾伐鲁，齐国也向吴国请师伐鲁。在吴、齐两国的压力下，鲁国被迫释放邾隐公，邾国得以幸存。越灭吴之后，以霸主自居，继续调停鲁、邾之间的关系，越王勾践派大夫舌庸聘鲁，划定鲁、邾的边界，"越子使舌庸来聘，且言邾田，封于骀上"（《左传·哀公二十七年》）。周敬王三十三年（前487），在晋、楚失霸，吴国力不能及的情况下，宋国灭曹。曹国虽小，但却是自齐桓公称霸之后直至晋、楚、吴争霸期间参加会盟的诸侯之一，宋国能够公然灭曹，固然有曹国自作孽的原因，但也就是在霸主缺位的情况下才能得逞。周敬王四十二年（前478），因陈国趁白公之乱侵楚，楚国出兵灭陈国，三十三年后，楚又灭蔡。周元王二年（前474），越国灭吴。至春秋末期，存亡继绝、保存小国之义几乎被霸主所抛弃，如郑国子产所说："昔天子之地一圻，列国一同，自是以衰。今大国多数圻矣，若无侵小，何以至焉？"（《左传·襄公二十五年》）待之而起的是大国之间的侵伐和大国对小国的兼并。

霸主平定王室之乱。东周王室自襄王之后，内乱不断，周天子甚至不能处置卿士之间的矛盾，还得由霸主国出面进行解决，王室仅有共主之名，位同列国，甚至出现了晋国大夫与王朝卿士争夺田地的事情。周顷王六年（前613），周顷王崩，卿士周公阅与王孙苏争夺执政权，二人将官司打到了晋国。新即位的周匡王本来支持王孙苏，后又支持周公阅，晋国执政赵盾出面调解了他们的矛盾，使他们恢复各自职位。周定王十三年（前594），王室再次内乱，周王室的卿士王孙苏与召氏、毛氏争夺执政权，指使王子捷杀召戴公及毛伯卫，立戴公之子召襄为召公。第二年，毛、召之党讨伐王孙苏，王孙苏出奔晋国，晋国出面恢复其职位，晋景公派大夫士会平定王室之乱。周简王六年（前580），晋国大夫郤至与周争夺鄇田的所有权，周简王让刘康公、单襄公到晋国争讼，晋厉公让郤至不要争田，才平息了这场田地之争。周灵王九年（前563），周王室卿士王叔陈生与伯舆争夺执政权，周灵王偏袒伯舆，王叔陈生发怒而出奔到黄河边，周灵王又召其返回，恢复其职位，王叔陈生不肯返回，晋悼公于是派士匄前去调解王室纠纷。王叔陈生的家宰与伯舆的大夫在王庭辩论，士匄听取他们的诉讼，认为周灵王所认可的，晋国也认可，王叔陈生诉讼不能获胜，于是出奔晋国。清人顾栋高言："周室至此非唯不能治诸侯，并不能自治其大夫……臣桀骜而无上，君忍耻而含垢。"①周景王死后，王子争立，王子朝作乱，周敬王最终依靠晋国的力量才将王子朝赶走，巩固了王位。

霸主抑制诸侯之间的擅相攻伐、兼并。霸主的存在，最重要的作用就是制裁兼并，制止诸侯之间的侵伐，保持社会政治秩序的稳定，如有擅相侵伐者，就会遭到霸主的责难、讨伐。周灵王十六年（前556），卫国伐曹，夺取重丘，曹国向盟主晋国控诉卫国侵伐之罪。第二年，晋国便拘拿了伐曹的卫国大夫，为曹国主持正义，"晋人执卫行人石买于长子，执孙蒯于纯留，为曹故也"（《左传·襄公十八年》）。周景王八年（前537），莒国发生叛乱，莒国大夫牟夷以牟娄及防、

---

① 〔清〕顾栋高：《春秋大事表》，第1699页。

兹三地叛逃鲁国，莒国向盟主晋国控诉鲁国接受叛地，晋平公想扣留朝晋的鲁昭公，迫使鲁国归还莒国土地，而执政范献子则认为，为盟主不能扣留朝见的诸侯，应兴师讨伐鲁国不义的行为。周灵王二十三年（前549），郑简公以"陈国之介恃大国而陵虐于敝邑"为由，请求晋国同意郑国讨伐陈国，晋国不许。第二年，郑国依然出兵伐陈，攻破陈国都城，接受陈哀公的降服而还，并向晋国献捷。晋国责问郑国伐陈之罪，"何故侵小？"郑卿子产则辩解说："先王之命，唯罪所在，各致其辟。且昔天子之地一圻，列国一同，自是以衰。今大国多数圻矣，若无侵小，何以至焉？"（《左传·襄公二十五年》）晋国不能辩驳，默认了郑国伐陈的行为。周灵王二十三年，齐国大夫乌余以廪丘叛逃晋国，又夺取了卫国、鲁国、宋国的城邑。此时正值晋国执政范宣子之卒，晋国无暇顾及乌余之事。当赵文子执政后，决心处置乌余这一诸侯之害，对晋平公说："晋为盟主，诸侯或相侵也，则讨而使归其地。今乌余之邑，皆讨类也，而贪之，是无以为盟主也。请归之。"（《左传·襄公二十六年》）第二年，晋国用计逮捕乌余，将乌余所占城邑全部归还各国。晋国这一还地行为，赢得了诸侯的拥护，"诸侯是以睦于晋"（《左传·襄公二十七年》）。周敬王元年（前519），邾国人修筑翼城，邾军经过鲁国的武城时，被鲁军所袭，邾军被消灭，将领被俘获。邾国因此向晋国控诉鲁国的罪行，晋国于是讨鲁之罪，鲁卿叔孙婼到晋国朝见也被拘捕，晋国执政韩宣子准备将叔孙婼交给邾国人处置。晋国大夫士弥牟认为："以叔孙与其仇，叔孙必死之。鲁亡叔孙，必亡邾。邾君亡国，将焉归？子虽悔之，何及？所谓盟主，讨违命也。若皆相执，焉用盟主？"（《左传·昭公二十三年》）晋国最终没有处置鲁国之罪，将叔孙婼释放回国。霸主的不作为，使得诸侯之间的擅相侵伐无法制止，大侵小、强凌弱的日渐增多。周敬王三十二年（前488），鲁国执政季康子公然伐邾，虽然子服景伯劝说道："小所以事大，信也；大所以保小，仁也。背大国，不信；伐小国，不仁。"但季康子却以"禹合诸侯于涂山，执玉帛者万国。今其存者，无数十焉，唯大不字小，小不事大也"（《左传·哀公七年》）反驳，仍旧伐邾，几乎灭邾。中原失霸，使得"大不侵小"政策失去效用，大国兼并小国以及大国之间互相侵伐的时代到来。

诸侯有罪，霸主讨伐。"凡我同盟，小国有罪，大国致讨。"（《左传·襄公十一年》）霸主对于有罪的诸侯，有讨伐、处置的权力。周匡王二年（前611），宋昭公因无道而被弑，宋人立昭公之弟宋文公为君。第二年，晋国合诸侯之师伐宋，责问宋国弑君之罪，晋国执政赵盾认为"宋人弑其君，是反天地而逆民则也，天必诛焉。晋为盟主，而不循天罚，将惧及焉"，于是"使旁告于诸侯，治兵振旅，鸣钟鼓以至于宋"（《国语·晋语五》）。诸侯之师至宋而宋人已立宋文公，不能改变，故而收取宋国贿赂而还。周定王八年（前599），因陈灵公与大夫夏征舒之母夏姬淫乱，夏征舒弑陈灵公，第二年，楚庄王率诸侯讨伐陈国，讨夏征舒弑君之罪，杀夏征舒。如果真如楚庄王所言"夏征舒为不道，弑其君，寡人以诸侯讨而戮之"（《左传·宣公十一年》），楚庄王只是讨陈国弑君之罪，杀夏征舒即可，如果灭陈为楚之一县，则失讨罪之义。周简王八年（前578），曹宣公卒于伐秦之役，宣公庶子公子负刍守国，杀太子而自立，是为曹成公。对于此等大逆罪行，诸侯请求晋国讨伐曹国，问其罪。周简王十年（前576），晋厉公召集诸侯在戚地会盟，在会上抓捕曹成公，送至京师听候发落，"会于戚，讨曹成公也。执而归诸京师"（《左传·成公十五年》）。诸侯欲立有德行的曹宣公庶子公子欣时（子臧）为君，公子欣时辞国，不肯为君。在曹人不断请求下，晋国才释放曹成公回国。周灵王五年（前567），莒国灭了鄫国，而鄫国为鲁国的附庸，于是晋国责问鲁国为何不能保护鄫国，"晋人以鄫故来讨，曰：'何故亡鄫？'"（《左传·襄公六年》）鲁国执政季武子不得不到晋国听候处理。周灵王十八年（前554），晋国合诸侯于督扬会盟，因为邾国多次助齐伐鲁，邾悼公被晋国拘捕，并将邾国部分土地分给鲁国，"执邾悼公，以其伐我故。遂次于泗上，疆我田。取邾田，自漷水归之于我"

(《左传·襄公十九年》)。周景王十一年（前534），陈国内乱，公子招、公子过杀陈哀公太子偃师，立哀公庶子公子留为君。公子胜向楚国告发，楚灵王杀陈国使臣干征师，并率诸侯之师伐陈，讨其罪。但楚灵王并未履行承诺立陈国悼太子之子为君，反而灭亡陈国，失盟主讨罪之义。三年后，楚灵王又杀蔡灵侯，灭蔡国。蔡灵侯虽然是弑父自立，但已是十三年前的事情，楚灵王也已在位十年，楚国灭蔡，虽然有讨罪之义，但更多的是楚国有吞并蔡国的企图。晋国叔向对楚灵王灭陈、蔡评说道："楚王奉孙吴以讨于陈，曰：'将定而国。'陈人听命，而遂县之。今又诱蔡而杀其君，以围其国。虽幸而克，必受其咎，弗能久矣。桀克有缗，以丧其国，纣克东夷而陨其身。楚小、位下，而亟暴于二王，能无咎乎？天之假助不善，非祚之也，厚其凶恶而降之罚也。"（《左传·昭公十一年》）楚灵王不行盟主讨罪之职，灭二国为县，加重了自己的罪过，暴虐胜过夏桀、商纣二王，最终众叛亲离，自缢而死。周敬王三年（前517），鲁昭公与三桓爆发冲突，被三桓赶走，出奔齐国。周敬王五年（前515），晋国召集诸侯在扈地会面，谋划送鲁昭公回国，但是晋国执政范献子收受鲁国季平子的贿赂，对晋顷公说季孙无罪，"辞小国，而以难复"（《左传·昭公二十七年》），鲁昭公未能在晋国的主持下回国。可见，到春秋后期，晋、楚两国作为霸主，不能主持公道，不能讨伐有罪之诸侯，失盟主讨罪之职。

（二）霸主对诸侯的控制与笼络

霸主讨贰。对于有二心的诸侯，霸主往往会通过拘拿诸侯君臣、兴师讨伐、礼仪羞辱等手段来迫使诸侯臣服。卫、曹两国亲楚、与晋为敌，晋文公采取了执其君、分其地的惩罚措施，将曹国之地分给诸侯，"晋始伯而欲固诸侯，故解有罪之地以分诸侯。诸侯莫不望分而欲亲晋，皆将争先"（《国语·鲁语上》）。晋文公称霸后，对于不服晋的卫、许二国，先是在温地会盟，"讨不服也"（《左传·僖公二十八年》），继而捉拿卫成公，送往京师治罪，指使人鸩杀卫成公，又以诸侯之师讨伐许国。为讨郑国之贰，晋文公多次兴师讨伐。宋人吕大圭比较齐桓、晋文的讨罪方式说："小白之伯也，诸侯未服，不过伐其国，执其臣，未尝执诸侯也，重耳则执曹伯，复曹伯，执卫侯，复卫侯，惟己所恣矣；小白宁不得郑，不纳子华之请，惧其奖臣抑君，不可以训也，重耳为元咺执卫侯，使元咺得以自恣，则三纲五常废矣。"[1] 晋襄公即位后，许国仍不服晋，晋国于是合陈、郑之师讨伐许国。周定王十五年（前592），因晋国大夫郤克在聘问齐国时遭到齐顷公的羞辱，晋国主持的断道会盟，意在讨伐对晋国有贰心的诸侯，"会于断道，讨贰也"（《左传·宣公十七年》）。杨伯峻先生认为："贰，《传》未言何国，是时宋已与楚平，郑、陈、蔡亦皆附楚，贰或指诸国也。既征会于齐，则原不以齐为贰也。"[2] 杨先生之说有一定的道理，断道之会起初并不针对齐国，有清华简《系年》研究者认为："（晋）景公通过派遣郤克与召会高固向齐国君臣传递了务必与会的信息，可见断道之会最重要的目的是笼络齐国。"[3] 但因为齐国无礼于诸国，齐顷公不参与断道之会，彻底激怒晋人，第二年，晋与卫联合伐齐，齐顷公被迫与晋景公在缯地会盟，并以公子彊为人质于晋。因齐国不断侵伐晋国盟国鲁国，挑战盟主，于是晋国合诸侯之师伐齐，爆发鞌之战，迫使齐国归还鲁、卫侵地，重回晋国同盟。周简王四年（前582），因为"楚人以重赂求郑，郑伯会楚公子成于邓"，在郑成公到晋国朝见晋景公时被晋国拘捕，郑国不仅遭到晋国的讨伐，而且其外交使节也被晋国杀害，"郑伯如晋，晋人讨其贰于楚也，执诸铜鞮。栾书伐郑，郑人使伯蠲行成，晋人杀之，非礼也"（《左传·成公九年》）。晋国以此羞辱作为对郑国贰于晋的惩罚。周简王十一年（前575），鲁国大夫叔孙侨如欲借晋国之

---

[1] 〔宋〕吕大圭：《春秋或问》卷十二，文渊阁四库全书本。
[2] 杨伯峻：《春秋左传注》，第773页。
[3] 方辐：《从清华简〈系年〉看郤克与鞌之战》，《南京师范大学文学院学报》2017年第2期。

手除掉季孙和孟孙二氏,以专鲁国之政,向晋国主持东诸侯事务的大夫郤犨说季、孟二氏欲叛晋,"今其谋曰:'晋政多门,不可从也。宁事齐、楚,有亡而已,蔑从晋矣。'"(《左传·成公十六年》)于是晋国抓捕了鲁国执政季文子,在范文子的劝说下,季文子才得以释放。周灵王二年(前570),陈国背叛楚国,楚国当年便出兵伐陈,讨其叛楚。晋悼公末年,"范宣子假羽毛于齐而弗归,齐人始贰"(《左传·襄公十四年》),齐灵公怨恨晋国,多次伐鲁,"贰于晋故也"(《左传·襄公十五年》),邾国、莒国也跟随齐国伐鲁。晋平公即位后,汲汲于讨贰,先是召集诸侯在溴梁会盟,捉拿亲齐的邾宣公、莒犁比公,认为二国"通齐、楚之使"(《左传·襄公十六年》),与齐国一样"贰于晋"。诸侯大夫在温地宴会,齐卿高厚"歌诗不类",诸侯大夫共同盟誓,"同讨不庭",将矛头直指不忠于晋国的齐国。周灵王十七年(前555),晋国合诸侯之师讨伐齐国,"(晋)平公元年,伐齐,齐灵公与战靡下,齐师败走……晋追,遂围临淄,尽烧屠其郭中。东至胶,南至沂,齐皆城守,晋乃引兵归"(《史记·晋世家》)。齐庄公即位后,与晋在大隧会盟,与晋媾和。此后,齐庄公又借晋国栾盈之乱攻伐晋国,晋国也讨伐齐国,直至周灵王二十四年齐庄公被权臣崔杼所弑、齐国向晋屈服为止。晋国为维护盟主地位,对齐国的讨贰行动绵延十数年。周敬王十四年(前506),"晋于是乎失诸侯"(《左传·定公四年》),此年,吴国破楚,晋、楚失霸,齐景公积极图霸,齐国积极支持晋国范氏、中行氏之乱,与郑、卫、鲁、宋等国建立了反晋联盟,乘机伐晋,晋国对于诸侯之贰已经无力进行讨伐了。

霸主干涉诸侯内政。晋文公在处理卫臣元咺诉卫成公的事情上,举措失当,造成卫国内乱。因元咺曾奉卫成公之命,以叔武摄政,而卫成公返国,杀叔武,元咺出奔晋国。晋文公听信元咺而拘捕、囚禁了卫成公,元咺返国另立新君,《公羊传·僖公三十年》阐释道:"元咺之事君也,君出则己入,君入则己出,以为不臣也。"虽然卫成公有错在先,元咺诉之有理,但以臣诉君,不合臣道。《国语·周语中》

记载，周襄王对晋文公说，听臣讼君、为臣杀君，"一合诸侯而有再逆政，余惧其无后"。如果晋文公如此处理诸侯事务，恐怕是不能主盟诸侯了。卫国的内乱，终是由晋文公因一己之怨而起，"卫之祸，文公为之也。文公为之奈何？文公逐卫侯而立叔武，使人兄弟相疑，放乎杀母弟者，文公为之也"（《公羊传·僖公二十八年》）。霸主还可干涉诸侯的君位继承。周顷王六年（前613），邾文公卒，邾国立文公元妃齐姜所生公子貜且为君，是为邾定公，文公二妃晋姬所生公子捷菑不服，出奔晋国。晋国执政赵盾轻信捷菑之言，与诸侯在新城会盟，以诸侯之师八百乘大举讨伐邾国，送公子捷菑回国，责问邾国为何立貜且为君。邾国人解释说："元妃齐姜所生公子貜且年长，当立为君。"赵盾认为，"辞顺而弗从，不祥"（《左传·文公十四年》），邾国人立君并无不妥之处，于是放弃干涉邾国立君之事。卫定公与大夫孙林父不和，孙林父出奔晋国，请求晋国出面调停。晋厉公在卫定公朝晋时，强制卫定公与孙林父和解，并送孙林父回国，卫定公欲不许，定公夫人劝说道："大国又以为请，不许，将亡。虽恶之，不犹愈于亡乎？"（《左传·成公十四年》）如果卫定公不允许孙林父回国，很可能遭到晋国的讨伐，卫定公被迫接受并恢复了孙林父的职位。小国国君之位完全由大国操控。蔡国临近楚国，多数时间臣服于楚国，楚国对蔡国国君的废立起主导作用，楚国大夫费无极对蔡国人说："（蔡侯）朱不用命于楚，君王将立东国。若不先从王欲，楚必围蔡。"蔡国人于是赶走了蔡侯朱而立蔡悼侯东国，可谓是"废置在君（楚平王）"（《左传·昭公二十一年》）。吴、越崛起后，积极干预诸侯事务。邾隐公无道，吴王夫差讨其罪，将其捉拿、囚禁，令邾国太子革执政，"邾子又无道，吴子使大宰子余讨之，囚诸楼台，栫之以棘。使诸大夫奉大子革以为政"（《左传·哀公八年》）。周元王三年（前473），邾隐公自齐国出奔越国，对越王勾践说："吴为无道，执父立子。"（《左传·哀公二十二年》）越国以霸主自居，于是保护邾隐公返国，太子革则出奔越国。周元王五年（前471），邾隐公仍然无道，越国又将其捉拿带回国，立公子何为邾国国君。周元王六年（前470），卫出公被国人驱逐，卫国大夫公文懿子认为："夫越新得诸侯，将必请师焉。"（《左传·哀公二十五年》）第二年，越国会同宋、鲁两国率军送卫出公回国。

霸主对诸侯的安抚与笼络。霸主对诸侯不仅讨罪讨贰，而且为巩固同盟，还要向诸侯示好，加以安抚和笼络，正所谓"叛而不讨，何以示威？服而不柔，何以示怀？非威非怀，何以示德？"（《左传·文公七年》）因为卫国对晋国不服，周襄王二十七年（前626），晋国伐卫，夺取了卫国的戚地，此后，卫国臣服于晋。六年后，晋国大夫郤缺对赵盾说："日卫不睦，故取其地。今已睦矣，可以归之。"（《左传·文公七年》）晋国就将匡、戚之地归还给卫国。周襄王二十八年（前625），鲁文公朝见晋襄公，晋襄公以大夫阳处父与其盟誓，以此作为鲁文公即位后不朝晋的羞辱。第二年，为改善与鲁国的关系，晋襄公在鲁文公朝晋时，亲自与鲁文公盟誓，以此笼络鲁国，"晋人惧其无礼于公也，请改盟。公如晋，及晋侯盟"（《左传·文公三年》）。鞌之战，齐国大败，齐国被迫将侵夺鲁、卫的土地归还两国，此后，齐国对晋国唯马首是瞻。周简王三年（前583），为笼络齐国，晋国令鲁国归还齐国因鞌之战而得到的汶阳之田。相比于鲁国的利益，在晋国眼里，争取齐国的支持更为重要。宋儒赵鹏飞评说一针见血："顷公屈己以事晋，晋自文公之后，齐盖以东夏强侯，未尝屈于晋也。战鞌一败，锐锋顿挫，虫牢之盟，救郑之役，执兵歃血，惟晋是从，晋得齐之服为荣大矣，故常以取其田为负也，鲁人得田，晋实无补而负齐为多，鲁人失田，晋实无伤而于齐为惠，故宁使鲁失田，而晋无负于齐。"① 晋文公在位时，尚能礼遇诸侯，"文公之为盟主也，宫室卑庳，无观台榭，以崇大诸侯之馆，馆如公寝，库厩缮修，司空以时平易道路，圬人以时塓馆宫室；诸侯宾至，甸设庭燎，仆人巡宫；车马有所，宾从有代，巾车脂辖，隶人、牧、圉各瞻其事；

---

① 〔宋〕赵鹏飞：《春秋经筌》卷十，文渊阁四库全书本。

百官之属各展其物；公不留宾，而亦无废事；忧乐同之，事则巡之；教其不知，而恤其不足。宾至如归，无宁菑患；不畏寇盗，而亦不患燥湿"。但是到了晋平公时，对待诸侯如同对待下人，"今铜鞮之宫数里，而诸侯舍于隶人，门不容车，而不可逾越；盗贼公行，而天厉不戒。宾见无时，命不可知"（《左传·襄公三十一年》）。面对诸侯的责难，晋国诚恳地承认自己的过错，对诸侯礼遇有加，并新建接待诸侯的宾舍，以示对诸侯的安抚和笼络。

（三）诸侯的责任与义务

霸主保护诸侯不受他国侵伐，平定诸侯内乱，维护礼制，而诸侯则要履行朝见霸主、进献贡赋、参加会盟、随同参战等义务。诸侯必须遵照霸主的要求行事，稍有不从，就会遭到霸主的惩罚。

诸侯朝见霸主。自齐桓公称霸之后，诸侯多朝见霸主而少有朝见周天子者。清人顾栋高统计鲁国国君朝见霸主与周天子的情况如下："《春秋》书公朝王所者二，如京师者一，而书公如齐十，如晋二十一，如楚二，比而观之，由鲁以知天下王室之微，诸侯之不臣，不待贬而自见矣。僖十年，公始朝齐，自后不朝齐则朝晋，知盟主而不知有天王。"[1]有研究者认为，诸侯朝见霸主有内在和外在的动机，内在动机是对霸主有拥戴之意，外在动机则是对霸主的畏惧和依赖。[2]诸侯的朝霸，一是畏惧心理，害怕得罪霸主而遭到讨伐，如郑国子大叔所说"唯惧获戾，岂敢惮烦"（《左传·昭公三年》），小国的朝霸，是为了体现自己对霸主的忠心；二是希望亲近霸主而得益，使国家得到霸主的庇护。城濮之战后，鲁国大夫臧文仲到晋国朝见晋文公，重馆人让他速去晋国，"晋始伯而欲固诸侯，故解有罪之地以分诸侯。诸侯莫不望分而欲亲晋，皆将争先，晋不以固班，亦必亲先者，吾子不可以不速行。鲁之班长而又先，诸侯其谁望之？若

---

[1] 〔清〕顾栋高：《春秋大事表》，第1575页。
[2] 陈筱芳：《论春秋霸主与诸侯的关系》，《西南民族学院学报（哲学社会科学版）》1995年第3期。

少安，恐无及也。"臧文仲到晋国后，"获地于诸侯为多"（《国语·鲁语上》）。鲁国处齐、晋之间，时刻受到齐国的威胁，故而谨事晋国，希望得到晋国的庇护。鲁襄公朝晋，与晋悼公在长樗盟誓，鲁襄公对晋悼公行稽首之礼，诸侯相见不应行此大礼，孟献子解释说："以敝邑介在东表，密迩仇雠，寡君将君是望，敢不稽首。"（《左传·襄公三年》）鲁国对晋国实有祈求庇护的期待。晋文公称霸之后，开始对诸侯朝见之礼予以规定，"昔文、襄之霸也，其务不烦诸侯，令诸侯三岁而聘，五岁而朝，有事而会，不协而盟。君薨，大夫吊，卿共葬事；夫人，士吊，大夫送葬。足以昭礼、命事、谋阙而已，无加命矣"（《左传·昭公三年》）。卫国因为晋国的干涉而内乱，卫成公不去朝见晋文公，晋襄公即位后，于周襄王二十七年（前624）讨伐卫国，攻取卫国的戚地。鲁文公即位之后，没有立刻去晋国朝见晋侯，晋国便向鲁责难："晋人以公不朝来讨。公如晋。夏四月己巳，晋人使阳处父盟公以耻之。"（《左传·文公二年》）鲁文公被迫到晋国朝见晋襄公，晋襄公则以大夫与鲁文公盟誓，以此不对等的盟誓羞辱鲁国。晋襄公之后，晋国君臣对于诸侯的控制日紧，诸侯朝晋完全超出了文、襄时期的规制。晋平公宠妾少姜去世，各国使臣纷纷到晋国吊唁，"嬖宠之丧，不敢择位，而数于守適，唯惧获戾，岂敢惮烦"（《左传·昭公三年》）。郑国是晋、楚争夺的重点，故而晋国对于郑国的朝见格外重视。周匡王三年（前610），晋灵公主持扈地会盟，郑穆公参会，晋国怀疑郑国对晋有二心，故而晋灵公不会见郑穆公，郑卿子家写信给晋国执政赵盾说："寡君即位三年，召蔡侯而与之事君。九月，蔡侯入于敝邑以行。敝邑以侯宣多之难，寡君是以不得与蔡侯偕。十一月，克减侯宣多，而随蔡侯以朝于执事。十二年六月，归生佐寡君之嫡夷，以请陈侯于楚，而朝诸君。十四年七月，寡君又朝以蒇陈事。十五年五月，陈侯自敝邑往朝于君。往年正月，烛之武往，朝夷也。八月，寡君又往朝。以陈、蔡之密迩于楚，而不敢贰焉，则敝邑之故也。虽敝邑之事君，何以不免？在位之中，一朝于襄，而再见于君。夷与孤之二三臣相及于绛。虽我小国,则蔑以过之矣。"郑穆公即位后十七年中,三次朝见晋侯,郑国使臣朝晋更为频繁,郑国不只本国事晋,还说服陈国事晋,郑国事晋已经无以复加。子家将晋国之作为与齐桓公时期作了比较,"文公二年六月壬申,朝于齐。四年二月壬戌,为齐侵蔡,亦获成于楚。居大国之间,而从于强令,岂其罪也?"(《左传·文公十七年》)齐桓公对于郑国的艰难处境并没有怪罪,晋国对郑国的责难更难以令郑国心服。周灵王二十一年(前551),晋国征召郑国来朝见,"晋人征朝于郑",郑卿子产辩解说:"在晋先君悼公九年,我寡君于是即位。即位八月,而我先大夫子驷从寡君以朝于执事,执事不礼于寡君,寡君惧。因是行也,我二年六月朝于楚,晋是以有戏之役。楚人犹竞,而申礼于敝邑。敝邑欲从执事,而惧为大尤,曰'晋其谓我不共有礼',是以不敢携贰于楚。我四年三月,先大夫子蟜又从寡君以观衅于楚,晋于是乎有萧鱼之役。谓我敝邑,迩在晋国,譬诸草木,吾臭味也,而何敢差池?楚亦不竞,寡君尽其土实,重之以宗器,以受齐盟。遂帅群臣随于执事,以会岁终。贰于楚者,子侯、石盂,归而讨之。湨梁之明年,子蟜老矣,公孙夏从寡君以朝于君,见于尝酎,与执燔焉。间二年,闻君将靖东夏,四月又朝以听事期。不朝之间,无岁不聘,无役不从。以大国政令之无常,国家罢病,不虞荐至,无日不惕,岂敢忘职?大国若安定之,其朝夕在庭,何辱命焉?若不恤其患,而以为口实,其无乃不堪任命,而翦为仇雠?敝邑是惧,其敢忘君命?"(《左传·襄公二十二年》)郑简公即位当年,就到晋国朝见晋侯,而晋侯对郑伯不尊重,郑简公转而朝见楚王,臣服楚国,因此晋国数伐郑国,楚国也数救郑国。自萧鱼之会后,郑国实心附从晋国,此后,郑简公多次朝见晋侯,晋国组织的会盟、行动也无不参加,而晋国执政却以郑不朝晋为借口责难郑国,实在是无理之至。

诸侯向霸主进献贡赋。在齐桓公称霸期间,诸侯向霸主进献贡赋还没有形成定例,在晋文公称霸后,经晋襄公继霸,诸侯缴纳贡赋逐渐发展成为定例，以至于到春秋末年，孔子说："合诸侯，艺贡事，礼也。"（《左传·昭公十三年》）诸侯朝贡已经成为理所应当的事情。有研究者认为："霸主向诸侯征收贡赋有一个由重礼轻财到重财轻礼的演变过程。"①所言甚是。晋襄公五年（前623），曹共公到晋国朝见晋襄公，"曹伯如晋会正"（《左传·文公四年》），杜预注曰："会受贡赋之政也，《传》言襄公能继文之业，而诸侯服从。"晋悼公在位期间，诸侯也到晋国领受贡赋之命，鲁襄公到晋国朝见并领受贡赋之命，"公如晋听政"（《左传·襄公四年》），杜预注曰："受贡赋多少之政。"鲁襄公于八年（前549）再次到晋国朝见并领受贡赋之命，"公如晋，朝，且听朝聘之数"，杜预注曰："晋悼复修霸业，故朝而禀其多少。"同年，晋悼公主持鸡泽之会，"会于邢丘，以命朝聘之数，使诸侯之大夫听命"（《左传·襄公八年》）。杜预注曰："晋悼复文、襄之业，制朝聘之节，俭而有礼，德义可尊。"《国语·晋语七》记载鸡泽之会，"（晋悼公）四年，诸侯会于鸡丘，于是乎布命、结援、修好、申盟而还。"韦昭注曰："命谓朝聘之数，同好恶、救灾患之属。"可见，自晋襄公至晋悼公已经完成了诸侯进献贡赋的固定化。同时期的楚国，对于附从楚国的小国也征收贡赋。《左传·襄公二年》记载："楚公子申为右司马，多受小国之赂，以逼子重、子辛，楚人杀之。"《左传·襄公三年》记载："楚子辛为令尹，侵欲于小国，陈成公使袁侨如会求成，晋侯使和组父告于诸侯。"因为楚国令尹子辛贪得无厌，侵害小国，陈国叛楚，与晋结盟。从中可以看出，相比于晋国，楚国还没有建立起固定的诸侯贡赋体系。晋悼公之后，晋国政权逐渐为卿族所控制，晋国执政对诸侯的勒索、敲诈已经远远超出了诸侯贡赋的范围。晋平公时期，范宣子执政，诸侯贡赋繁重，"范宣子为政，诸侯之币重。郑人病之"。郑简公为了减少郑国的贡赋，亲自到晋国朝见晋平公。郑国子产对范宣子说："子为晋国，四邻诸

---

① 李伟山：《从天子、霸主、诸侯的关系论共主政治秩序在东周的演变》，《阴山学刊》2008年第5期。

侯不闻令德，而闻重币，侨也惑之。侨闻君子长国家者，非无贿之患，而无令名之难。夫诸侯之贿聚于公室，则诸侯贰。若吾子赖之，则晋国贰。诸侯贰，则晋国坏。晋国贰，则子之家坏。何没没也！将焉用贿？"范宣子认为子产说得有理，于是减轻了贡赋数量，"宣子说，乃轻币"（《左传·襄公二十四年》）。第二年，赵文子执政，"令薄诸侯之币，而重其礼"（《左传·襄公二十五年》）。至春秋后期，晋、楚平分霸权，诸侯分别朝贡两国，负担加重，苦不堪言，而晋、楚两国对于诸侯的苛求可谓从未间断。为了减轻本国的贡赋，齐、宋、鲁等大国往往以小国为附庸国，让附庸国进献贡赋以减少本国的负担。周灵王三年（前569），鲁襄公朝见晋悼公，请求晋国同意鄫国作为自己的附庸，杜预注曰："鄫，小国也，欲得使属鲁，如须句、颛臾之比，使助鲁出贡赋。"鲁国的提议遭到了晋悼公的否定，鲁卿孟献子说："以寡君之密迩于仇雠，而愿固事君，无失官命。鄫无赋于司马，为执事朝夕之命敝邑，敝邑褊小，阙而为罪，寡君是以愿借助焉。"（《左传·襄公四年》）晋悼公于是同意鲁国所请。周灵王二十六年的第二次弭兵之会，"齐人请邾，宋人请滕"，齐国请求将邾国作为自己的附庸，宋国请求将滕国作为自己的附庸，与本国共同承担对晋国的贡赋。鲁国执政季武子为减轻鲁国的贡赋，让参加会盟的叔孙豹争取使鲁国与邾国、滕国的贡赋标准一样，"视邾、滕"，叔孙豹认为"邾、滕，人之私也；我，列国也，何故视之？宋、卫，吾匹也"（《左传·襄公二十七年》）。最终鲁国与宋、卫的贡赋标准一样，而没有为减轻贡赋标准而自降身价。周景王十六年（前529）的平丘会盟，郑卿子产对于郑国贡赋标准据理力争，"昔天子班贡，轻重以列，列尊贡重，周之制也。卑而贡重者，甸服也。郑伯，男也，而使从公侯之贡，惧弗给也，敢以为请。诸侯靖兵，好以为事。行理之命无月不至，贡之无艺，小国有阙，所以得罪也。诸侯修盟，存小国也。贡献无极，亡可待也。存亡之制，将在今矣"（《左传·昭公十三年》）。郑国本是伯爵，但子产说郑国为男爵，自贬爵位，说服晋国以男爵确定郑国的贡赋标准。子产从中午一直争论到晚上，晋国最终同意子产的说法。宋人朱熹曾就此论道："春秋时小国事大国，其朝聘贡赋随其爵之崇卑以为多寡，故往往自贬降，以省贡赋……郑初以侯礼以交于大国，后来益困，说出此等话，非独是郑，想当时小国多如此。"① 对于霸主对诸侯贡赋的征求，诸侯不敢不缴纳，否则就会遭到霸主的讨伐。如鲁国大夫叔孙穆子所说："今我小侯也，处大国之间，缮贡赋以共从者，犹惧有讨。"(《国语·鲁语下》) 鲁国孟献子曾对鲁宣公说："小国之免于大国也，聘而献物，于是有庭实旅百；朝而献功，于是有容貌采章，嘉淑而有加货，谋其不免也。诛而荐贿，则无及也。"(《左传·宣公十四年》) 孟献子所言很能解释小国为什么要向霸主积极进献贡赋。小国对于霸主，还要依仗霸主恤其患、救其灾，在其受到侵伐时，能够得到霸主的援救，故而对于霸主的贡赋，一般不敢耽搁，对于非分的要求，一般也不敢拒绝。郑国子产争承，郑国大夫子大叔就责怪子产说："诸侯若讨，其可渎乎？"(《左传·昭公十三年》) 若晋国率诸侯讨郑国之罪，郑国难以轻易对付，其中充满了担忧的意味。吴国崛起后，北上图霸，以霸主自居，向鲁、宋等国征收贡赋。周敬王三十二年（前488），吴国向鲁国征取百牢的献礼，"宋百牢我，鲁不可以后宋"，宋国向吴国进献了百牢献礼，即使鲁国大夫子服景伯打出周礼的大旗："君若以礼命于诸侯，则有数矣。若亦弃礼，则有淫者矣。周之王也，制礼，上物不过十二，以为天之大数也。今弃周礼，而曰必百牢，亦唯执事。"(《左传·哀公七年》) 吴国仍不允许，鲁国只得进献百牢。随着大国中卿大夫的擅权，诸侯对霸主的贡赋大多为卿大夫所占有，"晋公室卑，政在侈家"，"大夫多贪，求欲无厌"。霸国执政对于诸侯的索取越来越多，而诸侯却不敢不从命，如郑国子产对晋国执政所说："以敝邑褊小，介于大国，诛求无时，是以不敢宁居，悉索敝赋，以来会时事。"(《左传·襄公三十一年》) 楚国执政对诸侯的压榨、索取也到了近乎疯狂的

---

① 〔清〕顾栋高：《春秋大事表》，第1566页。

地步。蔡昭侯朝见楚昭王，进献一玉佩一裘，令尹子常向蔡昭侯索取，蔡昭侯不给，于是子常扣押蔡昭侯于楚三年；唐成公朝见楚昭王，令尹子常向其索取肃爽宝马，唐成公不给，于是也被扣押三年。直至两国向子常进献宝物，两国之君才被放归本国。楚国对诸侯的侮辱，也导致了诸侯的背叛。蔡、唐两国与吴国联手伐楚，致使楚国有柏举之败，几乎亡国。时至春秋后期，霸主对诸侯贡赋的索取已经完全背离了齐桓、晋文称霸时期征收诸侯贡赋的初衷。有研究者认为："诸侯对霸主的贡赋并不是全部为霸主国自身享用，其中大多是用于救患、讨罪等庞大的军用开支和举行诸侯盟会时的支出。"①应该说，这种说法并不完全准确，诸侯贡赋在第二次弭兵之会后并没有减轻，反而是在此时期出现了子产争承的事件，说明到了春秋后期诸侯贡赋已经基本为霸主国执政卿大夫所中饱私囊。

  诸侯参加霸主主持的会盟。霸主视诸侯参加会盟为承认霸主地位的标志，诸侯如不参加霸主主持的会盟，大国则会被霸主逼迫参加会盟，小国则会遭到霸主的责难，甚至讨伐。周襄王三十三年（前620），晋国执政赵盾召集扈地会盟，确立晋灵公的君位，鲁文公迟到，晋国于是就以此为借口向鲁责难，"晋人以扈之盟来讨"（《左传·文公八年》），鲁文公不得不派大夫襄仲到衡雍与晋国盟誓，以表对晋国的忠诚。周顷王六年（前613）晋国主持新城会盟，蔡国没有参加，第二年，晋国伐蔡，攻入蔡国国都，迫使蔡国缔结城下之盟而还，随后晋国又主持扈地会盟，蔡国参加会盟。周定王七年（前600），晋成公召集诸侯在扈地会盟，陈灵公因为去年从楚而不参加会盟，晋国合诸侯之师讨伐陈国的叛盟行为。周简王元年（前585），晋国在主持虫牢会盟后，欲再合诸侯。宋共公因国内有乱而辞会，"诸侯谋复会，宋公使向为人辞以子灵之难"（《左传·成公六年》），晋国认为宋国对晋不忠，于是第二年纠集卫、郑、伊雒之戎、陆浑戎、蛮

---

① 陈筱芳：《论春秋霸主与诸侯的关系》，《西南民族学院学报（哲学社会科学版）》1995年第3期。

人讨伐宋国。周灵王元年（前571），晋国主持戚地会盟，齐国不参加会盟，附从齐国的滕、薛、小邾也不参加，"滕、薛、小邾之不至，皆齐故也。寡君之忧不唯郑。嬉将复于寡君，而请于齐"（《左传·襄公二年》）。在晋国的威逼之下，齐国大夫崔杼参加了戚地会盟，滕、薛、小邾的大夫也跟着齐国参加会盟。第二年，晋悼公欲主持诸侯会盟，派士匄告知齐灵公，"寡君使匄以岁之不易，不虞之不戒，寡君愿与一二兄弟相见，以谋不协。请君临之，使匄乞盟"（《左传·襄公三年》）。齐灵公想不许，却怕晋国以"不协"对付齐国，齐国被迫与晋在临淄城外盟誓，继而又派太子光参加鸡泽会盟。周景王七年（前537），楚灵王主持申地会盟，宋国太子仅仅因为后至，楚灵王便长久不予接见，作为对其后至的惩罚。周敬王十四年（前506），晋国主持召陵会盟，沈国不参加会盟，晋国于是命令蔡国讨伐沈国，灭了沈国。

诸侯有随同霸主参战或奉霸主之命讨伐他国的义务。晋、楚争霸期间，两国多召集诸侯，合诸侯之师进行军事行动，晋国尤其善于调动诸侯之师，以完成争霸的目标。晋悼公"八年之中，九合诸侯"，晋国连年召集诸侯之师讨伐郑国，却不能使郑国臣服，"诸侯道敝而无成，能无贰乎？"（《左传·襄公十一年》）诸侯之师疲于奔命，若无功则会对晋国有贰心。晋悼公听从知武子的建议，"三分四军，与诸侯之锐，以逆来者，于我未病，楚不能矣"（《左传·襄公九年》），将晋国军队与诸侯军队编为三支，轮番上阵，最终让郑国服晋，楚国不能与晋争。周简王元年（前585），因宋国不参加会盟，晋国合诸侯之师伐宋之后，又令鲁国讨伐宋国，"孟献子、叔孙宣伯侵宋，晋命也"（《左传·成公六年》）。因晋国怀疑郑国有二心于楚国，周简王五年（前581），晋国命卫国伐郑。周简王十一年（前575），晋国欲伐郑，卫献公率军先行伐郑，"为晋故也"（《左传·成公十六年》）。周灵王元年（前571），因前一年晋合诸侯之师攻下宋国的彭城，故而楚国令郑国伐宋，以报彭城之役。周灵王三年（前569），因陈国叛楚，楚国命顿国伺机侵伐陈国。周灵王二十三年（前549），为报齐国伐晋之仇,鲁国伐齐,为晋国报复齐国。对于霸主要求参战的命令,诸侯不能拒绝,如果不能奉命行事,就会遭到霸主的惩罚。周简王三年(前583),因郯国臣服吴国,晋国派士燮到鲁国商讨联合伐郯,鲁成公请求暂缓出兵,被士燮断然拒绝,"君命无贰,失信不立。礼无加货,事无二成。君后诸侯,是寡君不得事君也。燮将复之"(《左传·成公八年》),鲁国畏惧,不敢迟缓,命大夫叔孙侨如率军会合晋军伐郯。周简王十一年(前575),晋国向鲁国乞师,共同伐郑,鲁成公因国内有乱而晚至,晋厉公因此而不会见鲁成公。周简王十四年(前572),晋率诸侯之师围攻宋国的彭城,齐国没有参与,晋国随即兴兵讨齐,"齐人不会彭城,晋人以为讨"(《左传·襄公元年》)。齐灵公惧怕晋国,以太子光为质于晋,换取晋国退兵,随即由大夫崔杼率军同诸侯之师讨伐郑国和楚国。

从以上可见,霸主不仅有对诸侯的领导权,而且其权力已经超出了周天子,成为凌驾于周天子的存在。在诸侯眼中,尊王不如尊霸,尊霸又养成了霸主的傲骄之气。春秋中后期,霸主对诸侯的凌辱已经非常普遍,反而是能够礼遇诸侯的晋悼公这样的霸主可遇不可求。鲁、郑、卫等诸侯国君朝见晋国国君,都曾遭遇过"不敬"的待遇。虽然鲁国季文子认为"晋侯之命在诸侯矣,可不敬乎?"但作为霸主的晋侯,并不以凌辱诸侯为意。鲁成公朝见晋景公,晋景公对其不敬,鲁成公返国就要叛晋,"欲求成于楚而叛晋"(《左传·成公四年》)。鲁襄公朝见楚康王,正赶上楚康王卒,楚国让鲁襄公为楚康王亲襚。襚是外国使臣吊唁他国国君之丧所行之礼,此举是将鲁襄公视为使臣,有意羞辱鲁襄公。霸主不能主持正义,也会遭到诸侯的背叛。"大国制义,以为盟主……霸主将德是以,而二三之,其何以长有诸侯乎?"(《左传·成公八年》)霸主处理诸侯事务要秉持公心,要合理适宜,否则盟主地位就会动摇。周定王二十一年(前586),许灵公与郑悼公到楚国争论两国的土地纠纷,郑悼公不能获胜,楚国扣押郑国大夫皇戌、子国,郑悼公认为楚国不能主持公道,返国后就叛楚,向晋国求和。到春秋后期，霸主对诸侯的控制和要求往往超出了诸侯的承受程度。因为楚国役使蔡国没有常规法度，蔡国便想叛楚从晋，蔡文侯因为畏惧楚国而不敢叛楚，大夫公子燮欲从晋而被杀，"楚人使蔡无常，公子燮求从先君以利蔡，不能而死"（《左传·襄公二十年》）。晋国对诸侯征收繁重的贡赋，郑国子产对晋国执政范宣子所说："夫诸侯之贿聚于公室，则诸侯贰。若吾子赖之，则晋国贰。诸侯贰，则晋国坏。晋国贰，则子之家坏。何没没也！"（《左传·襄公二十四年》）诸侯不堪忍受霸主的盘剥，必将背叛霸主。霸主与诸侯关系的变动，反映了春秋霸主政治的发展，随着霸主国政治的腐败，公室卑弱，大夫专权，不能履行霸主之职，霸主政治逐渐走向式微。

霸主与诸侯关系虽然从一开始就不是平等的，但齐桓公对待诸侯是以礼待之，"以德绥诸侯"，而齐桓公之后则发生了更多的变化，霸主与诸侯之间关系更加不平等，霸主对待诸侯逐渐失去了齐桓公时的温和，代之以赤裸裸的冰冷，以命令代替了协商。究其原因，在于霸主国实力的增强，霸主国的实力足以对诸侯形成灭国压力，如晋国叔向所言"有甲车四千乘在，虽以无道行之，必可畏也"（《左传·昭公十三年》），楚国完全具备灭亡陈、蔡、郑、宋的实力，只是因为争霸的需要，而保存了小国，这是齐桓公称霸期间齐国所不具备的。实力的悬殊必然会导致地位的更加不平等，这也是春秋霸政发展的深层次原因。

五、春秋五霸说考辨

春秋霸主历来有五霸之说，但说法多样，争论不一。朱浩毅对春秋五霸的说法进行了汇总和辨析[①]：一是以齐桓、晋文、楚庄、吴阖闾、越勾践为五霸，以《荀子》《墨子》为首，晁福林等学者持

[①] 朱浩毅：《春秋五霸之异说及其流传》，《长安大学学报（社会科学版）》2015年第2期。

此种观点；二是以齐桓、晋文、秦穆、楚庄、越勾践为五霸，顾炎武持此观点；三是以齐桓、晋文、秦穆、楚庄、吴阖闾为五霸，以东汉《白虎通》主之；四是以齐桓、晋文、秦穆、宋襄、楚庄为五霸，这是《白虎通》的另一说，东汉赵岐、颜师古主之，吕思勉等学者认同。以上数种尤以齐桓、晋文、秦穆、宋襄、楚庄说流传广泛，成为比较通行的说法。清人全祖望还将晋襄公、晋景公、晋悼公列为五霸之一，较为特殊。2023年，湖北荆州秦家咀楚墓出土竹简《四王五霸》（暂名）以齐桓、晋文、楚文、越勾践、吴阖庐为五霸，将楚文王列为五霸之一，与传统说法不同，这反映了战国时楚人对五霸的认识。近人根据不同的标准，列入五霸的人选也有所不同，如黎东方以国家实力为标准，认为应以齐桓、晋文、楚庄、晋悼、吴夫差为五霸①，孙景坛以鲁成公二年为最晚年限考虑，认为只有齐桓、晋文、晋襄、秦穆、楚庄符合条件②，翦伯赞则认为五霸为五国，而非五人，五霸为齐、晋、秦、楚、郑③。在五霸说外，还有二霸说，即齐桓、晋文，《穀梁传》注疏家多持此观点，廖平《穀梁古义疏》可为代表。比较值得注意的是，陈筱芳提出齐桓、晋文、晋悼、楚灵为四霸的说法，其判断标准如下："在春秋人心目中，霸主既不以周天子赐命为存在的前提，而朝也并非霸主独享之特权，霸主的关键标志乃第一项，即受到诸侯拥戴，能会合以中原地区为主的各国诸侯且被推为盟主。"④陈文不只辨析了秦穆公、楚庄王、宋襄公、吴阖庐、夫差、越勾践不为霸主的原因，而且对四位霸主身上某些具有共性和规律性的因素进行了阐述。笔者认为，诸家对于"春秋五霸"的说法多有所依据和评判标准，论者多注意到"五伯"之

---

① 黎东方：《先秦史》，（台北）中华文化出版事业委员会，1956年。
② 孙景坛：《"五霸"在历史上的确切所指新说》，《南京社会科学》1994年第4期。
③ 翦伯赞：《先秦史》，北京大学出版社，1990年。
④ 陈筱芳：《"春秋五霸"质疑与四霸之成功》，《西南民族学院学报（哲学社会科学版）》1992年第5期。

说最早见于《左传·成公二年》，齐国佐言"五伯之霸也，勤而抚之，以役王命"，杜预注"夏伯昆吾，商伯大彭、豕韦，周伯齐桓、晋文"，春秋霸主只有齐桓、晋文，并无其他。以往论者往往忽视了《左传·昭公四年》的一条记载，楚臣椒举对楚灵王说："夫六王、二公之事，皆所以示诸侯礼也。""六王、二公之事"是指椒举所言"夏启有钧台之享，商汤有景亳之命，周武有孟津之誓，成有岐阳之搜，康有酆宫之朝，穆有涂山之会，齐桓有召陵之师，晋文有践土之盟"。《左传·昭公十三年》记载，叔向与韩宣子的谈话中也是齐桓、晋文并称，"齐桓、晋文，不亦是乎"，不及其他国君。可见，在齐国佐言"五伯"数十年后，时人仍只言齐桓、晋文，其他诸侯君主，即使是主持了春秋时最多诸侯会盟的楚共王也未入列，也就是说，齐桓、晋文为二霸是时至春秋后期时人比较认可的说法。当时虽有五霸之说，但并未有"春秋五霸"之说，至战国时期，开始出现"春秋五霸"的确指，墨子、荀子所举春秋时期五位君主可以说是最早的"春秋五霸"之说。战国以降，各家以不同的标准框定五霸人选，终不符合春秋时人的思想。

第三章 彰先君之功烈
——齐桓子孙的复霸梦

齐桓公的霸业不仅对春秋后继霸主产生了深远的影响，直接开启了春秋霸政的序幕，而且对齐国政治的影响更为深远，齐桓公的子孙无不以恢复霸业为目标，为此而展开复霸之旅。

一、齐孝公的继霸梦

周襄王十一年（前642），借助宋襄公的力量，齐孝公得以即位为君。本来齐孝公认为齐桓公为霸主，自己即位之后理应继任为霸主，可是宋襄公以拥立齐孝公为功，欲继齐桓公为诸侯霸主，这就与齐孝公产生了很大的矛盾。

周襄王十二年，宋襄公召集曹共公、邾文公在曹南会盟，俨然以盟主自居，曹国不服，宋襄公伐曹。当年，陈穆公提出诸侯在齐会盟，以无忘齐桓公的德行。《春秋·僖公十九年》载："冬，会陈人、蔡人、楚人、郑人盟于齐。"《左传·僖公十九年》的记载阐明了此次会盟的目的："陈穆公请修好于诸侯，以无忘齐桓之德。冬，盟于齐，修桓公之好也。"元人吴澄认为："楚与诸侯盟于齐，乘间以干中夏尔，齐侯不悟而受其盟。"①楚国参与在齐盟会，目的并非无忘齐桓之德，而是借机插手中原，可惜齐孝公并没有这样的认识。童书业认为此盟为楚国所指使，"此盟楚亦参与，鲁、郑、陈、蔡皆齐桓联盟中国家，而此时则皆楚党，陈穆公发起'修桓公之好'，盖楚人所指使，以楚本齐敌国，出面不便，故使陈人为之。'盟于齐'者，盖仍使齐处盟主虚位，而实际楚已为盟主，此盖楚、宋争衡中楚人之谋略。此盟中楚人仅列郑上，且远盟于齐，此在整个春秋时代为未有之举，亦可证齐桓霸业之盛，故其余烈如此"②。"盖此时楚在名义上仍推齐为盟主也。"③周襄王十四年（前638），宋襄公在鹿上与齐孝公、楚成王会盟，"以求诸侯于楚，楚人许之"（《左传·僖公二十一年》）。史籍虽没有记载孝公的反应，但从后来齐孝公伐宋的行为来看，齐孝公对宋襄公图霸非常反感。当年秋，宋襄公以霸主自居，召集楚、陈、蔡、郑、许、曹各国国君于盂地会盟，没想到楚成王出尔反尔，在会上捉拿宋襄公，并以之为人质出兵伐宋。当年冬，在薄地盟会上，经鲁僖公周旋，楚国将宋襄公释放。但宋襄公不自量力，又于第二年讨伐楚国的盟国郑国，楚国出兵救郑。泓之战，宋国惨败，宋襄公谋取霸业之图彻底以失败告终。在宋国新败之后，齐孝公以宋国不参加在齐国的会盟为由，兴兵讨伐宋国，包围了宋国的缗邑。《左传·僖公二十三年》载："春，齐侯伐宋，围缗，以讨其不与盟于齐也。"杨伯峻先生认为："（僖公）十九年，陈穆公请修好于诸侯，以无忘齐桓之德，其实盖以摈宋，宋故不与会。今讨之者，亦乘宋有泓之败，此特其借口耳。"④齐孝公讨伐宋国，不过是以此发泄对宋襄公图霸的怨恨而已。宋儒胡安国说："齐，霸国之余业也，宋襄公既败于泓，荆楚之势益张矣。齐侯既无尊中国、遏狂楚、恤灾患、畏简书之意，

---

① 〔元〕吴澄：《春秋纂言》卷五，文渊阁四库全书本。
② 童书业：《春秋左传研究》，第52页。
③ 童书业：《春秋左传研究》，第304页。
④ 杨伯峻：《春秋左传注》，第402页。

又乘其约而伐之，此尤义之所不得为者也。"①齐孝公乘宋国之败而伐宋，有失齐桓公为霸主时"尊中国、攘夷狄"的德行。齐孝公伐宋实在是一次背信弃义、以怨报德之举，宋儒赵鹏飞就此评论说："孝公之得齐，宋故也。甗之战，宋襄为之败齐师，杀无亏，拒鲁却狄，以纳之，其德大矣。宋为曹南之盟，以求诸侯，齐宜从而不从，乃会楚子于齐，以移其诸侯，及盂之会，宋襄之投不测，而齐不救，既而与释宋公者，鲁也，齐不在焉。今宋不幸为楚所败，奔北之余，国几不国，而齐孝利其危而伐之，且围其邑，噫！人之非人，一至此哉！蛇雀无知，犹将报德，人固如是耶？此乃君子所不齿，而圣人书爵所以愧之也。"②齐孝公此举不但没有达到恢复齐国霸业的目的，反而使得其陷入背信弃义的境地。

齐孝公在诸侯间的事务中也毫无作为。周襄王十七年（前636），滑国叛郑，投靠卫国，郑国再次伐滑，周襄王为滑而调停，郑国不听；周襄王怨恨郑国，以狄人攻打郑国，并以狄女为后。周襄王十八年，卫国灭了同姓的邢国；楚国因为秦、晋侵伐郤国而伐陈。齐孝公在位期间，中原诸侯不仅互相征伐，周王室也陷入内乱之中，周襄王之弟王子带私通襄王王后，又勾结狄人攻打周襄王，周襄王出奔郑国，向鲁、晋、秦告难。因为齐孝公不能继承桓公霸业，这就给晋文公建立霸业创造了机会。童书业先生认为："这时齐国既不能再兴，于是第二次尊王攘夷的事业就落到黄河上游的唯一姬姓大国——晋国的手里去了。"③

齐孝公又试图通过讨伐鲁国，逼迫鲁国重新臣服于齐。齐桓公死后，鲁国在国际舞台上也想扮演大国的角色，与卫、莒频繁会盟。周襄王十八年（前635）冬，鲁僖公与卫成公、莒国大夫庆在洮地会盟，第二年春，鲁僖公又与莒兹丕公、卫国大夫宁速在向地会盟。

---

① 〔宋〕胡安国：《春秋传》，第239页。
② 〔宋〕赵鹏飞：《春秋经筌》卷七，文渊阁四库全书本。
③ 童书业：《春秋史》，第154页。

这两次会盟，鲁国都没有邀请齐孝公参加，齐孝公对此耿耿于怀，在三国会盟后不久，即两次出兵伐鲁，"讨是二盟也"（《左传·僖公二十六年》）。杨伯峻先生认为："二盟，洮盟与向盟。齐孝公仍以霸主自居，不以鲁与他国盟会为然，竟以为讨。"①对于齐孝公伐鲁之行为，鲁国并没有坐以待毙，不仅进行了抵抗，还追击齐军，卫国为了援救鲁国，也起兵伐齐。在第二次伐鲁时，鲁国使臣责问齐孝公不能继承齐桓功业，履行霸主之职，"昔周公、大公股肱周室，夹辅成王。成王劳之，而赐之盟，曰：'世世子孙无相害也。'载在盟府，大师职之。桓公是以纠合诸侯，而谋其不协，弥缝其阙，而匡救其灾，昭旧职也。及君即位，诸侯之望曰：'其率桓之功！'我敝邑用不敢保聚，曰：'岂其嗣世九年，而弃命废职？其若先君何？君必不然。'恃此以不恐"（《左传·僖公二十六年》）。齐孝公无话可说，罢兵而去。清人刘继庄对齐孝公伐鲁有深刻的评价："齐侯之伐我，岂以洮、向之盟耶？然孝公嗣桓九年以来，从无一事见于经传，勤王之举甘让晋人，其无志于率桓之功可知。然而不肖之子，决不甘自安于不肖。北鄙之伐，正窥其'室如县罄，野无青草'，而借题于卫、莒之渎盟，将以张惶其霸业也。"②齐孝公伐鲁，还是想恢复齐桓霸业，只是齐孝公不仅没有让鲁国臣服，反而使鲁国彻底走到了齐国的对立面。

齐桓霸业为何后继无人？齐君无亏与齐孝公之责大焉。无亏因内臣之力而得以即位，得位不正，诛群臣，无法得到齐人的拥戴，在宋襄公率诸侯紧逼齐国之际，无亏为齐人所杀。倘若无亏能够得到高、国等重臣的支持，能够复制桓公即位之初的乾时之战，击退宋国大军，不只其君位得以稳固，孝公无由得入，而且一战霸业可定，宋襄公绝不敢觊觎霸主之位。随着无亏的被杀，宋襄公以拥立齐孝公为由，欲继齐桓之霸业，根基未稳的齐孝公也无力阻挡。齐国经桓公五子之乱，实力削弱，内乱不止，齐孝公虽以宋国之力而得以

---

① 杨伯峻：《春秋左传注》，第439页。
② 李卫军：《左传集评》，北京大学出版社，2016年，第541页。

即位，但国内反对者甚众，四公子之徒尚蠢蠢欲动，对内急需安抚，对外自然无暇图霸。孝公虽然自视为桓公霸业的自然继承者，但却首先遭到了以宋襄公为首的诸侯的无视，孝公又不能执行桓公"以德绥诸侯"的对外政策，伐宋、伐鲁，不仅没能争取到桓公时代最为重要的盟国，反而恶化了与两国的关系。孝公在位十年间，于诸侯会盟无所作为，只是被动地参加了宋国或楚国组织的会盟，完全不是齐桓公时期齐国作为盟主的角色了。自齐桓霸业创立以来，诸侯会盟已经成为霸政实施的重要形式，孝公自然也想主盟，否则也不可能对鲁国主持的二盟耿耿于怀，但孝公并无桓公之德，不能得到诸侯的拥戴，因而其霸业不能维持也就是自然的了。

齐孝公二年（前641）由陈国倡导在齐国的会盟，没有引起齐孝公的警惕，这次会盟名义上由陈穆公提出，实际上是楚国的阴谋。郑国在齐桓公死后第二年即臣服了楚国，陈、蔡在此之前已经从楚，楚国在齐桓公在世之时属于被攘之对象，召陵之盟即意在遏制楚国的北上，此时楚成王以"无忘齐桓之德"为由在齐会盟，其所谓"齐桓之德"有何"无忘"之处？难道是感恩齐桓公在召陵会盟上"以德绥诸侯"，没有与楚发生大战吗？显然不是。既往研究者对于此次会盟没有给予足够的重视和进行合理的阐释，如果从齐桓霸政模式开创的角度来加以审视，会发现楚成王意在通过"合诸侯"以成就自己的霸业。前面已经提到，齐桓公是通过诸侯会盟实现了自己的霸业，而在齐桓公死后，谁能够继桓公而主盟诸侯，自然谁就成为新的霸主，这自然是楚成王所认可的霸政逻辑。楚为中原之大患，孝公不能攘之，反而与其会盟，实在是不能正确地认识当时的形势。倘若此时齐孝公能够振臂一呼，号召天下诸侯通力攘楚，借齐桓公霸业之余威和诸侯所怀之"齐桓之德"，尚可图齐国霸业之延续，可惜孝公不能振作，错失良机。齐孝公九年（前634），在鲁国乞楚师伐齐取谷之时，齐孝公倘能集齐国全国之力，与楚一战，如一战而胜，不啻数年之后的城濮之战，胜楚即攘夷，孝公再造齐国霸业也不无可能,当然也就没有后来晋文公的煌煌霸业了。齐孝公七年(前636),周王室发生王子带之乱,襄王向各国告难,但独有晋、秦发兵勤王,齐孝公于此"尊王"之事错失良机,将定王室之乱的大功白白送给了晋文公。总而言之,齐孝公既不具备敏锐的政治眼光,审时度势,抓住有利时机,又不具备显著的政治能力,不能延续齐桓霸业也在情理之中。

二、齐顷公图霸与"侁获"之辱[①]

齐孝公死后,齐昭公依齐桓公宠臣卫公子开方之力杀孝公子而得立。齐昭公在位二十年,此期间,正值晋国崛起,晋文公称霸诸侯之时,齐昭公不再像齐孝公那样以恢复齐桓霸业为己任,对外采取了尊晋为霸的政策。齐昭公即位当年,就参加了晋文公主持的践土会盟,正式承认了晋国的霸主地位。当年冬,齐昭公又参加了晋国主持的温地会盟,第二年,齐国上卿国归父参加了晋国主持的翟泉会盟。晋灵公即位,齐昭公又参加了扈地会盟。齐昭公死后,齐懿公杀昭公之子而即位为君,四年后,因暴虐施政而被弑,齐惠公被迎立为国君。齐桓公死后,五子相继为君,政治动荡四十余年,内忧不断,无力对外争霸。自昭公至惠公时期,齐国偏安一隅,极少参加诸侯会盟。晋国也因自身国力下降以及楚国崛起争霸而无力问及齐国。元儒汪克宽说:"齐自翟泉以来,不与晋之会盟者逾四十年。"[②]赵孟何曾言:"自晋文公卒,齐不复从晋盟,晋是以不竞于楚,而历三君,问不及齐。"[③]正是因为这些缘故,齐国虽未复霸,但仍为强国,"常强于诸侯"(《史记·管晏列传》)。

---

① 本节部分内容以《行权与死义:董仲舒"国灭君死"说考辨——以齐顷公和纪侯为例》为题发表于《德州学院学报》2024年第1期。
② 〔元〕汪克宽:《春秋胡传附录纂疏》卷十九,文渊阁四库全书本。
③ 〔清〕顾栋高:《春秋大事表》,第1998页。

齐顷公即位后，为了与晋国争夺东诸侯霸权，两次讨伐莒国。齐顷公元年（前598），齐与鲁同伐莒；齐顷公三年，齐再次伐莒，"莒恃晋而不事齐故也"（《左传·宣公十三年》）。之前一年，晋国在邲之战中被楚国打败，楚国霸业达到顶峰。晋国被楚国打压，无暇东顾，齐顷公试图在此种情况下，确立齐国在东诸侯间的霸主地位。

周定王十五年（前592），晋景公欲召集诸侯在断道会盟，派大夫郤克出使齐国，请齐顷公与会，而齐顷公在诸侯使臣朝见时，无礼于郤克及其他诸侯使臣，使郤克等人感受到了极大的侮辱，郤克因此向晋景公请求讨伐齐国。《左传·宣公十七年》载："十七年春，晋侯使郤克征会于齐。齐顷公帷妇人使观之。郤子登，妇人笑于房。献子怒，出而誓曰：'所不此报，无能涉河。'献子先归，使栾京庐待命于齐，曰：'不得齐事，无复命矣。'郤子至，请伐齐。晋侯弗许。请以其私属，又弗许。"齐顷公在这次事件之后，本可以积极应对，消除负面影响，打消郤克等人复仇的欲望，郤克虽然先行回国，但令其副使栾京庐在齐待命，一定要争取齐国君臣参加会盟。而齐顷公无视晋国的期待，只派正卿高固和晏弱、蔡朝、南郭偃去参加会盟，而高固闻听郤克发怒，到敛盂便逃归齐国，晏弱、蔡朝、南郭偃三大夫继续前去参加会盟，被晋国扣押。断道之会上，晋与鲁、卫、曹、邾誓言"讨贰"，讨伐背叛同盟的齐国。周定王十六年（前591），晋国联合卫国伐齐，齐军战败，齐顷公被迫与晋景公在缯地会盟，并以公子彊为人质于晋，但齐顷公内心并不服晋，仍存有与晋争强之念。周定王十八年（前589），因为鲁国背齐事晋，齐顷公率军伐鲁，夺取了鲁国的龙邑，南侵至巢丘，卫国援救鲁国，齐军又在新筑战胜救鲁的卫军。新筑之战后，卫国、鲁国都到晋国请求出兵伐齐。此时晋国由郤克执政，晋景公同意郤克出兵伐齐，与齐军在鞌地大战，齐军大败。

鞌之战前，齐顷公狂傲自负，没有将晋国看在眼里，《左传·成公二年》载："齐侯曰：'余姑翦灭此而朝食。'不介马而驰之。"而晋国郤克率军伐齐，志在必报在齐受辱之恨，鲁国、卫国也同样因使者在齐受辱，又新遭齐国之侵伐，伐齐之决心与郤克同样坚决，故而诸侯联军在与齐军作战时，能够同仇敌忾，奋勇作战。齐军虽勇，但抵挡不住诸侯联军的进攻，齐顷公所乘之车也被晋将韩厥所追，如若没有车右逢丑父与齐顷公换位，齐顷公必被晋军俘虏。对于齐顷公与逢丑父换位而脱逃，公羊家予以严厉批评，《公羊传》称之为"佚获"。《公羊传·成公二年》言："君不使乎大夫，此其行使乎大夫何？佚获也。其佚获奈何？师还齐侯，晋郤克投戟逡巡，再拜稽首马前。逢丑父者，顷公之车右也，面目与顷公相似，衣服与顷公相似，代顷公当左。使顷公取饮，顷公操饮而至，曰：'革取清者。'顷公用是佚而不反。逢丑父曰：'吾赖社稷之神灵，吾君已免矣。'郤克曰：'欺三军者，其法奈何？'曰：'法斫。'于是斫逢丑父。"

按《公羊传》对《春秋·昭公二十三年》"胡子髡、沈子楹灭，获陈夏齧"的阐释"君死于位曰灭，生得曰获。大夫生死皆曰获"，国君被敌方俘获即为"君获"（《公羊传·隐公六年》何休解诂"君获不言师败绩"）。对于"佚获"，何休解诂曰："佚获者,已获而逃亡也。""佚获"，就是国君被俘获后而逃亡。《公羊传》对"君获"的态度，可通过《公羊传》对蔡侯被俘之事的阐释看出。鲁庄公十年（前684），蔡哀侯为楚人所俘获。《春秋》曰："秋九月，荆败蔡师于莘，以蔡侯献舞归。"《公羊传》阐释说："蔡侯献舞何以名？绝。曷为绝之？获也。"《公羊传》通过蔡侯被俘之事表明了对被俘国君"绝之"的态度。《公羊传》对齐顷公"佚获"虽然是贬的态度，但并没有做出齐顷公当死社稷的义理阐释。将"君获"等同于"国灭"，并要求"君死社稷"，这是汉儒董仲舒在《公羊传》基础上作出的新的义理阐释。在董仲舒看来，"大辱莫甚于去南面之位而束获为虏也。曾子曰：'辱若可避，避之而已。及其不可避，君子视死如归。'谓如顷公者也。"齐顷公被俘获而不死社稷是为君子所不齿的行为，如无逢丑父之代替，齐顷公必为晋俘获，但齐顷公不顾廉耻，以车右之身份侥幸逃脱。

齐顷公作为至尊的国君，被俘获则是至辱大羞，"至尊为不可以加于至辱大羞"，国君不可以受被俘之大辱，被俘获就使其"失位弗君"，失去了为君的资格，有辱齐国宗庙社稷。如被俘又脱逃，"无耻也而复重罪"，则更为君子所轻贱，"获虏逃遁者，君子之所甚贱"（《春秋繁露·竹林》），"佚获"较"君获"罪更甚之。按董仲舒之义，齐顷公在战败被俘（"获"）之时，为存"廉名"，只有一条路可走，即死社稷，"当此之时，死贤于生"。陈柱先生阐释公羊家哲学"尚耻说"："公羊家之所贵，最贵乎人之有耻"，"不以为可贵者，以陷君于无耻也。君之于国也，国存，存焉；国亡，亡焉；是其大义也"[①]。即由董仲舒论齐顷公得出。如果按董仲舒所说，为无辱齐国宗庙社稷，齐顷公战死疆场，对齐国来说，这样可能无利而有害。清人焦循就指出："（齐顷公）若与丑父同死靡笄之下，晋率鲁、卫之军，直入徐关，国已无主，其屏更不可测。"[②]

董仲舒在批评齐顷公不死社稷而有辱宗庙时，又批评齐顷公车右逢丑父不"知权"，即不应使顷公逃遁，"由法论之，则丑父欺而不中权，忠而不中义"，"君子以天施之在人者听之，则丑父弗忠也"（《春秋繁露·竹林》）。按《公羊传·桓公十一年》对于"权"的行使限定"权之所设，舍死亡无所设。行权有道，自贬损以行权，不害人以行权"，《公羊传》对行权者行权进行了严格的限制，即必须是在临近死亡之时才可行权，行权的同时，要以自我贬损为手段，而不能害人以存己。齐顷公在兵败被俘之际，面临生死存亡的考验，这虽然符合《公羊传》所言"舍死亡无所设"的条件，但这样行权并不符合"自贬损"的条件，齐顷公使自己得利，而使逢丑父被斫，《公羊传》是不认可"害人以行权"的。如果真如何休解诂所说"顷公有负晋、鲁之心，故特选丑父备急，欲以自代"，则齐顷公有"佚获"之故意，而非临时行权。不过何休之说历来多有质疑者，何休自己

[①] 陈柱：《公羊家哲学》，华东师范大学出版社，2014年，第72—73页。
[②] 〔清〕焦循：《雕菰集》卷十，嘉庆道光间阮元刻文选楼丛书本。

也对《公羊传》所言齐顷公取水而还表示不解："不知顷公将欲坚敌意邪？势未得去邪？"所以此说不宜作为顷公"佚获"的直接证据。

齐国之败，很大原因是齐顷公的轻敌所致。汉儒董仲舒曾说："齐顷公亲齐桓公之孙，国固广大而地势便利矣，又得霸主之余尊，而志加于诸侯。以此之故，难使会同，而易使骄奢。即位九年，未尝肯一与会同之事。有怒鲁卫之志，而不从诸侯于清丘、断道，春往伐鲁，入其北郊，顾返伐卫，败之新筑。当是时也，方乘胜而志广，大国往聘，慢而弗敬其使者。晋鲁俱怒，内悉其众，外得党与曹卫，四国相辅，大困之鞌，获齐顷公，斩逢丑父。深本顷公之所以大辱身，几亡国，为天下笑，其端乃从慑鲁胜卫起。伐鲁，鲁不敢出，击卫，大败之，因得气而无敌国以兴患也。"（《春秋繁露·竹林》）董仲舒特别指出齐顷公为齐桓公之孙的身份，齐顷公有霸主之余尊，又志在争霸，故而对于晋国这个后起的霸主不够恭敬，如若没有鞌之战的失败，齐顷公还会继续与晋争夺对诸侯的霸权。

鞌之战失败后，齐顷公派国佐到晋师求和，郤克提出与齐媾和的条件，《左传·成公二年》载："齐侯使宾媚人赂以纪甗、玉磬与地。'不可，则听客之所为。'宾媚人致赂，晋人不可，曰：'必以萧同叔子为质，而使齐之封内尽东其亩。'"可知，郤克不仅要得到齐国的宝器，还要齐国返还侵夺鲁、卫之地，另外还要发泄私愤，必以齐顷公之母为人质，将齐国的田地走向改为东西走向。国佐坚决不同意以国君之母为质和改变田亩走向，如若晋国不答应，齐国将不得不背城一战，"吾子惠徼齐国之福，不泯其社稷，使继旧好，唯是先君之敝器、土地不敢爱。子又不许，请收合余烬，背城借一。敝邑之幸，亦云从也；况其不幸，敢不唯命是听？"鲁、卫不愿与齐国结下深仇，力促晋与齐媾和。三国大夫在爰娄与国佐盟誓，缔结和约。鞌之战的失败，意味着齐顷公对晋国霸权的挑战以失败而告终。战后，齐国重新成为晋之盟国，周定王十九年（前588），齐顷公亲自到晋国朝见晋景公。自齐昭公至齐惠公，齐国国君未有朝晋者，而鞌之战彻底撕下了齐国最后的尊荣。此后，齐顷公改革内政、积蓄国力、勤政爱民，《公羊传·成公八年》记载："鞌之战，齐师大败。齐侯归，吊死视疾，七年不饮酒、不食肉。晋侯闻之曰：'嘻！奈何使人之君七年不饮酒、不食肉！请皆反其所取侵地。'"《史记·齐太公世家》也记载："归而顷公弛苑囿，薄赋敛，振孤问疾，虚积聚以救民，民亦大悦。厚礼诸侯。竟顷公卒，百姓附，诸侯不犯。"齐顷公一改之前与晋争霸的态度，对外唯晋国马首是瞻，晋国组织的会盟、征伐，齐国每次必参与。周简王三年（前583），因齐服晋，晋国令鲁国归还齐国因鞌之战而得到的汶阳之田，对齐国大加笼络。

三、齐灵公经略小国与齐庄公伐晋

自鞌之战后，齐国一直视晋国为中原盟主，亦步亦趋，晋国组织的会盟、讨伐，无一不从。齐灵公即位后，继续执行了尊晋的外交方针。齐灵公九年之前，齐灵公亲自参加晋国主持的会盟和讨伐，而自九年之后，齐灵公便不再亲自参加会盟和讨伐，或派世子光，或派齐国卿大夫参加，其中一个时间节点就是齐灵公九年。这一年，晋厉公被弑，时年仅十四岁的晋悼公即位。齐灵公在晋厉公在位期间，先后四次亲自参加晋国主持的会盟和征伐。灵公元年（前581），从晋伐郑；灵公四年（前578），从晋伐秦；灵公七年（前575），与晋及诸侯盟于沙随；灵公八年（前574），从晋伐郑，盟会于柯陵；灵公九年（前573），灵公指使刺客刺杀上卿国佐，当年冬，灵公没有参加晋国主持的虚朾会盟，而是派大夫崔杼参加。此后，灵公十年（前572），晋率诸侯伐宋，围彭城，齐国没有参与，晋国随即兴兵讨齐，齐灵公惧怕晋国，以太子光为质于晋而使得晋国退兵；灵公十一年（前571），晋国主持的戚之盟会，齐国没有参加，齐国的附庸滕、薛、小邾也没有参加，在晋国压力下，齐国与三小国再次与诸侯在戚会盟；灵公十二年（前570），晋国将要主持诸侯盟会，征求齐国意见，齐国欲不允，但又怕晋国讨伐,被迫与晋在临淄城外盟誓,继而又派太子光参加鸡泽之盟。当年秋天,因为陈国服晋,又与陈国大夫会盟。虽然齐灵公已经不服晋国,有叛盟的倾向,但仍惧怕晋国,在晋国武力威胁下,不敢公开与晋叫板,但"晋政多门"(《左传·成公十六年》)的情况,齐灵公也早已清楚,已经开始经营小国,构建自己的东方霸权了。

自齐惠公起,齐国即有意吞并莱国。齐惠公七年、九年,两次伐莱,均未有大的战果。至齐灵公时,晋国为中原霸主,因齐国以西的鲁国、卫国、宋国等国均为晋国之盟国,无法西向,转而向东开拓国土。齐灵公十一年(前571),齐国大举伐莱,莱国贿赂灵公幸臣夙沙卫,齐师罢兵。齐灵公十四年(前568),灵公再派晏弱修筑东阳城,围困莱都,第二年,齐国灭亡莱国。齐灵公灭莱,不仅消除了齐国向西争霸中原的后顾之忧,还为争霸提供了雄厚的物力财力基础。清人马骕认为,齐灵公灭莱是轻视晋国的表现,"鸡泽以后,凡厥会盟,齐惟使世子光从之,灵皆不预,至伐莱之役,独亲行焉,彼固雄长一方,其轻晋久矣"①。齐灵公灭莱之后,信心大增,野心膨胀,如马骕之言,数年之后,齐国叛晋,与灭莱之后齐国国力的增强有直接的关系。

齐灵公九年(前573),晋厉公被权臣所弑,同年,晋悼公即位。虽然晋悼公实行了一系列内政外交措施,以加强晋国的盟主地位,但齐灵公在晋国政权交替中感到了晋国霸权衰弱的信号,一直试图恢复齐国的霸权,为此积极在东方扩展齐国的势力,拉拢小国,背叛晋国,构建了游离于晋国主盟之外的小联盟。泗水流域的滕国、薛国、小邾国在齐灵公时代开始活跃于春秋舞台上,凡是有齐国参加的盟会,三国基本都会参加,可以将三国称为齐国的附庸国。《左传·襄公二年》记载知武子曰:"滕、薛、小邾之不至,皆齐故也。"邾国因附从齐国征伐,而得列爵于诸侯。童书业先生指出:"庄十五年宋、齐、邾合师伐郳,盖邾自从齐桓伐郳后始列爵于诸侯……升陉之役,大败鲁师,国势自此渐强。文公子定公为齐出,得齐之卵

---

① 〔清〕马骕:《左传事纬》卷六,文渊阁四库全书本。

翼，更与鲁为敌。"①齐灵公时期，邾国国势最强，"春秋时邾之全盛唯在中叶宣、悼二公时"②。邾国和莒国与齐国走得比较近，特别是邾国追随齐国，以打击晋国盟国鲁国来反叛晋国。面对一个正在崛起的齐国，蜗居于洛邑的周灵王似乎看到了当年齐桓公霸业初起的样子，想借力于齐国，让齐灵公继续扛起尊王的大旗，以抗衡晋国独霸中原的态势，因而向齐国伸出了橄榄枝。齐灵公二十一年（前561），周灵王向齐求婚，求齐女为王后。为突出齐国的地位，于齐灵公二十三年（前559），周灵王特别赐齐灵公诏命，命其克绍先祖太公之功业，忠心辅佐周王室，作周王室的股肱之臣。《左传·襄公十四年》载："王使刘定公赐齐侯命，曰：'昔伯舅大公右我先王，股肱周室，师保万民。世胙大师，以表东海。王室之不坏，繄伯舅是赖。今余命女环，兹率舅氏之典，纂乃祖考，无忝乃旧。敬之哉！无废朕命！'"周天子虽不复往日的威严，但仍为名义上的天下共主，齐国通过与周天子这场政治婚姻，大大提高了齐国的政治地位，也使齐灵公增强了与晋争霸的信心，试图恢复如周王赐命中所说"右我先王，股肱周室，师保万民"的霸业。齐国于此年正式叛晋，应与此有直接的关系。

齐灵公二十三年，晋国执政范宣子从齐国借走仪仗装饰"羽毛"而不归还，"范宣子假羽毛于齐而弗归，齐人始贰"（《左传·襄公十四年》）。羽及旄皆可用于舞，亦可作旗杆或仪仗之装饰。以晋国卿大夫之身份借走齐国国君之仪仗装饰而不还，无疑是对齐国的极大不尊重，是将晋卿地位凌驾于齐国国君之上，这一行为彻底激怒了齐灵公，自此之后，齐国背盟，彻底与晋对立。齐国叛晋争霸，是从伐晋之盟国鲁国开始的。自齐灵公二十四年（前558）至灵公二十七年，短短四年时间，齐国六次伐鲁，实际上是通过伐鲁来与晋国争夺霸权，宋儒家铉翁一语道破："一岁之间，再以师伐鲁，欲致晋而

---

① 童书业：《春秋左传研究》，第72页。
② 童书业：《春秋左传研究》，第73页。

与之战，其志在于求霸而已矣。"①童书业先生说："晋悼之末，晋霸已成强弩之末"，"（灵公二十四年）齐、邾伐鲁，晋弗能救，而悼公卒。是晋既西挫于秦，又东挫于齐，悼（公）之霸业衰矣"②。即使晋国霸业见衰，但齐灵公六次伐鲁，劳而无功，并没有因此而取得霸权。齐国叛晋严重动摇了晋国的盟主地位，因此，伐齐成为新即位的晋平公重整晋国霸权的必然之举。齐灵公二十七年（前555）冬，晋平公率诸侯联军伐齐。面对晋国的讨伐，齐灵公亲率齐军抵御诸侯联军于平阴。诸侯联军猛攻防门，齐军伤亡众多，齐灵公被联军的声势所吓倒，竟然先行逃归，诸侯联军随即攻克平阴，抵达临淄城外，对齐国外城进行了破坏，又向东、向南攻略，一直攻略到了潍水和沂水。平阴之役的失败，宣告了齐灵公恢复霸业的失败。

平阴之役的第二年，齐灵公惊惧而死，齐庄公得权臣崔杼之助得以即位，齐国迅速与晋讲和，在大隧会盟，第二年又盟于澶渊，缓和了与晋国的关系。但齐国与晋国的媾和，并非齐庄公真的服软，实在是不得已而为之，其内心中充满了对晋国的不满和怨恨，时刻准备报平阴战败之仇。齐庄公二年（前552），晋国发生卿族内乱，栾盈为执政范宣子所驱逐，出奔楚国。为了禁锢栾氏，晋国与诸侯在商任、沙随两次会盟，齐庄公虽参加会盟，但又私下接纳栾盈族党，试图借栾盈之乱讨伐晋国。齐庄公四年（前550），齐庄公借晋吴联姻，以送齐女入晋为媵妾之契机，将栾盈之党送回晋国发动叛乱，齐庄公也亲自率军伐晋，《左传·襄公二十三年》载："齐侯遂伐晋，取朝歌，为二队，入孟门，登大行，张武军于荧庭，戍郫邵，封少水，以报平阴之役，乃还。"齐军取得胜利之后，因轻装袭晋，没有进行长时期与晋作战的准备，因而迅速撤军。返国途中，庄公没有直接回到临淄，而是又长途奔袭，偷袭了莒国，迫使莒国屈服。齐庄公五年（前549），齐卿崔杼率军伐莒；齐庄公六年（前548），崔杼又

---

① 〔宋〕家铉翁：《春秋集传详说》卷二十，文渊阁四库全书本。
② 童书业：《春秋左传研究》，第71页。

率军伐鲁，无功而归。齐庄公恢复霸业的努力，在其在位期间一直没有停歇。春秋以来，齐国伐晋是以诸侯而伐盟主的首例，因而不久之后就遭到了晋国的讨伐。齐庄公五年，晋国与诸侯在夷仪会盟，讨伐齐国，楚国伐郑救齐，诸侯联军转而援救郑国。齐庄公六年（前548），晋国与诸侯在重丘再次会盟伐齐，齐庄公因好色失德而被崔杼所弑。面对讨伐的诸侯联军，崔杼以庄公之弑取悦晋国，并以重礼贿赂晋国军政大夫，换取晋国的退兵。清华简《系年》第十七章对齐与晋之间的恩怨记载颇为详细，"晋庄平公即位元年，公会诸侯于湨梁，遂以迁许于叶而不果。师造于方城，齐高厚自师逃归。平公率师会诸侯，为平阴之师以围齐，焚其四郭，驱车至于东海。平公立五年，晋乱，栾盈出奔齐，齐庄公光率师以随栾盈。栾盈袭绛而不果，奔入于曲沃。齐庄公涉河袭朝歌，以报平阴之师。晋人既杀栾盈于曲沃，平公率师会诸侯，伐齐，以报朝歌之师。齐崔杼杀其君庄公，以为成于晋"。齐庄公向晋国的挑战，也以失败告终。

四、齐景公复霸昙花一现

齐景公是春秋中后期齐国比较有作为的国君，其在位期间，正值晋国霸权衰落、楚国国势衰微之时。景公试图恢复桓公霸业，对内改革内政，任用晏婴为相，提拔重用一些贤臣，任用公族；对外经略小国，积极争取盟国，与晋国分庭抗礼，甚至插手晋国内乱，讨伐晋国，齐景公心心念念的齐国霸业在其晚年有所实现。

（一）内政效法桓公

在齐国君臣的回忆中，齐桓霸业是极为辉煌的，"昔先君桓公，其方任贤而赞德之时，亡国恃以存，危国仰以安，是以民乐其政而世高其德，行远征暴，劳者不疾，驱海内使朝天子，而诸侯不怨。当是时，盛君之行不能进焉"（《晏子春秋·内篇谏上》第十六章）。齐景公梦想恢复齐桓公霸业，也以齐桓公为自己效仿的对象。齐桓有管仲辅佐，成就霸业，齐景公也希望有管仲一样的贤臣能够辅佐自己，复兴齐国霸业。《晏子春秋·内篇问下》第三章言："景公问晏子曰：'昔吾先君桓公从车三百乘，九合诸侯，一匡天下。今吾从车千乘，可以逮先君桓公之后乎？'"《晏子春秋·内篇问上》第七章记载："景公问晏子曰：'昔吾先君桓公，有管仲夷吾保乂齐国，能遂武功而立文德，纠合兄弟，抚存冀州，吴、越受令，荆、楚惛忧，莫不宾服，勤于周室，天子加德。先君昭功，管子之力也。今寡人亦欲存齐国之政于夫子，夫子以佐佑寡人，彰先君之功烈，而继管子之业。'"齐景公希望晏婴能够像管仲一样辅佐自己，成就霸业，景公也要效仿桓公，将国政托付于晏婴。《晏子春秋·内篇问上》第六章也记载："景公问晏子曰：'吾欲善治齐国之政，以干霸王之诸侯。'……公曰：'寡人今欲从夫子而善齐国之政，可乎？'"景公向晏婴表达了自己托付国政的强烈愿望。但晏婴认为，齐景公在用人上，不能做到用人不疑，何况以景公为代表的公室和贵族倒行逆施已久，此时整顿内政尚且不及，何暇谈及争霸？"今君疏远贤人而任谗谀，使民若不胜，藉敛若不得，厚取于民而薄其施，多求于诸侯而轻其礼，府藏朽蠹而礼悖于诸侯，菽粟藏深而怨积于百姓，君臣交恶而政刑无常，臣恐国之危失而公不得享也，又恶能彰先君之功烈而继管子之业乎？"（《晏子春秋·内篇问上》第七章）晏婴不敢接受景公的托国，其才能确实不足以能够使齐国称霸，如晏婴自己所说："今婴事君也，国仅齐于诸侯，怨积乎百姓，婴之罪多矣。"（《晏子春秋·内篇杂下》第二十八章）宋人苏辙认为："至于纠合诸侯，攘却夷狄，未必能若管子也。"① 清人高士奇也说："晏子显君，与管仲后先相映；而《传》（《史记·管晏列传》）所载数事，无足深取……景公嗣世，叠经崔、庆、栾、高之乱，皆不能有所匡正，而燕款之纳，仅至唐邑，未能即其国都，与仲父之城三亡国者，殆霄壤哉！"② 齐景公虽有心

---

① 吴则虞：《晏子春秋集释》，中华书局，1962年，第591—592页。
② 〔清〕高士奇：《左传纪事本末》，第226页。

争霸,但其才能平庸,又没有像管仲一样的贤臣辅佐,争霸策略不明,其霸业终究昙花一现。

(二)会盟诸侯

齐景公在位期间,作为霸主的晋国,内部卿大夫之间的倾轧加剧,不能正确处理诸侯的关系,所作之事不得人心,晋国逐渐失去诸侯的拥戴。齐景公即位初年,面对晋强齐弱的局面,仍以尊晋为主,不敢藐视晋国的霸主地位。景公外交从尊晋到反晋的转变发生在齐景公十八年(前530)。晋平公死后,晋昭公即位,齐景公朝见晋昭公,晋昭公设宴招待,期间行投壶之戏,晋昭公先投,中行穆子祝道:"寡君中此,为诸侯师。"齐景公紧随其后,也祝道:"寡人中此,与君代兴。"晋国一直以霸主自居,而齐景公竟然要与晋国轮流做盟主。景公之所以敢于挑战晋国君臣,是看到了晋国外强中干的事实,当时晋昭公年幼,实权掌握在卿大夫手中,而六卿骄横,晋国公室卑弱,"君幼弱,六卿强而奢傲,将因是以习,习实为常,能无卑乎!"(《左传·昭公十六年》)《史记·晋世家》也记载:"六卿强,公室卑。"齐景公十九年(前529),晋国的虒祁宫建成,诸侯朝晋,"晋成虒祁,诸侯朝而归者皆有贰心"。为整肃盟国背叛之心,晋国在邾国南境大阅兵,并召集诸侯在平丘会盟,齐景公本不想参加,质问晋国:"诸侯讨贰,则有寻盟。若皆用命,何盟之寻?"在晋国武力逼迫下,齐景公被迫参加会盟,"甲戌,同盟于平丘,齐服也"。虽然齐国选择服晋,但晋国的霸业衰微已成定局,如郑国的子产所说:"晋政多门,贰偷之不暇,何暇讨?"(以上《左传·昭公十三年》)在此形势之下,齐景公以主持诸侯会盟的方式,成为东诸侯之霸主。

齐景公二十二年(前526),齐国伐徐,徐国向齐求和,齐又与郯、莒在蒲隧会盟,这次会盟是齐景公第一次主持会盟。鲁国的叔孙昭子感叹:"诸侯之无伯,害哉!齐君之无道也,兴师而伐远方,会之,有成而还,莫之亢也。无伯也夫!"(《左传·昭公十六年》)虽然叔孙昭子认为景公无道,但也说明了晋国失去了霸主的地位。齐景公二十五年（前523），因莒国不侍奉齐国，齐国伐莒；齐景公二十八年（前520），因为莒共公对齐国有二心，齐国伐莒，莒共公向齐求和，亲到齐都与齐景公会盟。第二年，莒共公因为暴政而被国人驱逐，逃奔鲁国，齐国又将莒郊公送回国复位。齐国在莒国政治中发挥了重要作用。齐景公三十一年（前517），鲁昭公与三桓斗争失败，出奔齐国。第二年秋，齐景公为恢复鲁昭公的君位，在鄟陵与鲁昭公、莒郊公、邾庄公、杞悼公会盟，宋儒陈傅良说："参盟自齐桓以来未之有也，于是再见，其再见何？晋不复主盟矣……晋不复主盟而后，齐专盟矣。"① 鄟陵会盟虽然规模不大，但却是齐景公争霸的开始，清人顾栋高言："晋伯衰而有鄟陵之盟，齐景假纳昭公以纠合诸侯。"② 晋国既然不能主盟，齐景公接替晋国成为盟主。

齐景公四十二年（前506）的召陵之会，晋国人向郑国借用羽旄，第二天，晋国人就将羽旄装饰到自己的旌旗上参会，诸侯见晋国如此倒行逆施，心生叛晋之心，"晋于是乎失诸侯"（《左传·定公四年》）。清人廖平认为："定四年以后，晋失诸侯，齐复伯。齐争诸侯，内与宋、卫、郑皆从之。晋、吴不见从国，楚一见从国，吴三国无盟。"③ 晋国在宋国大夫乐祁朝晋之时将其扣留，留晋三年将其释放，"三年止之，无故而归之，宋必叛晋"，乐祁返国途中，病死于晋地，晋国又将乐祁的尸体扣留。晋国诸卿的倒行逆施，是自绝于诸侯，如赵鞅所说"绝诸侯也"（《左传·定公八年》）。齐景公四十六年（前502），晋国以位卑的晋国大夫与卫灵公盟誓，有意羞辱卫国，卫国彻底叛晋。中原最为重要的宋、郑、卫都已叛晋，于是齐景公纵横捭阖，与三国结成同盟。齐景公四十五年（前503）秋，齐景公与郑献公在咸地会盟，不久之后，齐景公与卫灵公在沙地会盟。齐与郑的会盟，是齐景公复霸之始，意义重大。元儒李廉看到了齐、郑会盟的重要性：

---

① 〔宋〕陈傅良：《春秋后传》卷十，文渊阁四库全书本。
② 〔清〕顾栋高：《春秋大事表》，第1618页。
③ 〔清〕廖平：《穀梁古义疏》，第631页。

"此为齐景公图复伯之始,而郑实左右之,自是以后,有盟沙、盟曲濮、会安甫、盟黄、会牵、会洮,皆齐、郑纠合之。"①宋儒家铉翁说:"于咸、于沙,此齐景图霸之始事也。是时,晋君不君,六卿为政,霸权尽失,楚败几亡,吴虽胜而无纪,环视一世,可与言霸者,景公一人耳。"②齐景公四十八年(前500),齐景公、卫灵公、郑国大夫游速在安甫会盟,进一步强化了同盟关系。在齐国的拉拢下,齐景公四十八年(前500)夏,齐景公与鲁定公在夹谷会盟,达成盟约,齐国归还鲁国的汶阳之田,而鲁国在齐国出兵时,也要派三百乘兵车配合作战。李玉洁先生认为:"夹谷之会,确定了齐国对鲁国的霸权。"③鲁国的加盟,意味着事晋最为坚决的诸侯也背叛了晋国。

经过多年的经营,齐国与郑、卫、鲁、宋结成同盟,此前,莒、徐、郯等国已经顺服齐国,以齐国为首的中原诸侯联盟已经建立,齐景公经过数十年苦心经营,复霸之势已成,俨然已代替晋国成为中原霸主。

(三)齐国伐晋与霸权转移

有研究者认为,春秋时期的霸权更迭有两种方式:一种是以周天子认可的方式实现和平让渡;一种是崛起国战胜霸主国,通过战争实现权力转移。齐、晋之间的霸权转移属前一种,而楚、晋之间的霸权争夺则是后一种。④齐景公图谋复霸,无非以上两种方式。晋国自视为盟主,不可能将盟主之位拱手相让;此时的周天子仅有天子名号,形同小国诸侯,更加衰微。齐景公没有选择周天子册命侯伯的方式来实现称霸的目标,周王室发生王子朝之乱时,齐景公没有采取勤王之举,而是采取了挑战晋国的方式,以军事斗争的方式将晋国从霸主之位上拉下来。

---

① 〔元〕李廉:《春秋会通》卷二十二,文渊阁四库全书本。
② 〔宋〕家铉翁:《春秋集传详说》卷二十七,文渊阁四库全书本。
③ 李玉洁:《齐国史》,新华出版社,2007年,第224页。
④ 漆海霞、孙兆瑞:《权力转移、体系演化与春秋时期的霸权更迭》,《当代亚太》2022年第4期。

齐景公四十七年（前501），齐国联合卫国出兵伐晋，齐军攻占了夷仪。以往都是盟主晋国合诸侯之力讨伐不听话的诸侯，现在轮到齐国联合诸侯讨伐晋国了，这是此前从未有过的，这也标志着齐景公以军事斗争手段争霸的开始。齐景公五十一年（前497），齐景公与卫灵公在垂葭相会，再次共同伐晋，挥师渡过黄河，攻占了晋国的河内等地。在齐景公不断挑战晋国之时，晋国内部六卿倾轧加剧，竟无暇反击齐、卫的挑战。顾德融、朱顺龙认为："至此，中原弭兵之盟完全破裂，开始了以齐为首的东方各国的联盟与晋对抗，晋国的盟主地位已名存实亡。"①这一年，晋国发生内乱，赵氏一族的内部矛盾最终发展成为赵、知、韩、魏四家与范、中行两家的大内乱。四家联合起来讨伐范氏、中行氏，迫使范氏、中行氏出奔朝歌（今河南淇县）。四家进而包围了朝歌。对于晋国的内乱，景公看到了称霸的机会，通过支持范氏、中行氏，以削弱晋国。齐景公五十二年（前496），齐景公与鲁定公、卫灵公会于牵地，同年秋，齐景公又与宋景公在洮地相会，目的都是为了救援范氏、中行氏。郑国也出兵援助二家，但在百泉被晋军打败。齐景公五十三年（前495），齐景公与卫灵公在蘧挐相会，谋划援救晋二家。齐景公五十四年（前494）秋，齐、卫两国联合出兵伐晋，包围了五鹿（今河北大名东），以支援范氏。齐景公与卫灵公在乾侯相会，鲁国、鲜虞人也加入援救范氏、中行氏的行列中来，共同出兵伐晋，夺取了晋国的棘蒲（今河北赵县）。对于齐、卫、鲁等国的干预，晋国并未反击，而是集中攻打范氏、中行氏所在的朝歌。齐景公五十五年（前493）秋，齐国为援救二氏，向其运送粮草，由郑国人护送。晋国人拦击郑军，在铁地激战，郑军大败，晋国夺取了齐国送给范氏的一千车粮草。齐景公五十六年（前492）春，齐、卫再次出兵伐晋，包围了戚邑，第二年秋，齐、卫又一次伐晋援救范氏，包围了五鹿。但当年冬，邯郸投降，齐国派国夏伐晋，攻占了邢、任、栾、鄗、逆畤、阴人、盂、壶口八个城邑，

---

① 顾德融、朱顺龙：《春秋史》，上海人民出版社，2019年，第153页。

并会合鲜虞人,将荀寅送到柏人邑。这是齐国伐晋取得的最大胜利。齐景公五十八年(前490)春,"晋围柏人,荀寅、士吉射奔齐"。范氏、中行氏之乱至此平息。范氏、中行氏之乱持续了七年,之所以能够支撑这么长时间,离不开齐景公的背后支持。范氏、中行氏之乱对于晋国影响巨大,二氏被灭之后,四家瓜分二氏之采邑,势力增强,其后赵、魏、韩三家又联合灭知氏,最终形成了三家分晋的局面。

齐景公五十三年至五十七年的五年间,齐国几乎无年不伐晋,晋国的霸权已完全被取代,郑、宋、鲁、卫等原晋国盟国纷纷与齐国结为盟国,参与伐晋,援救范氏、中行氏,不得不说时势造就了齐景公的复霸事业。清人高士奇认为,正是晋失诸侯,才造就了齐景公的复霸,"所以投壶者有代兴之思,效鼎者从蒲隧之歃。晋之号令不出于故绛,而中原伯叔人自为政矣。晋犹不悟,恃兵甲之威,逞恫疑之术,欲以力征经营,不已过乎!"①

(四)齐景公复霸之失

齐景公二十八年(前520),周王室发生变乱。周景王在立太子问题上,废嫡立庶,临终之时立王子朝为太子,但大夫单旗、刘卷拥立太子猛为王,是为周悼王。王子朝在王室大臣的支持下,一度攻占王城,悼王出奔。晋国应悼王之请,随即派兵入周,拥立周悼王,悼王死后又拥立周敬王,王子朝之乱持续了十余年。而此时,齐景公并没有将周天子看在眼里,没有干预周王室之乱,固然齐国距离周都洛邑较远,有鞭长莫及之感,但齐国并非不能,而是景公不愿,景公正着力于经略小国。齐景公三十一年(前517),晋国召集诸侯会盟于黄父,商议平定王子朝之乱,齐国没有参加,一匡天下的机会就这样丧失了。元儒李廉对景公霸业不无可惜地说:"夫当晋、楚皆衰弱之余,吴、越之祸尚未至于中国,使齐景公果能抚伯国之余业,尊事王室,辑宁中夏,则桓公之功独不可复乎?"②景公没有再举尊

---

① 〔清〕高士奇:《左传纪事本末》,第528页。
② 〔元〕李廉:《春秋会通》卷二十二,文渊阁四库全书本。

王之大旗，确实是失策之举，齐景公忘记了其先祖桓公正是在尊王的旗帜下建立霸业的。勤王之事，到底还是让晋国做了，也让诸侯看到，还是晋国比齐国更靠谱一点。清人马骕说："敬王之难，数岁不靖者，时无霸也，然晋顷、晋定继世勤王，孰非霸之余烈哉？"①齐景公虽然主盟诸侯，但因为缺少了周天子的认可，因而其复霸并没有得到公认，景公死后，诸侯联盟迅速崩溃瓦解，齐国的霸业随着艾陵之战的失败而宣告结束。

五、结　语

齐孝公时，犹以霸主自居，但齐桓五子争位，使霸业无以为继；至齐昭公时，晋文公称霸，齐昭公虽屡参加晋之会盟，但仍不失为大国，不为晋国轻视；齐惠公时，正当晋灵公、晋成公之时，晋国霸业稍衰，楚庄王崛起争霸，齐不与晋之会盟，偏安一隅，因有扶立鲁宣公之德，鲁国终齐惠一朝对齐感恩戴德，延及齐顷公前期，直至齐顷公于诸侯聘问之时侮慢四国使臣，致有晋率诸侯伐齐之鞌之战，齐军败绩。鞌之战后，齐顷公朝晋，开齐国国君朝晋之先河。自是之后，晋不以大国视齐，屡有辱齐之举，至有"范宣子假羽毛于齐而弗归"（《左传·襄公十四年》）之事，辱齐之甚，齐灵公于是叛晋，遂有晋伐齐之平阴之役，齐灵公惊惧而死。此后齐庄公以支持晋国栾盈伐晋，以报平阴之役，晋则再伐齐，庄公被弑，齐国向晋屈辱求和。齐顷、灵、庄三世的反晋图霸，可以看出一个没落大国的复杂心态，虽然不甘心接受国家地位衰弱的现实，但又无力改变。

鞌之战、平阴之战的惨败，给齐国上下造成了严重的心理阴影，故而齐国卿大夫多以尊晋为事，以齐侍奉晋国为应有之理。对齐庄公的反晋、伐晋，齐国大夫多持反对态度，"小所以事大，信也"（《左传·襄公二十二年》）。齐景公即位后，即朝见晋侯，"小事大，未获事焉，

---

① 〔清〕马骕：《左传事纬》卷九，文渊阁四库全书本。

从之如志，礼也"（《左传·襄公二十八年》）。在宋之盟会上，晋国虽然以"晋、楚、齐、秦，匹也。晋之不能于齐，犹楚之不能于秦也"（《左传·襄公二十七年》）为由，给足了齐国面子，使齐国免受朝楚的屈辱，但晋国对齐国的轻视日以复加。晋国大夫士鞅聘鲁，鲁国以应对齐国大夫鲍国之礼招待士鞅，士鞅怒曰："鲍国之位下，其国小，而使鞅从其牢礼，是卑敝邑也。"（《左传·昭公二十一年》）士鞅认为晋国是大国，不能与齐国同论，同为大夫，论位次晋国自然要比齐国高，其对齐国的轻视由此可见一斑。晋与齐之间的仇怨不可能以战争结束，齐景公也有与晋国轮流做盟主的宏图，遂有结盟诸侯、反晋图霸之举。虽然景公支持的范氏、中行氏没有成功，但是却沉重打击了晋国的实力，不仅使晋国失去了霸主之位，而且最终导致了晋国的分裂，以致晋国公室的灭亡。

虽然吴、越相继崛起、称霸，但是在中原诸侯看来，吴、越仍为"蛮夷"。卫出公从吴国返国，"效夷言"，被卫人认为："君必不免，其死于夷乎？"（《左传·哀公十二年》）鲁哀公二十六年（前469），卫出公向越国请师伐卫，越国会同鲁、宋送卫出公返国，卫国人认为："君以蛮夷伐国，国几亡矣。"（《左传·哀公二十六年》）越国虽然得到了周天子赐予的霸主称号，但是在中原诸侯中并没有威信，故而晋、齐为争夺霸主的斗争一直都在持续。鲁哀公十七年（前478），晋卿赵鞅伐卫，卫人驱逐卫庄公，晋国立卫公孙般师为卫君。两个月后，齐国伐卫，捉拿公孙般师，立卫公子起为卫君。齐、晋两国为争夺卫国而进行了激烈的斗争。鲁哀公二十七年（前468），晋卿荀瑶伐郑，齐相陈恒救郑，在晋国威胁面前，陈恒毫不畏惧，晋国撤军。可见，在陈氏取得齐国国政之后，齐国在与晋国争夺霸权的过程中，并未处于下风。

第四章 争霸，抑或兼并
——齐桓霸政模式的式微与消亡

春秋战国之际是一个大变革的时代，司马迁在《史记·六国年表序》中说："及田常杀简公而相齐国，诸侯晏然弗讨，海内争于战功矣。三国终之卒分晋，田和亦灭齐而有之，六国之盛自此始。务在强兵并敌，谋诈用而从衡短长之说起。矫称蜂出，誓盟不信，虽置质剖符犹不能约束也。"刘向在《战国策·书录》中说："五伯之后，时君虽无德，人臣辅其君者，若郑之子产、晋之叔向、齐之晏婴，挟君辅政，以并立于中国，犹以义相支持，歌说以相感，聘觐以相交，期会以相一，盟誓以相救。天子之命，犹有所行；会享之国，犹有所耻。小国得有所依，百姓得有所息……仲尼既没之后，田氏取齐，六卿分晋，道德大废，上下失序。至秦孝公捐礼让而贵战争，弃仁义而用诈谲，苟以取强而已矣。夫篡盗之人，列为侯王，诈谲之国，兴立为强，是以传相放效，后生师之，遂相吞灭，并大兼小，暴师经岁，流血满野，父子不相亲，兄弟不相安，夫妇离散，莫保其命，湣然道德绝矣。晚世益甚，万乘之国七，千乘之国五，敌侔争权，盖为战国。贪饕无耻，竞进无厌，国异政教，各自制断，上无天子，下无方伯，力功争强，胜者为右，兵革不休，诈伪并起。"战国与春秋时风俗迥异，顾炎武曾对比春秋与战国两个时期的情况说："春秋时，犹尊礼重信，而七国则绝不言礼与信矣；春秋时，犹宗周王，而七国则绝不言王矣；春秋时，犹严祭祀，重聘享，而七国则无其事矣；春秋时，犹论宗姓氏族，而七国则无一言及之矣；春秋时，犹宴会赋诗，而七国则不闻矣；春秋时，犹有赴告策书，而七国则无有矣。邦无定交，士无定主，此皆变于一百三十三年之间。"(《日知录》卷十三《周末风俗》)该论断虽说有绝对化的弊病，但大体符合史实。

按照春秋之时"不绝其嗣"①的原则，世卿之家即使被诛、被逐，也会另立家族其他成员为其后，晋国赵武之立，即是如此。晋景公听信赵庄姬之谮言，灭赵氏，韩厥进谏说"成季之勋，宣孟之忠，而无后，为善者其惧矣"(《左传·成公八年》)，于是复立赵朔之子赵武为赵氏之后，将赵氏之田全部返还。齐灵公刖鲍牵，另立鲍牵之弟鲍国为鲍氏之后，"齐人来召鲍国而立之"(《左传·成公十七年》)。但是到了春秋末年，不绝人之嗣的做法已被兼并灭族所取代，春秋之时为人们所遵守的礼与信逐渐崩塌。公元前490年，范氏、中行氏被智、韩、赵、魏四家所灭，二家之采邑财产被四家瓜分；公元前453年，韩、赵、魏三家又联合灭智氏，三分晋国，名为晋臣，实专晋权，"赵名晋卿，实专晋权，奉邑侔于诸侯"(《史记·赵世家》)，"幽公之时，晋畏，反朝韩、赵、魏之君。独有绛、曲沃，余皆入三晋"(《史记·晋世家》)，昔日的霸主不仅领土丧失殆尽，还要朝见三个臣子。相较于春秋之时，战国才是真正的"礼崩乐坏"。鲁国的情况与晋国相似，"悼公之时，三桓胜，鲁如小侯，卑于三桓之家"(《史记·鲁周公世家》)。齐国田常（陈恒）为相，"割齐自安平以东至琅邪，自为封邑。封邑大于平公之所食"(《史记·田敬仲完世家》)。公元前386年，齐国的田（陈）氏公然篡夺政权，列为诸侯。这时虽有魏国称霸，但魏国自身即得国不正，也无以正人之国。弑君篡国之罪，霸主不能讨；诸侯擅相攻伐，霸主不能正；战争频仍，兼并盛行；诸如此类，使得霸主徒有虚名，已经失去了春秋之时的意义。以周礼维系的宗

---

① 〔宋〕叶梦得：《春秋三传谳》卷六，文渊阁四库全书本。

法制解体，周天子位同小国，反而朝见大国诸侯，尊王主张不再可行。战国之时，霸主政治逐渐衰微，强凌弱，大并小，诸侯国数量大为减少。至战国中期，"当今之世，南面称寡者乃二十四"（《战国策·齐策四》），但是能称得上大国的只有七个，"今取古之为万国者，分以为战国七，能具数十万之兵"（《战国策·赵策三》），一些幸存的小国如泗上十二诸侯，只不过是大国霸业的点缀。而在霸政消歇之后的战国后期，不只是小国无法得以保存，大国也逐渐被更强国所蚕食兼并，逐渐为秦国所统一。

一、战国前期的霸权之争

战国前期，春秋霸政的延续还有其强大的惯性，霸主的宝座仍有无穷的魅力，大国诸侯亦不能摆脱争霸思维的影响，成就桓文的霸业、坐上霸主宝座仍是诸侯征战的目标。

（一）魏文侯、魏武侯霸主地位的确立

战国初期，魏文侯招贤纳士，尊礼高士段干木，"或曰：'魏君贤人是礼，国人称仁，上下和合，未可图也。'文侯由此得誉于诸侯"（《史记·魏世家》）；任用李悝为相，率先在列国中实行变法，大力推行耕战之策，魏国率先崛起。公元前416年，魏文侯又以霸主之姿态，平定旧宗主晋国之内乱，"盗杀幽公。魏文侯以兵诛晋乱，立幽公子止"（《史记·晋世家》）。公元前408年，魏文侯任用乐羊为将，历时三年，攻灭了鲜虞族建立的中山国，以太子击为中山君。魏文侯又任用吴起为大将，改革军制，选练"武卒"，在与诸侯作战中取得了辉煌的战绩，"守西河，与诸侯大战七十六，全胜六十四，余则钧解（不分胜负）。辟土四面，拓地千里，皆起之功也"（《吴子·图国》）。吴起曾创造以七万之军破秦国五十万军队的战绩，"兼车五百乘，骑三千匹，而破秦五十万众"（《吴子·励士》）。魏国攻取了秦国的大量土地，以秦河西之地置西河郡，任吴起为郡守，使秦国无力东出。公元前

404 年，魏、赵、韩三家联合伐齐，获得胜利，迫使晋烈公、齐康公等诸侯朝见周天子，因此取得诸侯的爵位。就在三晋立为诸侯以后，在春秋时期与晋国争夺中原霸权百余年之久的楚国再次北上，夺得了不少郑国的土地，楚军已攻至大梁西南的榆关一带。公元前 400 年，魏文侯发动三晋联军南下攻楚，一直打到楚边境方城附近的桑丘才撤军。公元前 399 年，楚国迫于三晋的压力，把榆关归还给了郑国。魏文侯迫使楚国归还榆关给郑国而非直接由魏国占领，应该是顾及到三晋的同盟关系，不愿因独占榆关而打破三晋之间的利益平衡。

继承晋国大部遗产的魏国以晋国霸业继承人自居，率领韩、赵二国积极开展争霸活动，先后在外战中击败齐、秦、楚，灭中山国，展现出霸主的实力。在由春秋时期齐桓公开创的霸业模式中，霸主是诸侯会盟的发起人和主持人，要带领会盟的诸侯以尊王的名义，抵挡夷狄入侵，平定诸侯内乱，维护好周礼所规定的宗法秩序，魏文侯在表面上也确实承担起了霸主的责任。三晋之所以能多年形成稳固的同盟关系，与魏文侯的苦心经营是密不可分的。魏文侯把韩、赵视为兄弟，不联合一方攻打另一方。韩、赵都曾向魏借兵，但都被魏文侯拒绝。《战国策·魏策一》载："韩、赵相难。韩索兵于魏曰：'愿得借师以伐赵。'魏文侯曰：'寡人与赵兄弟，不敢从。'赵又索兵以攻韩，文侯曰：'寡人与韩兄弟，不敢从。'二国不得兵，怒而反。已乃知文侯以构与己也，皆朝魏。"《资治通鉴·周纪一》记载："魏于是始大于三晋，诸侯莫能与之争。"魏文侯统治下的魏国国力强盛，魏文侯又能够顾及韩、赵两国的利益和颜面，韩、赵之君因此都到魏国朝见魏文侯，魏文侯因此成为三晋的盟主。

魏文侯有意向齐桓公看齐，仿效齐桓公举贤纳士，但是因为私心过重，并不能取得如齐桓公那样的霸业。《吕氏春秋·举难》言："魏文侯名过桓公，而功不及五伯。"其中原因正如白圭所言："文侯师子夏，友田子方，敬段干木，此名之所以过桓公也。卜相曰'成与璜孰可？'此功之所以不及五伯也。相也者，百官之长也。择者欲其博也。今择而不去二人，与用其雠亦远矣。且师友也者，公可也；戚爱也者，私安也。以私胜公，衰国之政也。然而名号显荣者，三士羽之也。"齐桓公能任用其仇管仲为相，而魏文侯却私心战胜公心，任用公族的公子成为相，而不是任用有才能的翟璜。魏文侯礼贤下士，只不过是为了给自己争取贤名而已，与齐桓公之胸怀差之万里。

不过无论真实动机如何，魏文侯组织三晋联军攻楚救郑，并迫使楚国归还郑国失地的行为，至少表面上颇具春秋霸主遗风，这为其个人和魏国赢得了声誉。需要指出的是，魏文侯的霸业主要还是建立在其对秦、楚、齐等一系列对外征伐胜利之基础上的，无论是其逼迫齐康公等诸侯随其朝见周天子也好，伐楚迫使其归还郑国失地也好，仅仅是为了使其业已达成的霸业显得更具合法性和吸引力而已。可以说，以武力兼并为主要实现手段的魏文侯霸业模式在精神实质上与"不以兵车之力"的齐桓霸政模式已经完全不是一回事了，齐桓霸政模式的"尊王"与"存亡继绝"精神到魏文侯这里已经完全流于形式，成为装点门面的东西。

与其父魏文侯一样，魏武侯对成就"霸王之业"表现了浓厚的兴趣。《战国策·魏策一》记载："魏武侯与诸大夫浮于西河，称曰：'河山之险，岂不亦信固哉！'王错侍坐，曰：'此晋国之所以强也。若善修之，则霸王之业具矣。'"魏武侯对此深以为然，西河守吴起则劝魏武侯"在德不在险"（《史记·孙子吴起列传》），"山河之固"固然重要，但修德更为重要。但魏武侯的注意力全部集中在开疆拓土上。魏武侯五年（前391），三晋联军再次大败楚军于大梁、榆关，不过这次魏国独吞了三晋联军的胜利果实，把大梁变成了魏国的领土，并进一步取得了襄陵（今河南睢县）。魏武侯在扩张领土方面的短视和急功近利，无疑极大地破坏了三晋的联盟关系。这一点可以从魏国攻取襄陵的次年（前390）齐国轻易攻取襄陵，而韩、赵未见出兵协助魏国防御看出端倪；同年，秦国在函谷关东北的陕（今河南三门峡西）设县（《史记·六国年表》），表现出长久驻守、图谋中原之意。

显然，失去了韩、赵的支持，魏国单独面对齐国、秦国这样的强国时是力不从心的。齐相田和此次派齐军攻打魏国新占领的领土襄陵，意味着田和对魏武侯这位新任魏国君主并不买账，魏武侯若想如其父魏文侯那样令田和屈服，不外乎征伐与结盟两种手段，魏武侯选择了后者。公元前389年，齐相田和与魏武侯①在浊泽会面，由魏武侯代为向周天子请求立其为诸侯，公元前386年，田和正式被周安王册命为齐侯。田和立为齐侯后，在位两年便去世，其子田剡继位，是为齐侯剡，田剡即位后延续了与魏武侯的友好关系。

不过，魏武侯虽拉拢了齐国，却没有及时修复与韩、赵的联盟关系。赵、韩两国于是不再支持魏国，而是各自开始扩张领土。公元前385年，韩文侯伐郑，攻取阳城（今河南登封东南）；又曾伐宋，一直攻到彭城，俘虏了宋国国君。公元前383年，赵国大举进攻卫国，围攻卫都濮阳，卫国向其宗主魏武侯求救，魏武侯亲率大军救卫，大败赵军于兔台。赵军进攻受挫，于是在濮阳之北修筑刚平城（今河南清丰西南）作为进攻基地。次年（前382年），魏武侯联合齐国共同出兵伐赵，帮助卫军攻取刚平并攻破了赵国中牟（今河南鹤壁西）城的外郭，赵国连忙向楚国求救。公元前381年，楚国以救赵为名出兵伐魏，与魏军战于州（今河南温县东北）西，随后楚军攻出梁门（大梁西北的关塞），驻屯于林中（梁门之北），切断了魏国河内地区与河东国都安邑之间的联系，使魏国形势岌岌可危。赵军趁魏军疲于应付楚军之机，猛攻魏国的河北地区，先是火攻棘蒲（今河北魏县南）大获全胜，接着南下进攻魏国的黄城（今河南内黄西），并于公元前379年攻克黄城。

《史记·赵世家》记载：（赵敬侯）"四年，魏败我兔台。筑刚平以侵卫。五年，齐、魏为卫攻赵，取我刚平。六年，借兵于楚，

---

① 《史记·田敬仲完世家》以为是魏文侯，而据杨宽先生等前贤考证，魏文侯当卒于公元前396年，此时应为文侯之子魏武侯。详见杨宽的《战国史料编年辑证》，上海人民出版社，2016年，第229—230页。方诗铭的《中国历史纪年表》亦列公元前389年为魏武侯七年。可见，与田和会面的当为魏文侯之子魏武侯。

伐魏，取棘蒲。八年，拔魏黄城。"《战国策·齐策五》记载，苏代对齐湣王说："昔者赵氏袭卫……卫君跣行，告溯于魏。魏王身被甲底剑，挑赵索战。邯郸之中骛，河、山之间乱。卫得是借也，亦收余甲而北面，残刚平，堕中牟之郭……赵氏惧，楚人救赵而伐魏，战于州西，出梁门，军舍林中，马饮于大河。赵得是借也，亦袭魏之河北，烧棘蒲，坠黄城。"

从公元前383年魏武侯出兵救卫伐赵，到公元前379年赵军攻克魏国黄城，这场历时五年之久的赵、魏争霸战争，最终以赵、魏两国两败俱伤的结局告终。被魏文侯吞并的中山国趁此复国，成为赵国的心腹大患，这是此次战争的两位主角赵、魏都不愿意得到的结果。正如《战国策·齐策五》中苏代所言："故刚平之残也，中牟之堕也，黄城之坠也，棘蒲之烧也，此皆非赵、魏之欲也。"不过相对而言，赵国仍是最终胜利的一方，成功挑战了魏国的霸权。此战过后，魏武侯暂时无力干涉赵国的扩张，于是开始掉头南下与楚国争夺土地。公元前375年，魏国伐楚，攻取榆关，这次魏武侯并没有像其父魏文侯那样把榆关归还给郑国，而是直接将其吞并为魏国的领地。

魏武侯自从在与赵国的大战中损失惨重后，便暂时放弃了以霸主姿态保护郑、宋、卫等附庸国的方略，转而加入赵、韩疯狂扩张领土、增强本国硬实力的行列。公元前372年，赵国攻取了卫国七十三个乡邑，七年之后又攻占了卫国的鄄（今山东鄄城北）；魏国也不甘落后，于公元前371年攻取了楚国的鲁阳（今河南鲁山），使魏国在黄河以南也有了较为广阔的领土。

三家分晋后，由于魏国继承的是晋国的核心统治区域，加之魏文侯实际上作为三晋的盟主，因此晋国对鲁、宋、卫、郑等小国的霸权顺势转移到魏国手中。由于魏文侯能够兼顾到赵、韩两国的利益，因此终魏文侯之世，赵、韩两国并未对魏国的霸权发起挑战。但魏武侯时期，由于魏武侯率先打破了三晋之间的利益平衡，不再主动与赵、韩两国共享集体扩张的利益，因此赵、韩两国开始走上与魏国争夺晋国霸权遗产的道路，其中韩国吞并了领土早已被魏、楚瓜分许多的郑国。不过由于韩国实力与魏国相差甚远，不足以威胁魏国霸权，且与魏国关系一直较好，魏国因此对韩国灭郑采取了默认的态度。但实力仅次于魏国的赵国一心想要吞并领土相对完整的卫国，就不能被魏国容忍了，这也是为何在公元前383年赵国攻打卫国时，魏武侯全力救卫伐赵的原因。

此时的三晋，魏国仍是最强的，赵国比魏国稍逊一筹，但实力同样强大，韩国最弱。本来三晋联手基本天下无敌，但自从魏文侯死后，三晋君主中没有任何一个人可以令另外两国心服口服，魏武侯先是独吞三晋联军的战果，后又毫无技巧地靠武力阻止赵国扩张，把赵国推向了自己的对立面。公元前383年爆发的魏、赵大战，使楚国、秦国得以北上、东进，一度被三晋死死压制的齐国则趁机休养生息，得到了喘息之机，为后来的崛起争取了宝贵的发展时间。唯独三晋看似各自扩张了领土，实际上三晋联盟破裂给三国带来的战略损害几乎是不可逆转的。

魏、赵大战之后，三晋关系彻底破裂，成为兼并道路上的竞争对手，彼此钩心斗角，互相算计。公元前370年，魏武侯去世，因不立太子，公仲缓与公子䓨争立，赵、韩联合出兵进行干涉，公子䓨大败被围。赵国意图扶植公仲缓，杀死公子䓨，两国分割魏国土地，韩国则希望将魏国一分为二，削弱魏国。韩懿侯认为："杀魏君，人必曰暴；割地而退，人必曰贪。不如两分之。魏分为两，不强于宋、卫，则我终无魏之患矣。"（《史记·魏世家》）从赵、韩两国国君的意愿看，他们虽然恨魏，但却不敢公然灭魏、杀魏君，尚惧齐、楚、秦等大国诸侯之讨。因赵、韩意见不合，韩国撤兵，公子䓨最终得以继位为魏君，是为魏惠王。公元前369年，魏国在平阳打败赵国，在马陵打败韩国，虽然魏惠王以此巩固了王位，但也使魏国元气大伤。

（二）齐国对霸权的争夺

魏武侯自与田和在浊泽会面之后，就与齐国化敌为友，并请周天子立田和为齐侯。田剡在位十年间，魏、齐之间并未出现战争冲突，田剡甚至还在魏、赵大战时，出兵协助魏国伐赵救卫。做了十年齐侯的田剡被其弟田午杀害，田午又杀害了田剡的幼子田喜，自立为齐侯。魏武侯作为中原霸主，讨伐弑君者为霸主之职责。趁田午根基未稳而加以讨伐，使其继续臣服，无疑是魏国最好的选择。公元前373年，魏国及其附属国鲁国出兵讨伐齐国。公元前372年，魏国的另一个附属国卫国，也出兵讨伐齐国，攻取了薛陵。鲁、卫国小兵弱，其之所以敢出兵伐齐，毫无疑问是因为有魏国做靠山。田午面对这一系列讨伐，因背负弑君杀兄恶名而只能选择忍辱负重，表现出自知理亏、绝不还手的样子，甚至十分夸张地表现出不理朝政的姿态，以迷惑其他诸侯。《史记·田敬仲完世家》曰："威王（当作田齐桓公）初即位以来，不治，委政卿大夫，九年之间，诸侯并伐，国人不治。"这一策略果然奏效，此后一段时期，除了与齐国接壤的赵国曾两次出兵攻打齐国边邑之外，魏武侯已将注意力转移到与赵、楚与秦的争霸上，齐国得到了一段十分宝贵的恢复发展时期。

公元前368年，田齐桓公开始"一鸣惊人"①。《史记·田敬仲完世家》记载："于是威王（当作田齐桓公）召即墨大夫而语之曰：'自子之居即墨也，毁言日至。然吾使人视即墨，田野辟，民人给，官无留事，东方以宁。是子不事吾左右以求誉也。'封之万家。召阿大夫语曰：'自子之守阿，誉言日闻。然使使视阿，田野不辟，民贫苦。昔日赵攻甄，子弗能救。卫取薛陵，子弗知。是子以币厚吾左右以求誉也。'是日，烹阿大夫，及左右尝誉者皆并烹之。遂起兵西击赵、卫，败魏于浊泽而围惠王。惠王请献观以和解，赵人归我长城。于是齐国震惧，人人不敢饰非，务尽其诚。齐国大治。诸侯闻之，

---

① 武振伟的《齐国国君评传》（山东人民出版社，2022年）认为，齐威王"一鸣惊人"，整饬吏治，外击诸侯之事当为田齐桓公田午所为，详细考证见《田齐桓公评传》（第318—319页）与《齐威王评传》（第331页）两章。

莫敢致兵于齐二十余年。"从田午不理朝政却熟悉各地政事来看，田午荒废朝政之举实乃韬光养晦，以退为进。一旦时机成熟，他便毫不犹豫地展现出了自己雄才大略的一面。这个时机自然不是《史记·滑稽列传》所载淳于髡隐语说齐王一事，而是田午所期盼的不同国家间有利局势的出现，淳于髡之事只是适逢其会而已。这个时机出现在两年前的公元前370年，此年魏武侯去世，公仲缓与公子䓨争立，赵、韩联合出兵进行干涉，最终公子䓨虽然击败赵、韩和公仲缓的军队成功即位为王，但持续两年的内乱却使魏国实力受损、霸权中落。此时，面对尚未恢复元气的魏国，田午认为时机已经成熟，便果断撕下不理朝政的伪装，对内"朝诸县令长，赏一人，诛一人"，整饬吏治，强化中央集权；对外则"奋兵而出"，开始向魏国霸权发起挑战。他派田寿攻打魏国的观，将其包围并最终迫使其投降，是为《史记·田敬仲完世家》所言"惠王请献观以和解"，其实观城并非魏惠王所献，而是齐国攻取的，《水经·河水注》引《竹书纪年》曰："(梁惠成王)二年，齐田寿率师伐我，围观，观降。"齐国的强势出击震惊了赵国，赵国很快便将不久之前刚刚攻占的齐长城附近的土地归还给齐国，是为《史记》所言"赵人归我长城"。至于"诸侯闻之，莫敢致兵于齐二十余年"则只是一种夸张化的表达，意在表现齐威王（实际上是田午）主动出击后，齐国声势之隆。从实际情况来看，公元前366年，尚爆发了阿之战。《史记·赵世家》载："(赵成侯)九年与齐战阿下。"不过，总体而言，自齐伐魏取观之后，齐国的确摆脱了诸侯并侵的局面，国势大振，积极图霸。

随着齐国的强势崛起，齐国在东方各小国中间的影响力明显提升。公元前365年，即田午在位的第十年，一些诸侯已经开始向齐国朝贡，进献铜料，田午用这些青铜铸造了一件敦作为祭器，此即"十年陈侯午敦"。其铭文曰："唯十年，陈侯午朝群邦诸侯于齐，诸侯献以吉金，用作平寿适器敦，以烝以尝，保有齐邦，永世毋忘。"（《殷周金文集成》）杨宽先生对此铭文的释读为"此年诸侯聘齐，由田侯午主其事"①。但"朝"字和"献"字实际上已充分表明了田午和献金诸侯之间的不平等关系。田午朝诸侯、诸侯向田午献吉金,并不是简单的诸侯之间的平等聘问,而是宣示着田午已经在献金的诸侯中确立了其霸主地位。公元前361年,齐国的霸业规模再次扩大了。这一年是田午在位的第十四年,田午再次用诸侯所献铜料铸造祭器,不过这次的祭器数量远比四年前要多。《陈侯午簋铭文》曰:"唯十又四年,陈侯午朝群邦诸侯于齐,诸侯献以吉金,用作平寿适器敦,以烝以尝,保有齐邦,永世毋忘。"(《殷周金文集成》)《十四年陈侯午敦铭文》曰:"唯十又四年,陈侯午以群诸侯献金,作皇妣孝大妃祭器錞敦,以烝以尝,保有齐邦,永世毋忘。"(《殷周金文集成》)此年田午用诸侯进献的铜料所铸造的祭器仅发现的就有簋一件、敦两件,这无疑说明向齐国献吉金的诸侯数量有所增加,田午的霸业有所扩大。铭文中虽未载进献吉金的诸侯国名号,但从当时的国际形势来看,当为鲁、宋、卫、滕、邾等仅存的东方小国,即所谓"泗上十二诸侯"。

(三)魏惠王霸业的丧失与齐威王霸权的建立

魏惠王即位初年,继承了其父祖之大志,其目的是"统一三晋,做霸主,继承齐桓、晋文的霸业"②。魏惠王九年(前361)③,魏国将国都从安邑迁到大梁④。魏国之所以迁都,是出于争霸中原的需要,而非出于秦国的逼迫。如朱右曾《竹书纪年存真》所说:"惠王之徙都,非畏秦也,欲与韩、赵、齐、楚争强也。安邑迫于中条、太行之险,不如大梁平坦,四方所走集,车骑便利,易与诸侯争衡。"⑤

---

① 杨宽:《战国史料编年辑证》,上海人民出版社,2016年,第292页。
② 李玉洁:《魏国史》,科学出版社,2017年,第135页。
③ 魏国迁都大梁的时间有多种不同的记载,有惠王六年说、惠王九年说、惠王三十一年说等。李玉洁的《魏国史》(科学出版社)赞同惠王六年说,杨宽的《战国史》赞同惠王九年说。笔者认为,惠王九年说更为合理。
④ 魏武侯四年(前392),三晋伐楚,败楚于大梁、榆关,从此大梁为魏国所占有。
⑤ 杨宽:《战国史料编年辑证》,第303页。

魏国的新都大梁，完全按照周天子王城的规制兴建①，据李长傅《开封历史地理》云"大梁城有十二门"，而按《周礼》之规定，天子之城才有十二门，魏都大梁的规制是严重的僭越行为，也暴露了魏惠王称王的野心。在魏国迁都前后，三晋通过调整交换土地，使得各国土地连成一片，特别是魏国解决了东西两片国土不相接的问题，使得国力猛增。魏惠王拉拢盟国，打击敌国，与韩、赵等国君会面，迫使两国与魏国结盟。在魏国的压力下，魏惠王十四年（前356），鲁恭侯、宋桓侯、卫成侯、郑釐侯（韩昭侯）朝见魏惠王，魏惠王建立了对中小诸侯的霸权。吕祖谦《大事记·解题》曰："是时，魏惠王方强，诸侯相率而朝之也。"这完全是春秋时期诸侯朝见霸主方式的延续。

在此期间，齐国、秦国开始崛起，成为魏国霸权的有力挑战者。公元前357年，田齐桓公去世，其子齐威王即位。齐威王在其即位初期的祭器"陈侯因齐敦"铭文中高度赞扬了其父田午的丰功伟绩，也昭示了其取得齐桓、晋文霸业的志向。"陈侯因齐敦"铭文曰："唯正六月癸未，陈侯因齐曰：皇考孝武桓公恭哉，大谟克成，其唯因齐扬皇考，绍緟高祖黄帝，伩（迩）嗣桓文，朝问诸侯，答扬厥德，诸侯羞荐吉金，用作孝武桓公祭器敦，以烝以尝，保有齐邦，世万子孙，永为典常。"（《殷周金文集成》）从铭文内容来看，齐威王要"扬"的正是田午的"武功"，故将其效法对象远定为黄帝，近定为齐桓公、晋文公。有观点认为，齐威王追溯"高祖黄帝"的旨趣在于揭示其血统传承，但近年来的研究成果基本已经将这种观点推翻。刘全志认为，铭文中的"其唯因齐扬皇考，绍緟高祖黄帝"一句，应该断句为"其唯因齐,扬皇考昭统,高祖黄帝"，理由是"'高祖'与'迩嗣'并举，两者意义相同，在句子中都作谓语，两者的宾语分别是黄帝、桓文，齐桓公、晋文公显然不是齐威王的祖先，其中齐桓公还是姜齐政权的祖先，但他仍然能够'迩嗣'。这说明，齐威王重视的是这

---

① 李玉洁：《魏国史》，第130页。

三个人的功绩霸业，而不是与他们攀亲。这一点，正如高新华所说，齐威王说要'高祖黄帝，迩嗣桓、文'，绝不是要追宗认祖，而是要效法黄帝和齐桓、晋文，战胜诸侯，称王称霸"①。赵燕姣认为："田齐的先祖在早期的文献和出土材料中均为颛顼、妫姓，与黄帝或'一父四母十二姓'黄帝后裔并无关系……至战国时期黄帝已被赋予成'理想王者'。齐威王此时承嗣'高祖黄帝'更像是树立一个榜样来激励自己，鞭笞自己，然所有的这一切，并不意味着田齐为黄帝之后。"②因此，齐威王在铭文中"高祖黄帝，佛嗣桓文"的旨趣应非"攀亲"，而实际上是对齐国争夺霸权的一种宣示。正如有学者所说："黄帝之道见于其时已经流传的黄帝传说之中，其别于尧舜者乃在于以征伐王天下——斯即田齐'高祖'他的旨趣所在。田齐'佛嗣桓文'只是春秋以降诸侯争霸政治的延续，而提出'高祖黄帝'的战略，则宣示着其政治目标的转变，也预示着战国中期政治发展的新趋向——争王政治的逐渐形成。"③齐威王的志向，最低是称霸诸侯，最高是称王天下，因此其即位之初便毫不遮掩地表现出了自己"佛嗣桓文"的争霸之心，与其父田午前期的韬光养晦形成鲜明对比。此外，齐威王将其父田午的谥号定为"桓"字，既充分表明其对田午"武功"的肯定④，也表现出了对春秋霸主齐桓公功业的敬意和对其意志的继承⑤，其图霸之心昭然若揭。

---

① 刘全志：《先秦话语中黄帝身份的衍生及相关文献形成》，《中国社会科学》2015 年第 11 期。
② 赵燕姣：《也谈陈侯因齐敦铭中的"高祖黄帝"》，《东岳论丛》2019 年第 11 期。
③ 周生春、孔祥来：《田齐"高祖黄帝"考辨》，《浙江社会科学》2012 年第 12 期。
④ 《逸周书·谥法解》："辟土服远曰桓；克敬勤民曰桓；辟土兼国曰桓。"
⑤ 晋文公之谥号"文"即有致敬晋文侯并继承其志之意，《左传·僖公二十五年》载："狐偃言于晋侯曰：'求诸侯莫如勤王，诸侯信之，且大义也。继文之业而信宣于诸侯，今为可矣。'"由此可知，君主之谥号与先君相同者，盖有致敬其功业、继承其意志之意。

齐威王即位初年即任用邹忌进行了政治改革，杨宽先生对邹忌的改革举措总结如下："邹忌由于淳于髡以'微言'进说，决定对于国君，'请谨毋离前''请谨事左右'；对于万民，'请自附于万民'；对于选拔官吏，'请谨择君子，毋杂小人其间'；对于国政，'请谨修法律而督奸吏'。此乃邹忌在齐国进行之政治改革，其与商鞅在秦变法、申不害在韩讲究用'术'统治，几乎同时。"①邹忌为齐威王举荐了大量的杰出人才②，还进谏齐威王使其广开言路③，这样一来，齐威王即位初年之齐国比之田齐桓公后期的齐国，国力更加强大，具备了争霸的实力。

公元前354年，赵国为了与魏国争夺对卫国的霸权，出兵攻打卫国，魏惠王随即出兵伐赵，势如破竹地包围了赵都邯郸。赵国于次年（前353）遣使向齐国求救。在是否救赵的问题上，齐国内部展开了充分的讨论。《战国策·齐策一》：

> 邯郸之难，赵求救于齐。田侯召大臣而谋，曰："救赵，孰与勿救？"邹子曰："不如勿救。"段干纶曰："弗救，则我不利。"田侯曰："何哉？""夫魏氏兼邯郸，其于齐何利哉！"田侯曰："善。"乃起兵，曰："军于邯郸之郊。"段干纶曰："臣之求利且不利者，非此也。夫救邯郸，军于其郊，是赵不拔而魏全也。故不如南攻襄陵以弊魏，邯郸拔而承魏之弊，是赵破而魏弱也。"田侯曰："善。"乃起兵南攻襄陵。七月，邯郸拔。齐因承魏之弊，

---

① 杨宽：《战国史料编年辑证》，第327页。
② 《说苑·臣术》载，邹忌对齐威王曰："忌举田居子为西河，而秦、梁弱；忌举田解子为南城，而楚人抱罗绮而朝；忌举黔涿子为冥州，而燕人给牲，赵人给盛；忌举田种首子为即墨而于齐足究，忌举北郭刀勃子为大士，而九族益亲，民益富；举此数良人者，王枕而卧耳，何患国之贫哉？"
③ 《战国策·齐策一》："（齐威王）乃下令：'群臣吏民能面刺寡人之过者，受上赏；上书谏寡人者，受中赏；能谤议于市朝，闻寡人之耳者，受下赏。'令初下，群臣进谏，门庭若市，数月之后，时时而间进，期年之后，虽欲言，无可进者。"

大破之桂陵。(《史记·田敬仲完世家》记载基本相同)

齐威王本来犹豫不决，但一听到"夫魏氏兼邯郸，其于齐何利哉"，便立刻下定决心出兵，原因在于齐威王把魏国当做了争霸的主要对手，魏国一旦兼并赵国，必然顺势一统三晋，重现春秋霸主晋国的恐怖实力，这显然不利于齐威王的争霸。田午虽已小霸诸侯，但齐国并未真正取得霸权，齐威王在这一时期的主要战略目标就是战胜魏国成为新的诸侯霸主。因此齐国救赵虽然表面上无直接利益可图，实际上却有利于削弱魏国、赵国的实力，有利于齐威王霸业的实现，这是齐国此次出兵救赵的根本原因。

齐国君臣确定的策略是不直接解邯郸之围，而是尽可能让邯郸之役充分消耗魏、赵两国的国力，然后趁魏国国力受损之机，夺取魏国的东部重镇襄陵。赵国得到了齐国的援助许诺，在邯郸拼死抵抗魏军，齐威王则派田忌率八万齐军驻扎到了齐国西部边境，做出了随时救赵的姿态，以坚定赵国抗魏的决心。魏惠王虽知齐国援赵，仍继续攻赵，邯郸最终被魏军攻克，但魏军也已成为疲惫之师。此时齐军趁机佯攻魏都大梁，并示敌以寡，诱使魏将庞涓轻兵倍道回援，于桂陵设伏兵大破之，生擒庞涓，是为"围魏救赵"之桂陵之战。

桂陵之战后，齐威王决定乘胜追击，公元前352年，齐威王联合宋、卫出兵攻打魏国襄陵，宋、卫此前臣服于魏惠王，此时两国与齐国联合伐魏当与魏国在桂陵之战中败给齐国有直接关系。遗憾的是，魏国在桂陵之战中的损失并不大，其军事实力依然强悍，魏国征调韩国军队，在襄陵大败齐、宋、卫三国联军，逼得齐威王只能请楚将景舍做中间人来向魏惠王请和。《水经·淮水注》引《竹书纪年》曰："(梁惠成王)十八年，以韩师败诸侯师于襄陵。齐侯使楚景舍来求成。王会齐、宋之围。"据《战国策·楚策一》记载："赵、魏相弊，而齐、秦应楚，则魏可破也。楚因使景舍起兵救赵。邯郸拔，楚取睢、濊之间。"楚国抱着与齐国一样的想法，以援赵为名，趁齐、魏大战之机，出兵攻取了魏国的睢、濊之地。但从景舍充当齐国求和的中间人来看，楚国在攻略魏国睢、濊之地的战争中应该也是遭遇了与齐国类似的状况，先胜后败，被魏国击败，已先于齐国向魏国求和。桂陵之战的局部胜利并不能掩盖齐威王此次挑战魏国霸权整体战略行动的失败，特别是襄陵之战使齐威王认识到了齐国在军事实力上与魏国的巨大差距，于是齐威王调整战略，暂时转入战略防御姿态，于公元前350年向东扩建了齐长城。《水经·汶水注》引《竹书纪年》曰："（梁惠成王）二十年，齐筑防以为长城。"

公元前351年，魏惠王与赵成侯在漳水会盟，赵国臣服于魏，魏国则将邯郸归还给赵国。此前，韩国已经向魏臣服，听从魏国的调遣。到公元前350年的时候，魏惠王已经先后打败了韩（宅阳之战）、赵（邯郸之战）、楚（睢濊之战）、齐（襄陵之战）、秦（定阳之战）五个大国，一度反叛的宋、卫两小国也被魏国在襄陵之战中一并击败，魏惠王已经成为实际上的诸侯霸主，唯一欠缺的就是周天子对其霸主地位的正式承认。公元前344年，魏惠王以霸主身份召集十二诸侯去孟津朝见周天子。《战国策·秦策五》载："梁君伐楚胜齐，制赵、韩之兵，驱十二诸侯以朝天子于孟津。"参加此次会盟的，除了宋、卫、邹、鲁等淮泗小国诸侯外，还有赵肃侯和秦公子少官。《史记·秦本纪》载："秦使公子少官率师会诸侯逢泽，朝天子。"《史记·赵世家》言："（赵肃侯）四年，朝天子。"赵、秦的参加，为魏惠王霸业增色不少，淮泗十二诸侯的存在则完全是大国争霸的装点。

魏惠王此次率诸侯朝见周天子的另一个目的是假借周天子的名义对付秦国。《战国策·齐策五》曰："昔者魏王拥土千里，带甲三十六万，其强而拔邯郸，西围定阳，又从十二诸侯朝天子，以西谋秦。"秦孝公为此吓破了胆，在秦国境内搞起了全民皆兵的警备训练，商鞅则向秦孝公献策，派自己去劝说魏惠王称王，以达到捧杀魏惠王的目的。《战国策·齐策五》载：

秦王恐之，寝不安席，食不甘味，令于境内，尽堞中为战具，竟为守备，为死士置将，以待魏氏。卫鞅谋于秦王曰："夫魏氏其功大，而令行于天下，有十二诸侯而朝天子，其与必众。故以一秦而敌大魏，恐不如。王何不使臣见魏王，则臣请必北魏矣。"秦王许诺。卫鞅见魏王曰："大王之功大矣，令行于天下矣。今大王之所从十二诸侯，非宋、卫也，则邹、鲁、陈、蔡，此固大王之所以鞭箠使也，不足以王天下。大王不若北取燕，东伐齐，则赵必从矣；西取秦，南伐楚，则韩必从矣。大王有伐齐、楚心，而从天下之志，则王业见矣。大王不如先行王服，然后图齐、楚。"魏王说于卫鞅之言也，故身广公宫，制丹衣，柱建九斿，从七星之旗，此天子之位也，而魏王处之。

商鞅的说辞实为阳谋，魏国虽强，但并不足以以一国之力抗衡天下。此时的国际形势实为秦、魏、齐三强并立，且秦、齐两国仍处于国力上升期，正如《史记·楚世家》所言："秦始复强，而三晋益大，魏惠王、齐威王尤强。"魏惠王虽暂时稍占上风，但所谓"北取燕，东伐齐""西取秦，南伐楚"实为魏国力不能及之事。商鞅深知魏惠王之为人急功近利，加之连战连捷必然助长其骄纵之气，便不怕其不中自己为其精心炮制的"捧杀"之计。果然，魏惠王对商鞅的鬼话甘之如饴，照单全收，率先称起王来，以天子自居。《战国策·秦策四》曰："魏伐邯郸，因退为逢泽之遇，乘夏车，称夏王，朝为天子。"

逢泽之会可以说是魏惠王霸业的顶点，但也是其霸业转衰的转折点。魏惠王称王，使其成为众矢之的。齐威王素怀"高祖黄帝，俅嗣桓文"的雄心，对魏惠王召集逢泽之会，自称天子的行为极为不满，当年便率领一众卿大夫到秦国聘问，共谋对付魏惠王。《大良造鞅方升铭文》言："（秦孝公）十八年，齐率卿大夫众来聘。冬十二月乙酉，大良造鞅爰积十六尊五分尊壹为升。重泉。"（《浦口汤泉小志》及《秦金石刻辞》《秦金文录》等书著录）这样，以齐、秦两强为主的反魏同盟便形成了。

魏惠王并未觉察到自己已中商鞅"捧杀"之计，仍然为达成其"王天下"的美梦而四处征伐。公元前342年，魏惠王意图兼并韩国，"魏有破韩之志"（《战国策·齐策一》），以太子申为主将，庞涓为先锋，出兵伐韩，韩国向齐国求救。《战国策·齐策一》载："南梁之难，韩氏请救于齐，田侯召大臣而谋……乃阴告韩使者而遣之，韩自以专有齐国。五战五不胜，东恝于齐，齐因起兵击魏。"齐威王用田忌所献"阴结韩之亲，而晚承魏之弊"的计策，答应韩国的请求，坚定韩国抵抗的决心，但不急于派军救援韩国，借韩之力疲魏，让魏、韩两国激烈争斗之后，再行救韩。韩国由于得到了齐国的救援许诺，于是奋起反抗魏军，与之大战五场，《水经·渠水注》引《竹书纪年》所言"（梁惠成王）二十八年，穰疵率师及郑孔夜战于梁赫，郑师败逋"当在此五战之列。结果均以韩国失败告终，韩国只好再次请求齐国出兵，齐国于是起兵伐魏救韩。公元前341年，齐军大破魏军于马陵。《战国策·齐策一》载："田忌为齐将，系梁太子申，禽庞涓。"《战国策·魏策二》载："齐、魏战于马陵，齐大胜魏，杀太子申，覆十万之军。"战争以魏国丧失十万精锐部队，魏军主将庞涓被杀，魏太子被俘（或被杀），齐军大获全胜告终。马陵之战是齐威王的定霸之战，此战使魏国元气大伤，丧失了争霸天下所依赖的军事力量，使魏国彻底退出了强国的行列，丧失了霸主地位，霸权转移到齐威王手中，"魏破韩弱，韩、魏之君因田婴北面而朝田侯"（《战国策·齐策一》）。《战国策·赵策三》记载："昔齐威王尝为仁义矣，率天下诸侯而朝周。"齐威王率一众诸侯朝见周天子，与魏惠王朝周之行为相似，也是以一种霸主的姿态出现在周天子面前。

马陵之战后的第二年，秦、赵、齐共同伐魏，秦国俘虏魏将公子卬，大破魏军，魏国丧失河西之地七百余里。《孟子·梁惠王上》记载，魏惠王对孟子说："晋国，天下莫强焉，叟之所知也。及寡人（魏惠王）之身，东败于齐，长子死焉；西丧地于秦七百里；南辱于楚。"秦国经商鞅变法后国力大增，趁魏国衰弱之机一举夺取魏国河西之地，彻底打开了攻略东方的通道，并不断蚕食魏、韩在中原之领土，魏、韩因此不得不仰仗齐国的力量；齐国则崛起于东方，齐威王在其父田午小霸诸侯的基础上，进一步制服了魏、韩，取代魏惠王成为新的中原霸主，司马迁称其为"最强于诸侯"（《史记·田敬仲完世家》）。魏惠王采纳惠施所献"以楚毁齐"之计，自降身价，向齐威王称臣。《战国策·秦策四》言："梁王身抱质执璧，请为陈侯臣，天下乃释梁。"公元前336年，齐相田婴出使魏、韩两国，两国均表示愿臣服齐国。《史记·孟尝君列传》记载："宣王七年（当为齐威王二十一年），田婴使于韩、魏，韩、魏服于齐。婴与韩昭侯、魏惠王会齐宣王（当为齐威王）东阿南，盟而去。明年，复与梁惠王会甄（当为鄄）。"齐威王与韩昭侯、魏惠王在东阿南会盟，第二年，齐威王再次在鄄地会面。据《吕氏春秋·不屈》记载："故惠王布冠而拘于鄄，齐威王几弗受。"可见，在鄄之会时，魏惠王已用诸侯朝见霸主之礼，齐威王此时还不敢公然接受魏惠王的朝见之礼。公元前334年，魏惠王、韩昭侯及其他诸侯在齐国南部的徐州朝见齐威王，尊齐威王为王，而齐威王不敢单独称王，也尊魏惠王为王，此即史载"徐州相王"。"徐州相王"是齐威王霸业的顶峰。在魏国服齐之后，齐国并没有再攻打魏国，可见，在齐威王心中，"叛而伐之，服而舍之"的春秋霸政思维还是存在的。徐中舒先生就指出："魏齐的斗争事实上也是春秋以来大国争霸斗争的继续。"[①]《吕氏春秋·爱类》中的记载可以说明当时齐威王的心态："匡章曰：'齐王之所以用兵而不休，攻击人而不止者，其故何也？'惠子曰：'大者可以王，其次可以霸也。'"争霸称王实际上就是齐威王用兵的主要目的。

齐威王的争霸战略直接影响到了其子齐宣王。齐宣王对于齐桓

[①] 徐中舒、何孝达：《战国初期魏齐的争霸及列国间合纵连横的开始》，《四川大学学报》1956年第2期。

霸业十分向往，先生王斗以齐桓公好士游说齐宣王说"先君桓公所好者（五），九合诸侯，一匡天下，天子受籍，立为大伯"，"先君好士，是王不好士"，齐宣王表示"寡人忧国爱民，固愿得士以治之"（《战国策·齐策四》）。齐宣王在其即位之初与孟子有过一段对话，颇能体现齐宣王的真正志向。《孟子·梁惠王上》记载，齐宣王先问孟子："齐桓、晋文之事可得闻乎？"齐宣王让孟子为其论说齐桓、晋文之霸业，可以看出齐宣王对于齐桓、晋文之霸业十分向往，对于如何取得霸业也十分有兴趣，但孟子不言，以"仲尼之徒无道桓、文之事者"为由敷衍过去，孟子对于霸道十分鄙夷，而要推广其王道。孟子向齐宣王问道："王请度之！抑王兴甲兵，危士臣，构怨于诸侯，然后快于心与？"王曰："否。吾何快于是？将以求吾所大欲也。"然而在孟子追问齐宣王何为其大欲时，齐宣王则"笑而不言"。孟子直言不讳地指出："然则王之所大欲可知已。欲辟土地，朝秦楚，莅中国而抚四夷也。"齐宣王不言，实则默认。开疆拓土，使秦、楚等最强的诸侯来朝见，莅临中原，抚有四夷，这实际上是只有居于天子的地位才能做到的，在当时的条件下，还没有哪个诸侯能够做到这一点，这也说明齐宣王的志向远大。虽然齐宣王在孟子的劝说下，似乎接受了孟子的王道主张，但从齐宣王灭燕、伐楚等行为看，还是在执行其争霸的战略。

（四）秦国对霸权的争夺

在齐国崛起的同时，秦献公统治下的秦国也开始由弱转强。公元前366年，秦国先是挫败了魏国在河西地区的武都（在今陕西大荔西南）筑城的行动，又在洛阴打败了魏、韩联军，秦国在河西地区开始转守为攻，三晋在河西地区的防守压力骤增。公元前364年，秦军在河东地区的石门大败魏军，斩首六万。周显王因此而向秦祝贺，"天子贺以黼黻"（《史记·秦本纪》），"显王五年，贺秦献公，献公称伯"（《史记·周本纪》）。这是秦国自春秋以来东进战略的第一次大胜利。此前秦国的东进战略一直被中原霸主晋国死死压制，魏文侯时期更是被魏国攻取了自己的河西之地，此时秦国东进战略则取得重大进展。因为周天子的认可，秦献公已称霸。秦献公并没有如晋文公一样会盟诸侯，天子赐霸，反而是周天子主动赐予霸主称号。魏国一直以晋国的继承者自居，其霸主地位却没有得到周天子的认可。秦国"僻在雍州，不与中国诸侯之会盟，夷翟遇之"（《史记·秦本纪》），一战破魏，却得到周天子的祝贺。

公元前363年，秦国乘胜攻打魏国的少梁（今陕西韩城西南）。赵国出于共同战略利益的考虑，在石门之战与少梁之战中两次出兵救魏。本来魏惠王如果此趁赵国出兵帮助魏国抵御秦军的良机，放低姿态，出让一部分利益的话，还是有很大的希望可以修复三晋的同盟关系的。遗憾的是，魏惠王与其父魏武侯相比更加短视，为了短期的土地利益再次与韩、赵两国兵戎相见。当年，魏相公叔痤率军大败韩、赵联军于浍水之北，生擒赵将乐祚，攻取了赵的皮牢（今山西翼城东北）。当年，魏国再攻赵都邯郸，攻取了列人（今河北肥乡东北）和肥（今肥乡西）两城。秦国见三晋内斗，于是再次攻打魏国的少梁（今陕西韩城西南），魏军战败，主将公孙痤被俘，庞城被秦军攻占。魏国对秦开始持防守战略，修筑长城。魏国与赵、齐大战之时，秦国趁机攻占了魏国旧都安邑，又于次年（前351）攻占了魏国的固阳，但魏国在打败楚、齐之后，很快收复了失地，并围攻秦国的定阳，迫使秦国在彤与魏国会谈修好。

秦孝公喜"霸道"，"将修缪公之业，东复侵地"，任用公孙鞅为相，以"强国之术"（《史记·商君列传》）进行变法，秦国国力日渐强盛。秦孝公二年（前360），周显王致送"文武胙"于秦孝公，可见周天子以秦制魏的意图，以贺秦提升王室的影响力。十数年后，周天子又致送"侯伯"的尊号，秦孝公成为周天子认可的霸主。《史记·周本纪》载："（周显王）九年，致文武胙于秦孝公。二十五年，秦会诸侯于周。二十六年，周致伯于秦孝公。"明明是魏惠王召集诸侯朝见周天子，周天子却将"侯伯"的尊号给了秦孝公，其中原因可能

159

与魏惠王称王有很大关系。可见,"侯伯"的尊号与盟主地位并不是捆绑在一起了。

(五)越国的争霸及败亡

越国灭吴后,越王勾践迁都琅邪,以便争霸。《今本竹书纪年》载:"(周贞定王)元年(前468)癸酉,於越徙都琅邪。"越国在灭吴之后,继续奉行与晋国友好的政策,但却视齐国为争霸的主要斗争对象。清华简《系年》第二十章、二十二章记载越国三次与晋国等国联合伐齐,齐国三次战败,被迫割地贿赂求和。《古本竹书纪年》记载,越王朱句三十四年,灭滕,三十五年,灭郯。《战国策·魏策四》记载:"缯恃齐而悍越,齐和子之乱而越人亡缯。"田和初立年,即越王翳八年(前404),越人亡缯。滕、郯、缯等国均在鲁西南,可见,对于泗上十二诸侯控制权的争夺,是贯穿齐、越斗争的主线。越王翳三十三年(前379),越国从琅邪迁都于吴。《史记·越王勾践世家》索隐引《古本竹书纪年》曰:"於越子翳三十三年,迁于吴。"孟文镛认为,越国迁都于吴与齐国在田氏代齐以后力量日益强大有直接关系。[①]越国在经历数十年的内乱之后,越王无颛即位(前362),越国趋于稳定。越王无彊于公元前354年即位,国力有所增强,意图重整旗鼓,恢复霸业,"王无彊时,越兴师北伐齐,西伐楚,与中国争强"(《史记·越王勾践世家》)。公元前333年,越王无彊兴兵欲伐齐,在齐国的游说下转而伐楚,楚国大破越兵,越王无彊被杀,越国分裂,成为楚国附庸。《史记·越王勾践世家》言:"楚威王兴兵而伐之,大败越,杀王无彊,尽取故吴地至浙江,北破齐于徐州。而越以此散,诸族子争立,或为王,或为君,宾于江南海上,服朝于楚。"越国彻底退出了争霸的序列。

总之,战国前期各强国之间的争霸仍然十分激烈,魏、齐、秦、楚为争夺霸权而频繁发动战争,已经远非春秋时晋、楚长期争霸的局面了。魏国经过李悝变法率先崛起,魏文侯作为三晋联盟之盟主,

---

① 孟文镛:《越国史稿》,中国社会科学出版社,2010年,第293页。

在外战中先后击败秦、楚、齐，获得天子册命，无疑是战国时期的第一位霸主；魏武侯、魏惠王时期，秦、齐两国经过变法也相继崛起，开始与魏国争夺霸权，魏武侯之霸权被赵国挑落，魏惠王之霸权则被齐威王取代。对霸权的争夺构成为战国前期国际斗争的一条主线。正如徐中舒先生所言："大国间争霸斗争，即大国争夺对小诸侯领导权的斗争，也随着小国的逐步消失而减弱其重要意义。当小国消减殆尽的时候，大国间争霸斗争也因之而结束了。"①到了战国中期，随着小国的不断被吞并，大国之间的争霸逐渐为兼并灭国所替代。不过，需要指出的是，魏惠王、齐威王、秦孝公三位君主的争霸与春秋时期的争霸有很大的区别，此时的争霸逐渐转变为以兼土获利为目的，单纯以坐上盟主宝座为目的的争霸行动逐渐消歇。

二、尊王的式微

顾炎武说："春秋时，犹宗周王，而七国则绝不言王矣。"尊王与否是春秋与战国的鲜明不同。《战国策·韩策三》记载的策士游说韩王的一段说词颇能看出战国时人对于尊王的态度：

> 昔齐桓公九合诸侯，未尝不以周襄王之命。然则虽尊襄王，桓公亦定霸矣。九合之尊桓公也，犹其尊襄王也。今日天子不可得而为也，虽为桓公，吾弗为云者，岂不为过谋而不知尊哉！韩氏之士数十万，皆戴哀侯以为君，而许异独取相焉者，无他；诸侯之君无不任事于周室也，而桓公独取霸者，亦无他也。

齐桓公以尊王为号召，九合诸侯，成就霸业，此时的周天子尚有一定的号召力，可是到了战国时期，周天子实力全无，诸侯不仅

---

① 徐中舒、何孝达：《战国初期魏齐的争霸及列国间合纵连横的开始》，《四川大学学报》1956 年第 2 期。

不向周天子进贡，为了生存，东周君还得巴结、讨好大国诸侯，"（东周）君之国小，尽君之重宝珠玉以事诸侯"（《战国策·东周策》）。有研究者通过对《史记·周本纪》中周天子向诸侯"赐胙"与"致胙"用语的比较分析，认为："用语的差异也反映出周王室与诸侯关系地位的互易，周王不再是高高在上的君王，而逐渐沦为需要巴结讨好诸侯的弱势者。"①诸侯不尊王，原因即在于诸侯已经"不任事于周室"了。魏惠王主持臼里（九里）会盟，扬言要恢复周天子的尊严，"魏王为九里之盟，且复天子"，吴师道注曰"所谓将复立天子者，是时七国既称王，不以周为天子也"，但是此举却遭到了韩国等大国诸侯的抵制，房喜对韩昭侯说："勿听之也，大国恶有天子，而小国利之。王与大国弗听，魏安能与小国立之。"（《战国策·韩策三》）如果大国诸侯不加响应，只有魏国自己和一些小国，是不能"复立天子"的。诸侯称王，与周王平起平坐，在实力为王的时代，没落的周王自然没人再去尊奉。

（一）三晋、田氏列为诸侯对周礼的破坏

公元前453年，魏、赵、韩三家灭掉了智氏，三分晋国，晋国公室虽存，但晋国已名存实亡。三晋虽强，但缺少正式诸侯的名分。公元前405年，齐相田悼子死，齐国内乱，魏文侯遂假借"王命"，率三晋联军伐齐。《水经·瓠子水注》引《古本竹书纪年》曰："（晋烈公）十一年，田悼子卒，田布杀其大夫公孙孙，公孙会以廪丘叛于赵。田布围廪丘，翟角、赵孔屑、韩师救廪丘，及田布战于龙泽，田布败逋。十二月，齐宣公薨。（晋烈公）十二年，王命韩景子、赵烈子、翟员伐齐，入长城。"这场战争分为两个阶段，第一阶段是由齐国内乱引起的廪丘之战，三晋联合出兵解救廪丘，在龙泽打败了田布率领的齐军，"齐将死，得车二千，得尸三万，以为二京"（《吕氏春秋·不广》）。廪丘之战后，三晋联军乘胜追击齐军，围攻齐长城

---

① 邹家兴：《从食膳到赐胙：周代赐胙礼的演进及其历史背景》，《中原文化研究》2024年第2期。

西门户平阴，是为战争的第二个阶段平阴之围。公元前404年，三晋联军首先在平阴会师，对平阴形成围攻之势。对三晋此次伐齐围平阴的真实目的，齐国大夫括子看得很明白。《淮南子·人间训》记载："三国伐齐，围平陆（阴）。括子以报于牛子曰：'三国之地，不接于我，逾邻国而围平陆（阴），利不足贪也。然则求名于我也，请以齐侯往。'牛子以为善。"魏文侯所求之名，即"尊王"旗帜下的战胜之功，以此作为让周天子册命其为诸侯的主要功绩。清华简《系年》第二十二章记载："晋魏文侯斯从晋师，晋师大败齐师，齐师北，晋师逐之，入至汧水，齐人且有陈□子牛之祸，齐与晋成，齐侯盟于晋军。晋三子之大夫入齐，盟陈和与陈淏于溋门之外，曰：'毋修长城，毋伐廪丘。'晋公献齐俘馘于周王，遂以齐侯贷、鲁侯显、宋公田、卫侯虔、郑伯骀朝周王于周。"当时，魏文侯在名义上虽是晋烈公的臣子，实际上，向周天子献俘邀功和迫使诸侯随从朝见周天子均是魏文侯之所为，其目的显然是通过这种"尊王"的形式，从周天子那里获取正式的诸侯名分。

魏文侯打着晋侯的名义，召集齐、鲁、宋、卫、郑五国诸侯去周王城朝见周天子，并向周天子献上此次伐齐之战中齐国战死者的左耳，作为"奉天子以讨不臣"的功绩。《吕氏春秋·下贤》对此事的记载为："（魏文侯）南胜荆于连堤，东胜齐于长城，虏齐侯，献诸天子，天子赏文侯以上卿。"眼见曾经以尊王为旗帜开创桓文霸业的晋、齐两国国君都已经听命于魏文侯，周威烈王迫于无奈，只得在次年（前403）正式承认了赵、魏、韩三家的诸侯身份，明确指出了三晋伐齐并召集诸侯朝见周天子，与三晋立为诸侯之间的因果关系。

对于周天子承认三家为诸侯，宋人司马光感慨道：

> 天子既不能讨，又宠秩之，使列于诸侯，是区区之名分复不能守而并弃之也，先王之礼于斯尽矣。或者以为当是之时，周室微弱，三晋强盛，虽欲勿许，其可得乎？是大不然。夫三

晋虽强，苟不顾天下之诛而犯义侵礼，则不请于天子而自立矣，不请于天子而自立，则为悖逆之臣，天下苟有桓文之君，必奉礼义而征之，今请于天子而天子许之，是受天子之命而为诸侯也，谁得而讨之？故三晋之列于诸侯，非三晋之坏礼，乃天子自坏之也。（《资治通鉴·周纪一》）

司马光认为，周王室之所以能够存在数百年，正是因为守住了周礼这个底线，即使是晋文公这样的大国诸侯也不能僭越天子，而魏、赵、韩三家作为晋国的卿大夫篡夺晋国政权，不仅没有遭到讨伐，反而得到周天子的认可，成为诸侯，这是周天子对周礼的破坏，开大夫篡夺政权之先河。司马光的言论虽然迂阔，但是也说明周天子作为天下共主的地位还是存在的，大夫要想成为诸侯还是要取得周天子的册命，否则就名不正而言不顺。

公元前 390 年，齐国伐魏，攻取襄陵。公元前 389 年，齐相田和复制了三晋伐齐求为诸侯的路径，挟一战之威，与魏武侯在浊泽会面，由魏武侯代为向周天子请求立其为诸侯，魏武侯答应了田和的请求。有了三晋列为诸侯的先例，公元前 386 年，田和正式被周安王册命为齐侯。《史记·田敬仲完世家》载："三年（齐康公十六年），太公与魏文侯（当作魏武侯）会浊泽，求为诸侯。魏文侯乃使使言周天子及诸侯，请立齐相田和为诸侯。周天子许之。康公之十九年，田和立为齐侯。"将田和列为诸侯，再次表明周王室已经完全丧失维护周礼的能力，只不过是大国诸侯操弄的工具而已。

（二）诸侯的尊王表演与对周王室的欺侮

战国时期，周天子虽在，但尊王的精神实质已消亡，大国诸侯定霸之后的尊王之举明显是在作秀，周天子沦为配合其表演的工具。

魏惠王、齐威王率诸侯朝见周天子一事，足见诸侯朝周不过是图取霸主美名的表演而已。公元前 344 年，魏惠王以霸主的身份，率领十二诸侯朝见周天子，《战国策·秦策五》记载："梁君伐楚胜齐，制赵、韩之兵，驱十二诸侯以朝天子于孟津。"一同前往的，不只有宋、鲁、卫等中小国家国君，还有赵肃侯和秦国公子少官，《史记·秦本纪》曰："秦使公子少官率师会诸侯逢泽，朝天子。"这次诸侯之会，其实是春秋会盟的延续，魏惠王企图借助周天子而抬高自己的地位。《战国策·赵策三》记载："昔齐威王尝为仁义矣，率天下诸侯而朝周。周贫且微，诸侯莫朝，而齐独朝之。居岁余，周烈王崩，诸侯皆吊，齐后往。周怒，赴于齐曰：'天崩地坼，天子下席。东藩之臣田婴齐后至，则斮之。'威王勃然怒曰：'叱嗟，而母婢也。'卒为天下笑。"在春秋齐桓公时期仍是天经地义的尊王精神，到了齐威王时期竟然成了"仁义之举"，被时人看作是大国诸侯对周天子的施舍，足证尊王精神在战国中期的式微，特别是既贫且微的周天子竟对实际上的诸侯霸主摆起天子权威时，齐威王便勃然大怒，毫不留情地鄙夷起周天子的身份了。此事沦为天下笑柄，一笑周天子不识时务，没认清自己工具人的身份，二笑齐威王贪图尊王之虚名，本欲作秀，反而自取其辱。

虽然周王室微弱，形同小国，但自齐桓公称霸之后，往往能够依赖霸主而生存，但到了战国中期，诸侯对周天子的权威已经无视，公然欺侮王室，甚至于拆分、肢解周王室。公元前367年，韩国与赵国将周王室分成了东周和西周两个小国，《史记·赵世家》言："（赵成侯）八年，与韩分周以为两。"周显王寄居于东周国，周王室更加衰微。公元前353年，韩国攻取了东周国的陵观、廪丘两城。即使如此，周王室"天下共主"的地位尚无哪个诸侯敢于代替，也没有哪个诸侯敢于冒天下之大不韪，灭周室而有之。周慎靓王五年（前316），秦国君臣商议灭蜀与伐韩之利弊，张仪认为："据九鼎，按图籍，挟天子以令天下，天下莫敢不听，此王业也。"而司马错则认为"周，天下之宗室也"，"今攻韩，劫天子。劫天子，恶名也，而未必利也，又有不义之名，而攻天下之所不欲，危！"（《战国策·秦策一》）可见，至战国中期，周王室虽微弱，诸侯虽已不尊王，但"劫天子"

的恶名还没有哪个诸侯愿意去承担，毕竟各大国的实力相当，吞并周室必会遭到其他各国的共讨，甚至灭国。至战国后期，秦国的实力已经碾压东方六国，在绝对的实力面前，"秦之欲伐韩以东窥周室甚，唯寐忘之"，吞并周室的野心暴露无遗，"秦之欲并天下而王之也"（《战国策·韩策三》）。齐湣王灭宋之后，极度狂妄自大，欲代周而为天子，《史记·田敬仲完世家》："齐南割楚之淮北，西侵三晋，欲以并周室，为天子。泗上诸侯邹鲁之君皆称臣，诸侯恐惧。"可见，到了战国末年，周天子在大国诸侯眼里不只是没有一点地位，而且是随时可以取而代之的。秦昭王毫无顾忌地灭西周国，到秦庄襄王时，又灭东周国，周王室彻底覆灭。

（三）诸侯称王——尊王主张的彻底抛弃

魏惠王在率诸侯朝见周天子之后，被胜利和吹捧冲昏了头脑，做起了称王的美梦，自处天子之位，称夏王，享用天子之器物，"广公宫，制丹衣，柱建九旒，从七星之旗"（《战国策·齐策五》）。逢泽之会后，魏惠王率先在中原诸侯中称王。《战国策·秦策四》："魏伐邯郸，因退为逢泽之遇，乘夏车，称夏王，朝为天子，天下皆从。"徐中舒先生则认为，魏惠王在逢泽之会后称王的说法不太可靠，"称王和朝天子是冲突的。魏既要称王当然不会朝天子，而在朝天子后也不便于称王。因为朝天子的目的在于借天子名义来号召诸侯，以便进一步控制诸侯"，"当时的齐国正是魏国霸业的唯一竞争者。魏国在本身力量有了削弱，国际形势发生变化（指齐国威望提高）的情形下，为了巩固霸业，抵制齐国的竞争，借天子名义来号召诸侯，还是有利可图的事情"。① 此说虽然很有道理，但从"魏伐邯郸，因退为逢泽之遇，乘夏车，称夏王，朝为天子，天下皆从。齐太公（齐侯）闻之，举兵伐魏，壤地两分，国家大危。梁王身抱质执璧，请为陈侯臣，天下乃释梁"（《战国策·秦策四》）等众多史料来看，魏惠

---

① 徐中舒、何孝达：《战国初期魏齐的争霸及列国间合纵连横的开始》，《四川大学学报》1956年第2期。

王在马陵之战前称王是无疑问的,并非等到徐州齐魏相王时才称王,只不过魏惠王采用了一个新的称号——"夏王",以示与周王有别。

魏惠王称王之举,引起了各诸侯的强烈反对,成为众矢之的。公元前341年的齐、魏马陵之战,魏军大败,魏国接连遭受诸侯的讨伐,魏惠王采纳相国惠施的计策,向齐威王称臣,尊齐威王为王。公元前334年,魏惠王、韩昭侯及其他诸侯在齐国南部的徐州朝见齐威王,尊齐威王为王,而齐威王不敢单独称王,也承认了魏惠王称王的事实,此即史载"徐州相王"。《史记·田敬仲完世家》记载:"明年,与魏襄王(当为魏惠王)会徐州,诸侯相王也。"对于齐、魏相王的重大影响,徐中舒先生分析说:"虽然有楚、吴、越称王,但是,这些王都是自封的,并不为中原任何一国诸侯所承认。而且,称王的国家都远在长江流域,与中原关系比较疏远,中原诸侯也认为他们是'夷狄'而加以排斥。所以,不管楚、吴、越早在春秋时代已经称王,但他们对于社会的影响远没有魏齐相王来得大。因为,魏、齐都是中原的主要侯国,这两个国家称王,也就是给周王室以致命的打击,从而否定其独尊的共主地位";"周天子的共主地位既已丧失,那么,建筑在'挟天子以令诸侯'的基础上的霸业也随之而消失了"①。齐、魏相王,标志着绵延数个世纪由霸主所高举的尊王大旗彻底被抛弃了。

齐、魏相王,引发了诸侯强烈反应,楚威王伐齐,大破齐军于徐州,赵、燕、鲁等国也纷纷伐齐。齐、魏称王而成为众矢之的,正如有研究者所指出的:"在这一时期,贸然称王很有可能成为众矢之的,魏国和齐国都已经经历了这种体验。在诸侯心目中,'王'仍然专指周天子,称王就意味着僭越,这一点跟后来战国七雄人人称王是不同的,所以此时称王还是具有一定风险的事情。"②即使如此,也没有使齐、魏两国自去王号,反而是在齐、魏徐州相王后,其他

---

① 徐中舒、何孝达:《战国初期魏齐的争霸及列国间合纵连横的开始》,《四川大学学报》1956年第2期。
② 赵玉宝等:《战国史》(第三卷),黑龙江人民出版社,2020年,第62页。

诸侯也不甘居于人后，争相称王。公元前325年，秦惠文王自称为王，魏惠王与韩威侯在巫沙相会，韩、魏相王，魏惠王尊韩威侯为王，即韩宣王。到了公元前323年，魏、韩、燕、赵、中山五国相约称王，情况则发生了根本的改变，王号已经不再珍贵。虽然赵武灵王说"无其实，敢处其名乎"（《史记·赵世家》），自去王号而称君，但是诸侯称王的趋势已经不可阻挡。公元前318年，宋君偃也自立为王。即使如中山、宋国，远在西南的巴、蜀也敢于称王，与周天子平起平坐起来。

在列国都已称王，特别是中山、宋等小国国君也称王的情况下，作为战国中最强的国家，秦国已经不满足于称王，王号已经不再尊贵，"帝"原是上帝的称号，在古史传说中已经成为德行比王高一级的称号。秦相魏冉想尊秦王为帝，让魏昭王入秦尊秦昭王为帝，但遭到了魏王的拒绝，也遭到齐国的反对，《韩非子·内储说下》曰："穰侯相秦而齐强。穰侯欲立秦为帝而齐不听，因请立齐为东帝而不能成也。"秦相魏冉因此采用齐、秦并帝的形式，以争取齐湣王的同意。公元前288年，秦昭王在宜阳自立为西帝，同时派相国魏冉前往齐国，向齐国致送东帝的称号，《战国策·齐策四》载："秦使魏冉致帝。"《史记·田敬仲完世家》也言："（齐湣王）三十六年（当为十三年），王为东帝，秦昭王为西帝。"虽然两个月后齐湣王自去帝号，又迫使秦国废除帝号，但也说明"王"已经不是不可僭越的名号了。秦国攻打赵国，魏国不敢救，派客将军辛垣衍劝赵尊秦昭王为帝，"方今唯秦雄天下，此非必贪邯郸，其意欲求为帝。赵诚发使尊秦昭王为帝，秦必喜，罢兵去"（《战国策·赵策三》）。从中可见，秦国意欲请诸侯尊己为帝，而非自封，如诸侯尊己，则诸侯则自居其下，凸显秦之尊贵。

三、存亡继绝精神的断绝与兼并的盛行

春秋战国之际，兼土灭国成为诸侯国家战略的主流：越国灭吴、

灭滕、灭郯、灭缯；楚国灭蔡、灭陈、灭杞；魏灭中山；齐国不断侵占鲁、卫两国领土，灭薛、灭莒；赵国不断蚕食卫国土地。即使并国如此，但存亡继绝精神并未断绝，仍被世人认为是美德，"夫存危国，美名也"（《战国策·东周策》）。公孙成对孟尝君说"闻君于齐能振达贫穷，有存亡继绝之义。小国英桀之士，皆以国事累君，诚说君之义，慕君之廉也"（《战国策·齐策三》）；楚威王对苏秦说"今君欲一天下，安诸侯，存危国，寡人谨奉社稷以从"（《战国策·楚策一》）。魏、韩、赵三家虽然三分晋国，但晋国公室尚存；田和虽然篡齐，迁齐康公于海上，仍有一城奉祀；公元前399年，魏文侯组织三晋联军攻楚救郑，并迫使楚国归还郑国失地，无论真实动机如何，至少表面上颇具春秋霸主存亡继绝之遗风。但到了战国中期以后，鉴于吴王夫差、齐湣王败亡的教训，诸侯之间的战争务求干净利落地兼并灭国，"齐亡于燕，吴亡于越，此除疾不尽也"（《战国策·秦策三》）。在这样的思想主导下，存亡继绝完全为兼并所代替。公元前379年，齐康公卒，姜齐绝祀，奉祀之邑也被田齐收回，"齐康公卒，绝无后，奉邑皆入田氏"（《史记·田敬仲完世家》）；公元前376年，魏、韩、赵灭晋公室，瓜分了其仅有的土地；"（晋）静公二年，魏武侯、韩哀侯、赵敬侯灭晋后而三分其地。静公迁为家人，晋绝不祀"（《史记·晋世家》）。韩国灭郑，可以说是存亡继绝精神断绝与兼并浪潮开启的标志性事件。《战国策·韩策三》云："大国恶有天子，小国利之。"周天子的存在是大国兼并小国的障碍，在诸侯称王之后，尊王主张被抛弃，以武力兼并小国更是各大国心照不宣的国家战略目标了，这使得兼并战争逐渐白热化。齐宣王灭燕，杀燕王哙，醢子之；赵灭中山，中山君奔齐而死于齐；齐灭宋，宋王偃死于温。这种君死国灭的情况至战国后期已经成为常态。即使再有人提出存亡继绝的主张来，也是用来对付他国的一个对策，而非真的要去存亡继绝。苏代对赵国的奉阳君说："天下争秦，秦按为义，存亡继绝，固危扶弱，定无罪之君，必起中山与胜（滕）焉。秦起中山与胜（滕），而赵、宋同命，何暇言陶？"(《战国策·赵策四》)中山为赵所灭，滕为宋所灭，如果秦国提出恢复中山和滕国，受损失的必然是赵、宋，这是赵、宋两国所不愿看到的，故而极力避免此种情况的发生。《吕氏春秋·审应》记载：

> 魏惠王使人谓韩昭侯曰："夫郑乃韩氏亡之也，愿君之封其后也，此所谓存亡继绝之义，君若封之则大名。"昭侯患之，公子食我曰："臣请往对之。"公子食我至于魏，见魏王曰："大国命弊邑封郑之后，弊邑不敢当也。弊邑为大国所患，昔出公之后声氏为晋公，拘于铜鞮，大国弗怜也，而使弊邑存亡继绝，弊邑不敢当也。"魏王惭曰："固非寡人之志也，客请勿复言。"是举不义以行不义也。魏王虽无以应，韩之为不义愈益厚也。公子食我之辩，适足以饰非遂过。

魏惠王为削弱韩国，让韩国复封被其所灭的郑国，韩国不愿，因此责问魏国为何不复封被其拘押在铜鞮的声氏为晋公，魏惠王无言以对。在韩非看来，存亡继绝本来为义事，但魏、韩两国都不愿为之。从此事可以看出，一方面魏惠王言行不一，沦为笑柄，另一方面也说明存亡继绝在当时已经不合时宜了，没有哪个大国会为了赚取存亡继绝的义名，而放弃国土去复封亡国之后。齐桓公存三亡国之义举，在战国时人看来已经迂阔难行了，存亡继绝精神的断绝在战国时代是势所必然。

（一）韩灭郑

郑国始封国君郑桓公为周厉王之子、周宣王之母弟，与周王室关系最为亲近，"郑有平、惠之勋，又有厉、宣之亲，弃嬖宠而用三良，于诸姬为近"(《左传·僖公二十四年》)。因为郑国地处中原，为晋、楚争霸期间争夺的重要对象。郑国国小，不得不采取"唯强是从"(《左传·襄公九年》)的策略，楚国来伐，则从楚，晋国来伐，则从晋，

"敬共币帛，以待来者，小国之道也。牺牲玉帛，待于二竟，以待强者而庇民焉"（《左传·襄公八年》）。到春秋末年，因晋国对待诸侯暴虐，郑国与齐国结盟，对抗晋国，因此郑国与晋国的关系破裂，又因郑国支持范氏、中行氏，与韩、赵、魏、智四家为敌。郑声公三十六年，晋国智伯伐郑，攻取九个城邑，这是对郑国一个很大的打击。郑幽公元年（前423），韩武子伐郑，杀郑幽公。春秋时期，霸主执诸侯国君为常事，但却不敢杀害一国国君，在春秋时人看来，"伤国君有刑"（《左传·成公十六年》）。郑国是中原重要诸侯国，国君被晋国卿大夫所杀，实为前所未有之事。

郑国在战国之初尚有实力，与韩国相当，郑繻公时曾败韩兵于负黍，围韩之阳翟。但是郑国仍采取"唯强是从"的策略，时而从晋，时而从楚，因而招致了三晋与楚的连番讨伐。据清华简《系年》第二十三章记载，郑繻公曾到楚国朝见楚声王，楚声王死后，郑国又归附魏国攻伐楚国，在桂陵打败楚军，收复榆关，又与魏国联合干涉楚国内政，因此招致楚国的报复，郑军大败，领军的郑国将领皇子、子马、子池、子封子被俘。郑国内部爆发太宰欣之乱，郑繻公杀执政子阳，子阳之党又弑繻公，"二十五年，郑君杀其相子阳。二十七年，子阳之党共弑繻公骀而立幽公弟乙为君，是为郑君"（《史记·郑世家》）。郑国对楚国的失败，使郑国在军事上丧失了对抗韩国的实力，内乱则加剧了郑国的衰弱。韩国不断伐郑，郑君乙二十一年（前375），韩哀侯趁魏、楚交战于榆关之际灭郑国，吞并了其领土，并将国都迁到郑都。《战国策·魏策四》记载："郑恃魏以轻韩，伐榆关而韩氏亡郑。"《韩非子·饰邪》也记载："郑恃魏而不听韩，魏攻荆而韩灭郑。"虽然郑国的灭亡有其外交策略——"恃援国而轻近敌"（《战国策·西周策》）的失误，但到了战国前期，为了发展本国实力，不被他国所吞并，例如韩国对郑国的兼并就在所难免了。韩国在三晋中最为弱小，因而不断从更为弱小的郑、周等小国攻取土地，以壮大自己。

在韩灭郑前数年的公元前383年,赵国大举进攻卫国,在卫都濮阳近处筑刚平城以逼卫,卫国危如累卵,"(赵)筑刚平,卫无东野,刍牧薪采,莫敢窥东门。当是时,卫危于累卵"(《战国策·秦策四》)。赵国日夜不休攻打卫国都城,卫都十门中八个门被堵塞,两个城门被击毁,其势在灭卫。《战国策·齐策五》记载:"赵氏袭卫,车不舍,人不休,傅卫国,城刚平,卫八门土而二门堕矣,此亡国之形也。卫君跣行,告愬于魏。魏王身被甲底剑,挑赵索战。邯郸之中骛,河山之间乱。卫得是借也,亦收余甲而北面,残刚平,堕中牟之郭。"在卫国被灭之际,卫慎公向魏国告急,魏武侯率军攻赵,卫国才得以保存。如赵国灭卫,将实力大增,其他诸侯不愿看到赵国独大的情况出现,于是出现了魏国救卫,"天下之士相从谋曰:'吾将还其委质,而朝于邯郸之君乎!'于是天下有称伐邯郸者,莫不令朝行"(《战国策·秦策四》)。卫国也是重要的中原诸侯国,如若没有魏国的保护,卫国早已被赵国所灭。

从上可见,到了战国初期,为扩充实力,大国对于小国的兼并已经毫无忌惮,如若没有大国之间的平衡和制约,小国的灭亡会更加快速。

(二)齐灭燕

公元前315年,秦、魏伐韩,韩求救于齐、楚、赵,齐宣王许之。韩自以为得齐国之助而与秦大战于岸门,结果韩军大败。齐宣王却并未出兵救韩,而是趁楚、赵救韩之机,起兵伐燕,迅速占领了燕国。"韩自以得交于齐,遂与秦战。楚、赵果遽起兵而救韩,齐因起兵攻燕,三十日而举燕国。"(《战国策·齐策二》)燕国与齐国同为万乘之国,本不应如此轻易被齐军占领,但子之之乱"构难数月,死者数万众,燕人恫怨,百姓离意"(《战国策·燕策一》),连孟子都认为这正是齐宣王吊民伐罪、解救燕国百姓于水火之中的天赐良机。《战国策·燕策一》载:"孟轲谓齐宣王曰:'今伐燕,此文、武之时,不可失也。'王因令章子将五都之兵,以因北地之众以伐燕。士卒不战,城门不闭,燕王哙死。齐大胜燕，子之亡。"齐军几乎是兵不血刃地占领了燕国。据《史记·燕召公世家》集解引《竹书纪年》曰："齐人禽子之而醢其身也。"齐军抓住燕君子之，将其剁成了肉酱。齐宣王意欲吞并燕国，但有人劝阻，于是询问孟子的意见，希望得到孟子的支持："或谓寡人勿取，或谓寡人取之，以万乘之国，伐万乘之国，五旬而举之，人力不至于此。不取必有天殃，取之如何？"（《孟子·梁惠王下》）孟子则回答说："取之而燕民悦，则取之。古之人有行之者，武王是也。取之而燕民不悦，则勿取。古之人有行之者，文王是也。"（《孟子·梁惠王下》）按照孟子的看法，只有获得燕国臣民的支持，齐国才有可能兼并燕国，如果燕国臣民尚不支持，就应该像当年周文王那样，暂时不行兼并灭国之事。齐宣王显然没有周文王那样的耐心，最终还是对燕国采取了"杀其父兄，系累其子弟，毁其宗庙，迁其重器"（《孟子·梁惠王下》）的粗暴手段，兼并了燕国。出土文物陈璋方壶（现藏美国宾夕法尼亚大学博物馆）的铭文见证了齐军对燕国重器的劫掠，其铭文曰："唯王五年，郑易陈得再立岁事，孟冬戊辰，大将鈇孔，陈璋入伐燕亳邦之获。"（《殷周金文集成》）陈璋即齐国伐燕之主将章子，该器除上述铭文外，还有燕国文字，显然是齐军从燕国掠夺之重器，陈璋获得该器后命人刻上了表明自己伐燕功绩的文字。毁宗庙、迁重器均是灭国之行为，齐宣王在尚未取得燕国臣民支持的情况下，贸然行此灭国之事，自然引起燕国臣民的强烈反抗。《孟子·公孙丑下》载："燕人畔，王曰：'吾甚惭于孟子。'"可知，燕人之反叛十分强烈，已使齐宣王彻底兼并燕国的计划破产，加之赵、魏、楚等邻国也不愿坐视齐国吞并燕国后变得更加强大，正策划合纵伐齐。《战国策·赵策四》曰："赵使赵庄合从，欲伐齐。"齐宣王得知此事后，不得不将齐军撤出了燕国。赵武灵王派乐池护送燕国公子职回国即位，是为燕昭王。《史记·赵世家》曰："（赵武灵王）十一年，王召公子职于韩，立以为燕王，使乐池送之。"

齐宣王吞并燕国之失败，并非"辟土地"战略不合时宜，而是齐宣王急功近利之吞并方式的失败。同一时期秦国亦征服了蜀国，但秦国十分明智地选择了羁縻政策，仍保留蜀国政权，只是将其君主称号由"王"贬为"侯"，使之作为秦国之附属国，封原蜀王之子弟为蜀侯，"并设守、相以监护之。同时对于巴族，亦仍保留"蛮夷君长，世尚秦女"（《后汉书·巴郡南蛮传》）。此后蜀连续发生蜀侯反叛之事，秦先后杀死三蜀侯，方巩固其统治。[①]齐宣王取燕后之形势与秦国取蜀后之形势大致相同，燕国虽被攻取，但燕国贵族集团仍然强大，在这种情况下，齐宣王如能像秦国经营巴蜀那样，对燕国施行羁縻政策，在保留其宗庙社稷的同时，加强对其政权的控制，徐徐图之，未必不能吞并燕国。可惜齐宣王其人志大才疏，急功近利，错失了开疆拓土的大好机会，也使齐国在"争王"道路上永远地被秦国甩在了后面。

（三）赵灭中山

在兼并道路上取得重大进展的，除了韩、秦、齐，还有赵国。赵国北境自东向西分别与东胡、匈奴、林胡和楼烦等游牧民族部落接壤，又有白狄人所建之中山国将赵国领土割裂为二，对外扩张殊为不易。为增强军事力量，公元前307年，赵武灵王开始在赵国推行"胡服骑射"的军事改革，大力发展骑兵并训练骑射作战技术。胡服骑射壮大了赵国的军事力量，赵国便开始了兼并中山国的战争。

自公元前305年起，赵国开始攻打中山国，《史记·赵世家》载："（赵武灵王）二十一年，攻中山。赵袑为右军，许钧为左军，公子章为中军，王并将之。牛翦将车骑，赵希并将胡、代。赵与之陉，合军曲阳，攻取丹丘、华阳、鸱之塞。王军取鄗、石邑、封龙、东垣。中山献四邑和，王许之，罢兵。二十三年，攻中山……二十六年（按《史记·六国年表》，当为二十五年），复攻中山，攘地北至燕、代，西至云中、九原。"赵武灵王此时伐中山，选择了一个非常适当的时机，当时齐、韩、魏三国正合力讨伐背叛合纵的楚国，三国大军与

[①] 杨宽：《战国史料编年辑证》，第565页。

楚军对峙，无力北向干涉赵国攻灭中山的军事行动，《战国策·魏策四》曰："中山恃齐、魏以轻赵，齐、魏伐楚而赵亡中山。"公元前298年，齐联合韩、魏伐秦，赵国一方面暗通秦、宋，结成同盟，妄图破坏三国伐秦之事，一方面加紧进攻中山，《战国策·赵策四》言："三国攻秦，赵攻中山，取扶柳，五年以擅呼沱。"扶柳在今河北冀县西北，赵国趁三国伐秦、无暇顾及赵攻中山之际，攻取了中山的扶柳，五年以后占领了今河北滹沱河一带，灭亡了中山。

赵武灵王历时十二年灭亡中山，齐、魏的不干预政策使得赵国灭亡中山的步伐稳步推进，最终完全占有了中山之地。在灭亡中山国的过程中，赵武灵王还攻取了大片胡地，收编了林胡和楼烦的军队，国力迅速膨胀，成为足以与齐、秦两强相抗衡的一流强国。

总之，在战国中期以后的国际形势中，兼土灭国成为壮大自身实力的唯一途径，在各国君主均已称王，兼并战争进入最后阶段的历史条件下，以尊王与存亡继绝为要义的霸主政治彻底成为过眼云烟，争霸思维亦最终被兼并思维所取代。到了战国后期，齐灭宋，楚灭鲁，泗上十二诸侯全部覆灭，直至秦国扫灭六国，以兼并的形式完成统一成为历史大势。

四、结　语

齐桓公之后的春秋时期，大国诸侯无不以坐上霸主宝座而奋斗，争霸成为春秋时期诸侯对外战略的主流，即便到了春秋末期，吴王夫差为了一个霸主之虚名，甚至付出了国破身亡的代价。战国初期，春秋霸政的延续还有其强大的惯性，霸主的宝座仍有无穷的魅力，大国诸侯亦不能摆脱争霸思维的影响。"（秦）穆公一胜于韩原而霸西州，晋文公一胜于城濮而定天下，此以一胜立尊令成功名于天下"（《战国策·韩策三》），这样的霸业仍然令诸侯神往。魏文侯有心争霸，做足了奉王命以伐齐、伐楚存郑、朝天子等表面文章，"南胜荆于连堤，东胜齐于长城，虏齐侯，献诸天子，天子赏文侯以上卿"（《吕氏春秋·下贤》），被公认为三晋中的盟主。此后，魏武侯、魏惠王、齐威王、秦孝公也有心成就"霸王之业"，会盟诸侯、朝见周天子，霸权迭兴之局一如春秋之时。周天子以"致文武胙""致伯"的形式显示了自己的存在，似乎霸主的地位需要周天子的认可。实际上，大国诸侯无不以实力为王，对于周天子赐予的封号不再珍视。齐威王以"高祖黄帝，迩嗣桓文"为目标，意欲"朝问诸侯"（陈侯因齐敦铭文），齐宣王以"辟土地，朝秦楚，莅中国而抚四夷"为"大欲"，力图恢复"齐桓、晋文之事"（《孟子·梁惠王上》），说明齐桓霸业对战国诸侯的影响深远。即使是自战国中期起，合纵连横之潮起，"纵者，合众弱以攻一强也；横者，事一强以攻众弱也"（《韩非子·五蠹》），策士也多以王霸之策游说大国君主，许之以成就霸王之业。苏秦对楚威王说："楚地西有黔中、巫郡，东有夏州、海阳，南有洞庭、苍梧，北有汾、陉之塞、郇阳。地方五千里，带甲百万，车千乘，骑万匹。粟支十年，此霸王之资也"，"从合则楚王，横成则秦帝，今释霸王之业，而有事人之名，臣窃为大王不取也"（《战国策·楚策一》）。苏秦游说齐湣王说："大国之计，莫若后起而重伐不义。夫后起之籍与多而兵劲，则事以众强适罢寡也，兵必立也。事不塞天下之心，则利必附矣。大国行此，则名号不攘而至，伯王不为而立矣。"（《战国策·齐策五》）策士说辞中又多以春秋五霸之事动世主之心，争做五霸之后的第六霸。楚人黄歇游说秦昭王说："王若能持功守威，省攻伐之心，而肥仁义之诫，使无复后患，三王不足四，五伯不足六也"（《战国策·秦策四》）；"今王破宜阳，残三川，而使天下之士不敢言；雍天下之国，徙西周之疆，而世主不敢交阳侯之塞；取黄棘，而韩、楚之兵不敢进。王若能为此尾，则三王不足四，五伯不足六"（《战国策·秦策五》）。在列强环伺下的"五千乘之劲宋"——宋国也想"霸天下"，宋王偃"灭滕、伐薛，取淮北之地。乃愈自信，欲霸之亟成，故射天笞地，斩社稷而焚灭之"（《战国策·宋卫策》）。即使是穰侯魏冉这样居秦国相国一样的重量级人物,也想成就霸业,秦客卿造对魏冉说:"秦封君以陶,藉君天下数年矣。攻齐之事成,陶为万乘,长小国,率以朝天子,天下必听,五伯之事也。"(《战国策·秦策三》)在秦国强于诸侯之后,东方六国之间的合纵成为对付强秦的重要对策,齐、楚对合纵长地位的争夺实质上是对诸侯盟主之位的争夺,是春秋霸政思维的延续。

  诸侯称王是对春秋以来尊王主义的彻底抛弃。战国初年,三晋以王命伐齐,率诸侯以朝周,从而获得了天子的册命,列为诸侯。此后,魏惠王、齐威王虽然都有率一众小国诸侯朝见周天子的行为,但更多的是尊王的表演,而非如春秋之时霸主与周天子之间相互借力的关系。魏惠王在朝见周天子之后,于华夏诸侯中率先称王,率先抛弃了尊王的大旗。此后,齐威王与魏惠王在徐州互尊为王,都因贪图"王"之虚名而招致天下诸侯围攻,魏国就此衰落。齐威王称王后,同样强盛的秦惠文王亦称王,而实力较弱的韩、魏、赵、燕、中山等国为了抵御齐、秦称王导致的名位上的被动地位,则相约一起称王,是为"五国相王"。诸侯虽不尊王,但不代表诸侯可以取周天子而代之,时至战国中期,"劫天子"的恶名还不是哪个诸侯可以承受的。诸侯普遍称王,使得"王"的名号不再具有至高无上的尊严,周天子的"王"号也不再对诸侯具有宗法意义,诸侯可以像周天子一样分封诸侯,如秦封魏冉为穰侯、封范雎为应侯,齐封邹忌为成侯;诸国中的封君更多,齐相田婴封薛,号为薛公,燕昭王封乐毅为昌国君,"裂地而封之,使之得比乎小国诸侯"(《战国策·燕策二》)。以周礼为基础的宗法制的破坏,是尊王主义被彻底抛弃的主要原因。战国后期,秦昭王搞出来比"王"更高一级的"帝"号,自称"西帝",并向齐湣王致送"东帝"的名号,已经将自己凌驾于周天子之上。中山国借燕国子之之乱时,趁火打劫,攻战燕国土地,还美其名曰"天子不忘其有勋,使其老策赏仲父,诸侯皆贺"(《殷周金文集成》)。在王命早已不行的战国后期,中山国所炫耀的天子之命不过是自欺欺人罢了。

尊王主义的抛弃，使得霸主与盟国的关系从霸主保护小国演变为赤裸裸的大国兼并小国。战国前期，魏惠王迫使一众小国诸侯朝魏，魏惠王如春秋霸主般役使诸侯，以韩师对付齐、宋、卫，以宋师伐赵；田齐桓公崛起后，小国开始向齐国贡献"吉金"，小国向大国履行了朝与贡的义务；大国也履行了对小国的保护义务，"尤能缓急人之最善者，则桓伯恤患之德也"（《左传纪事本末·齐桓公之伯》），卫国面临赵国的灭国威胁，魏武侯亲率军败赵存卫。然而这种"恤患"援助，更多的是基于大国之间的平衡而为，而非单纯为了小国的生存。对于吴王夫差败亡的教训，已经为战国时期各国君臣所吸取。"吴不亡越，越故亡吴"（《战国策·秦策三》）；"吴之信越也，从而伐齐，既胜齐人于艾陵，还为越王禽于三江之浦"（《战国策·秦策四》）；"吴王夫差栖越于会稽，胜齐于艾陵，为黄池之遇，无礼于宋，遂与勾践禽，死于干隧"（《战国策·秦策五》）。"昔者吴与越战，越人大败，保于会稽之上。吴人入越而户抚之。越王使大夫种行成于吴，请男为臣，女为妾，身执禽而随诸御。吴人果听其辞，与成而不盟，此攻其心者也。其后越与吴战，吴人大败，亦请男为臣，女为妾，反以越事吴之礼事越。越人不听也，遂残吴国而禽夫差，此攻其形者也。"（《战国策·韩策三》）吴王夫差"慕虚名而处实祸"（《三国志·魏书·武帝纪》）的行为，为战国时期各国君臣所不取。"大国恶有天子，而小国利之"（《战国策·韩策三》），依赖霸主保护的小国，在失去了周天子与诸侯之间的宗法关系后，大国诸侯毫不犹豫地将保护转变为兼并灭国，存亡继绝的精神因此而断绝。自春秋末期以来，大国诸侯从未放松对疆土之开拓。魏文侯北灭中山，西夺秦之河西，南阻楚之北上，使魏国成为战国初期头号强国；韩国趁魏、楚交战之机，灭了郑国；齐威王时，齐国灭了薛国、莒国。各国纷纷将注意力转移到兼并与防止被兼并上来，霸政思维逐渐被兼并模式所取代，兼并灭国最终成为战国中期以后的时代潮流。

主要参考文献

〔汉〕司马迁撰,〔宋〕裴骃集解,〔唐〕司马贞索隐,〔唐〕张守节正义:《史记》,中华书局,1982年。

〔汉〕班固,〔唐〕颜师古注:《汉书》,中华书局,1962年。

〔清〕阮元校刻:《十三经注疏》,中华书局,2009年。

杨伯峻:《春秋左传注》,中华书局,1990年。

〔汉〕何休解诂,〔唐〕徐彦疏:《春秋公羊传注疏》,上海古籍出版社,2014年。

〔清〕廖平:《穀梁古义疏》,中华书局,2012年。

柯劭忞:《春秋穀梁传注》,中华书局,2020年。

〔宋〕胡安国:《春秋传》,黄山书社,2022年。

徐元诰:《国语集解》,中华书局,2002年。

〔汉〕刘向集录,范祥雍笺证:《战国策笺证》,上海古籍出版社,2006年。

何建章注释:《战国策注释》,中华书局,2019年。

黎翔凤:《管子校注》,中华书局,2004年。

张纯一:《晏子春秋校注》,中华书局,2014年。

吴则虞:《晏子春秋集释》,中华书局,1962年。

〔清〕王先谦:《荀子集解》,中华书局,1988年。

〔清〕焦循：《孟子正义》，中华书局，1987年。

〔清〕孙诒让：《墨子间诂》，中华书局，2001年。

〔清〕王先慎：《韩非子集解》，中华书局，2016年。

〔宋〕朱熹：《四书章句集注》，中华书局，1983年。

向宗鲁：《说苑校证》，中华书局，1987年。

石光瑛：《新序校释》，中华书局，2017年。

陈奇猷：《韩非子新校注》，上海古籍出版社，2000年。

陈奇猷：《吕氏春秋新校释》，上海古籍出版社，2002年。

苏舆：《春秋繁露义证》，中华书局，2015年。

〔清〕顾栋高：《春秋大事表》，中华书局，1993年。

〔清〕高士奇：《左传纪事本末》，中华书局，2015年。

〔清〕顾炎武撰，黄汝成集释，栾保群校点：《日知录集释》，中华书局，2020年。

范祥雍订补：《古本竹书纪年辑校订补》，上海古籍出版社，2011年。

中国社会科学院考古研究所：《殷周金文集成》，中华书局，2007年。

童书业：《春秋史》，上海世纪出版集团，2010年。

顾德融、朱顺龙：《春秋史》，上海人民出版社，2019年。

童书业：《春秋左传研究》，上海人民出版社，2019年。

王贵民、杨志清：《春秋会要》，中华书局，2009年。

晁福林：《霸权迭兴——春秋霸主论》，生活·读书·新知三联书店，1992年。

杨宽：《战国史》，上海人民出版社，2016年。

杨宽：《战国史料编年辑证》，上海人民出版社，2016年。

缪文远：《战国史系年辑证》，巴蜀书社，1997年。

李学功、宫长为主编：《战国史》，黑龙江人民出版社，2020年。

杨宽、吴浩坤：《战国会要》，上海古籍出版社，2005年。

吕思勉：《先秦史》，上海古籍出版社，2005 年。
钱穆：《先秦诸子系年》，商务印书馆，2001 年。
钱穆：《国史大纲》，商务印书馆，1996 年。
李松儒：《清华简〈系年〉集释》，中西书局，2022 年。
武振伟：《齐国国君评传》，山东人民出版社，2022 年。

后　记

2022 年，拙著《齐国国君评传》由山东人民出版社出版，了却了我撰写一部齐国通史类著作的心愿。该书的撰写使我对齐国八百年的历史以及与齐国有关其他诸侯国史有了比较深入的了解，这也奠定了我进一步研究齐文化的基础。由于受篇幅限制，《齐桓公评传》一章并未能如愿全面展开撰写，留下些许遗憾。虽然书已出版，我仍抱有再版的希望，继续搜集、整理相关史料，特别是大量春秋学资料，对《齐桓公评传》进行了大幅改写、增写，其篇幅已足以独立成书。

在撰写《齐桓公评传》过程中，我对齐桓霸业的辉煌过程和历史影响有了更深切的感受，萌生了对齐桓霸业的历史影响作进一步研究的打算。2023 年 7 月，由我领衔申报的"齐桓霸业与东周政治研究"课题获山东省人文社会科学课题立项，令人欣喜之余，立即着手开始研究工作。同事刘东祥有较好的研究基础，自入职以来，即以齐文化为主要研究方向，已发表诸多研究成果，多年来参与我主持的社科项目、课题多项，工作起来配合默契，这一次也作为课题组主要成员参与进来。经我们多次探讨，确定了研究提纲，明确了各自撰写任务，分头行动，于 2024 年 5 月书稿全部完成。

本书分四章，序言及前三章由我撰写，第四章由东祥撰写。全书完成后，由我进行了统稿。我们又多次对书中引用文献和字句进行校对和修改，力图能够减少错误，为读者呈现出一部较高质量的齐文化研究著作来。我和东祥两人从事齐文化研究时间尚短，加之学识学养有限，本书难免有谬误和不足存在，敬请方家不吝指正。

武振伟

2024 年 8 月